国家出版基金项目
NATIONAL PUBLICATION FOUNDATION

国际教师教育思想史研究丛书

总主编／王长纯　饶从满

英国教师教育思想史研究

YINGGUO JIAOSHI JIAOYU SIXIANGSHI YANJIU

张　爽／著

东北师范大学出版社
长　春

图书在版编目（CIP）数据

英国教师教育思想史研究／张爽著. —长春：东北师范大学出版社，2023.10
（国际教师教育思想史研究丛书／王长纯，饶从满主编）
ISBN 978 - 7 - 5771 - 0672 - 4

I. ①英… II. ①张… III. ①师资培养–教育思想–思想史–研究–英国 IV. ①G451.2 ②G40-095.61

中国国家版本馆 CIP 数据核字（2023）第 201676 号

□策划编辑：张　恰
□执行编辑：刘晓军
□责任编辑：黄玉波　　□封面设计：张　然
□责任校对：王玉辉　　□责任印制：许　冰

东北师范大学出版社出版发行
长春净月经济开发区金宝街 118 号（邮政编码：130117）
电话：0431—84568220
传真：0431—85691969
网址：http：//www.nenup.com
电子函件：sdcbs@mail.jl.cn
东北师范大学音像出版社制版
长春新华印刷集团有限公司印装
长春市浦东路 4199 号（邮政编码：130033）
2023 年 10 月第 1 版　2023 年 10 月第 1 次印刷
幅面尺寸：170 mm×240 mm　印张：17.5　字数：247 千

定价：75.00 元

总　序

　　近年来，党和国家出台了一系列重要文件，推动了教育发展和教师教育的改革。2019 年中共中央、国务院印发的《中国教育现代化 2035》明确提出要建设高素质专业化创新型教师队伍；大力加强师德师风建设，将师德师风作为评价教师素质的第一标准，推动师德建设长效化、制度化；夯实教师专业发展体系，推动教师终身学习和专业自主发展；努力提高教师政治地位、社会地位、职业地位。这是实现我国教育现代化的重要目标。

　　建设高素质专业化创新型教师队伍，尤为重要的是坚持并深化教师教育的改革与发展。而要深化教师教育的改革与发展，必要的国际借鉴是不可缺少的。要实现真正有效的借鉴，我们不仅要考察世界主要国家的教师教育改革的政策与实践举措本身，更要看其教师教育改革与发展的政策与实践背后的思想。编撰出版"国际教师教育思想史研究丛书"就旨在尝试对世界主要国家的教师教育思想史乃至现代国际社会教师教育思想演化做出系统的梳理和阐释，为我国教师教育改革与发展提供必要的思想资源。编撰出版"国际教师教育思想史研究丛书"的意义还在于：在高速运行的当代社会，重新整理那些被淡忘的现代化进程中产生的著名教育家和他们的经典著述，重新发现已经被搁置起来的教师教育政策，重新探索不同教师教育思想的关联或纠缠的内在逻辑线索，对于开阔我国教师教育的视野，深化我国的教师教育思维，和而不同，形成中国特色的教师教育思想是一件应当做的事情。我们相信我国教师教育改革必将凭借对现代化进程中已经留下的宝贵思想资源的因与革，加强高素质专业化创新型教师队伍建设，一定会在创造公平与高质量的教育过程中有所作为，有所前进。

　　"国际教师教育思想史研究丛书"坚持以马克思主义为指导，以"和而不同"作为基本的文化立场，坚持社会科学方法论中的历史性原则、客观性原则、主体性原则、整体性原则和发展性原则，聚焦于探讨教育现代化中国际教师教育思想演进的规律。

　　"国际教师教育思想史研究丛书"包括国际教师教育思想史研究论纲以及美国、英国、德国、法国、俄罗斯、日本六个国家教师教育思想演化的历史研究。

　　我们热忱邀请了国内有关教育学者参与撰写，主编为王长纯、饶从满教授。具体分工是：首都师范大学王长纯教授撰写论纲分卷；河北师范大学副教授郭芳博士撰写美国分卷；首都师范大学教育学院教授张爽博士撰写英国分卷；辽宁师范大学教授周成海博士撰写德国分卷；首都师范大学教育学院张梦琦博士、山西大学外国语学院任茹茹博士撰写法国分卷；宿迁学院教授李艳辉博士撰写俄罗斯分卷；青岛农业大学外国语学院徐程成博士撰写日本分卷。

　　本丛书撰写过程中各位作者都阅读了大量中外教育家的经典著作，参考了大量国内外学者的研究成果，在此向这些教育家致敬，向有关学者们表示谢意。

　　我们教师教育思想史的研究一直得到尊敬的顾明远先生的亲切关心与支持，得到了北京师范大学朱旭东教授、西南大学陈时见教授的有力支持与帮助，在此谨向顾先生，向朱旭东教授、陈时见教授致以诚挚的谢意。

　　本丛书撰写得到东北师范大学出版社张恰总编辑的积极支持和鼓励，有关编辑老师为丛书的出版付出了艰苦的努力，在此一并对他们表示由衷的谢意。

　　本丛书的研究与写作必定存在很多问题，恳请读者多加批评，不吝赐教。

2023 年 8 月

目　录

第一章

绪　　论

教育是一个独立而开放的系统，受到特定时期社会经济、政治等子系统发展的影响，同时对其他子系统发挥作用。教师教育被主流教育思想形塑，无法脱离教育改革发展的实践环境，必须回应社会发展对人才培养的需求，考察、梳理、凝练教师教育思想对于把握英国教师教育的立场、发展历程、逻辑线索、政策变迁具有重要的价值；从历史的视角分析英国教师教育实践、思想与现代化进程的关联，有助于我们从宏观上认识现代化进程与人的成长之间的相互作用，以及在此过程中教育、教师教育的价值。

第一节
本书的研究立场与总体结构

英国有着悠久的教育传统，其最初的教学活动和教师身份出现在公元 1 世纪以前的教堂中。然而，由于英国长期以来的宗教传统和自治思想的影响，正规系统的教师教育直至 19 世纪初才出现。生产力变革、民族国家形成、社会整体变迁、思想激荡、教育改革、教育者的研究与实践共同构成了教师教育产生发展的宏大背景，与英国的现代化进程密切交织在一起。基于这样的基本判断，本书主要运用系统分析法、文献研究法和历史研究法展开研究。

系统最基本的特征包括三个方面：系统是由要素构成的，各要素间存在着相互作用的关系，由要素以及要素间的关系构成的整体具有特定的功能。系统分析法是一种系统研究的方法，通过对构成事物的系统其各个要素及相互关系进行分析，从事物的整体出发，着眼于整体与部分、整体与结构及层次、结构与功能、系统与环境等方面的相互联系和相互作用，是以特定问题为重点、借助价值判断以求得优化的整体目标的现代科学方法。[①] 本书的研究得以开展，首先是基于对教育、教师教育、教师教育思想的理解和认识，基于对教育改革与社会发展、现代化进程之间关联的判断展开的，由此判断宏观与微观、一般与特色、思想与实践的关系。

---

① 陈振明. 政策科学：公共政策分析导论 [M]. 2 版. 北京：中国人民大学出版社，2003：485.

　　文献研究法和历史研究法也是本书的主要方法，作者在撰写本书的过程中查阅了大量有关英国教师教育的文献资料，包括论文、调查报告、著作、政策文本、传记类作品等，在这个过程中，也得到了不少学术同人的帮助。作者在文献阅读的基础上，对重要政策、研究成果展开文本分析，为本书结构的确立、分析框架的形成奠定了重要基础。在研究过程中，作者运用历史资料，按照历史发展的顺序对过去事件展开研究，史料的来源主要是文字记录，力图基于此寻找事实，描述、分析和解释英国教师教育改革与发展的历程，解释规律，从而在一定程度上为未来教师教育改革提供预测和借鉴。

　　因此，本书以英国现代化的历程为时间线索，将英国现代化分为前现代时期、现代化初期、现代化形成时期、现代化加速时期、现代化发展时期和现代化深化改革时期。本书的结构也是在此基础上划分的，即基于不同时期教育发展的总体特点以及在此场域中教师教育改革的研究与实践，力图提炼出不同时期的教师教育思想。

第二节
英国教师教育改革与发展的基本历程

　　结合前文的分期，本书聚焦英国教师教育思想史展开研究，依据英国现代化进程和教育改革与发展的总体阶段，以教师教育为具体分析对象，同时结合教育家教师教育思想、教师教育政策的研究，将英国教师教育思想划分为6个阶段，分别为前现代时期的教育实践与思想，现代化初期的教师教育实践与思想，现代化形成时期的教师教育实践与思想，现代化加速时期的教师教育实践与思想，现代化发展时期的教师教育实践与思想以及现代化深化改革时期的教师教育实践与思想。研究涵盖了从中世纪现代性萌芽开始到21世纪初期英国教师教育初建、发展、调整、变革的全部历程，涉及了几乎所有的关键人物和事件。

　　比如在教师教育萌芽时期，受英国经验主义哲学等的影响，英国开始出现早期教师训练模式。导生制、见习教师制普及很广，"以行动践行理念"。兰卡斯特建立的巴勒路学校是英国第一所教师训练学院，凯-沙特尔沃斯于1840年创办的巴特西教师训练学院是英国第一所培养小学教师的师范性质学校。在此阶段，洛克的绅士教育和阿诺德的公学教育思想对英国早期教师教育产生过深远影响。

系统化的英国教师教育以19世纪末20世纪初公立师范教育制度的正式确立为标志，这一阶段，英国开始有了主流的教师教育思想。自由主义思想影响式微，地方与大学的制度化干预起到促进作用，教师教育大学化思想萌芽。1870年《初等教育法》的颁布宣告教会在争夺教育领导权中的失败。自发性特征显著的"师徒制"逐渐让位于政府的制度化干预。《1890年教育法》要求地方政府与大学合作开办日间师资训练学院培养小学教师。1898年英国成立国家教育局，加强对教育的统一领导。1904年，第一所地方公立师范学院——赫理福德郡训练学院建立，开始了英国地方政府当局直接参与教师教育的历史。1902年，《巴尔福教育法》颁布，人们的注意力开始集中于大学在师范教育中所扮演的角色以及如何开展中等学校所需的教师培训，大学参与中小学教师的培训成为一种必然的趋势。1902年以后，在英国形成了由国家宏观控制，大学、地方教育当局、教会团体三方直接参与的、独特的管理体制，并形成了由大学日间师资训练学院、地方公立师范学院和地方私立师范学院三种不同性质机构组成的较为完善的体系，这标志着英国现代教师教育体制的确立。这一时期，斯宾塞的科学教育思想、赫胥黎的自由教育观、尼尔的情感教育等对教师教育发挥了重要作用。

二战结束后，英国政府立即着手教师教育的恢复与重建工作，经过几次变革，英国教师教育在培训模式、课程设置以及教学内容和方法等方面已趋于稳定和成熟。《1944年教育法》《麦克奈尔报告》《罗宾斯报告》《詹姆斯报告》等一系列政策形成了教师教育改革与发展的鲜明特征。《麦克奈尔报告》建议采取增加教师数量、提高教师入职标准、改革师范教育等措施来提升教师数量与质量，核心主张是加强大学与教师教育之间的联系。《罗宾斯报告》中设立教育学士学位和将训练学院改为教育学院的建议被教育部和议会采纳。《詹姆斯报告》促使大学教育学院真正取代地区师资培训组织。总体而言，以此时为发端，教师教育的主流思想更加清晰，英国开始具有教师教育的国家理论。这一时期，罗素的教师教育学术性思想对教师教育发挥了重要作用。

20世纪80年代开始，英国教师教育的理论性与实践性之争更为突出。1982年，英国皇家督学团提交了一份名为《学校中的新教师》的报告。1983年，英国政府就向众议院提交了《关于教学质量的白皮书》。1984年颁布的关于教师职前培养新文件，对入职教师的要求有了新的修改。皇家督学在1981年和1987年对新任合格教师所做的两次全国性的调查，明确指出当时英国的教师教育课程太偏重于理论的学习，缺乏有关教学方法和教学实践方面的内容，影响了教师教育质量的提高。1988年，英国政府颁布了《教育改革法》，实施了全国性的教师职前训练课程新标准，课程标准中包括了对初任教师应达到的要求的界定。加强对教师教育的控制成为英国政府在20世纪八九十年代的重要政策目标。1989年，英国成立了教师教育认证委员会，委员会成立之后对过往的教师教育课程标准进行了重新修改。1992年1月，皇家督学团发表了《英格兰和威尔士的以校为本的职前培养》报告。同年，英国教育与科学部发表名为《教师职前培训改革》的文件。1993年，英国教育与科学部对1989年的合格教师标准进行了修订。2010年底，英国政府颁布了《教学的重要性》白皮书，《教学的重要性》白皮书主要从三个角度构建教师教育的变革框架：提高教师选拔的标准；关注校本教师培训途径；赋权教师以提升课堂控制能力，拉开了新一轮教师教育变革的序幕。英国教师教育变革的每一个时期都有一批思想家为教师教育改革提供思想的启发，受英国经验主义哲学的影响，建立在实证基础上的调查报告推动了有关教师教育法律和政策的实施，政策和法律作为一种思想的表达，对保障和推动英国教师教育的变革与发展起了很大的作用。教师教育的改革随着理论与实践的进步也越来越细化，办学主体从教会到私人转移到政府，质量提升从管理到课程到教学层面，都是英国教师教育进步的体现。

第三节

经验主义哲学传统的力量及影响

在开展英国教师教育思想研究的进程中，我们充分感受到了经验主义哲学传统的力量及其对教师教育的影响，这也是笔者期待读者在阅读本书时保持敏感的地方。

从历史上看，人们并未从英国早期工业革命的成功中看到技术进步与教育之间的必然联系，而公学的精英培养也未让人看到教育科学的价值，这在一定意义上造成了英国精英阶层轻视教育和教育科学。而从哲学上看，经验主义哲学影响深远。英国经验主义始祖培根极力批判危害人类认识的四种"假象"，即种族假象、洞穴假象、剧场假象、市场假象。他认为一旦"假象"的流毒被清除之后，人们就能走进"建筑在科学上面的人的王国的大门"。其中，"剧场假象"指的是由于盲目信仰权威和教条以及盲目崇拜历史上和现存的种种哲学体系，人们思想受到束缚，认识发展停滞。"剧场假象"批判的是对教条与权威的盲从。而英国悠久的唯名论传统强调个人主义与经验主义，认为一般普遍都是不真实的，只有个别事物才是最真实的存在，也只有对个别事物的感觉才是最直接最真实的，强调人对个别事物的感觉经验，这为英国经验主义的发展提供了理论依据。

正因为如此，在对英国教师教育思想史进行研究时，我们从文化层面上看到，英国没有德国那种爱好思辨的、形而上学的理性主义，也没有法国富于理想的、讲究逻辑的思维方式，经验主义是英国文化的底色。在探讨教育问题时，我们不得不关注影响英国教育的经验主义传统，这种对经验的尊崇形成了重要的文化底色。"当英国人讲求事实时，他的方法是以严肃的态度，集中注意力，冷静地观察，精密地分析，要见微知著——培根便是如此。这种态度，来自英人的实用主义，因为他们不相信抽象的真理，便是说，真理由现实启露出来。"① "英国人对任何未被经验证明的事物，都习惯于用一种冷淡的、漠然的态度对待，决不像有些民族那样轻易地热烈拥抱一种新理论或扑向一种新事物。"②著名比较教育学家埃德蒙·金也指出："从历史上讲，英国的经验主义是一次进步的运动。经验主义强调的是以变应变，鼓励人们自愿开展实验，也能够容忍其他人的实验。因此，英国人的政治观点和教育观点并不像一些宣言那样，今天由这次革命强行公布，明天则由反革命强行撕毁。但这些观点往往是一些有待实证的短期的和实际的试验，如果行不通，则注定要被抛弃。"③ 正是这种经验主义态度和精神，使得英国人做教育研究时，首先想到的不是教育经典或权威论述，而是面向实际需要，从对事物本身的研究中寻找答案。英国经验主义传统注重实证，崇尚经验，反对空洞的观念；注重审慎的试验，反对剧烈变革。经验主义文化传统对英国教育产生了深远影响。

经验主义思维方式使英国在包括教师教育在内的教育决策过程中形成了一种尊重经验的程序，即从问题开始，成立调查委员会，再提出调研报告，形成白皮书，经公众讨论最后制定相应法案并付诸实践。这种政策的形成过程适用于本书所叙述的英国教师教育几乎所有政策。如1983年英国政府为调查教师的培养质量，向教育和科学部提出改革师范教育的建议，皇家督学们参观了英格兰和威尔士294所学校。这里没有明显地看到大教育家的直接影响，只有教育政策制定者从教育环境与事实出发，立足于英国具体的实际，重视系统观察和分析，研究它们的存在和变化，而不是像理性主义者那样从教育概念和理性原则出发，进行纯粹的逻辑推演。当他们在洛克、培根、霍布斯、休谟的经验主义的影响下，已经不再从神学和形而上学那里寻求人性定义和一般性理论，而是从具体的、个别的经验出发时，观察、调研、实验成为推动教育变革的标志性行为。

---

① 阎宗临. 欧洲文化史论 [M]. 桂林：广西师范大学出版社，2007：56.
② 钱乘旦，陈晓律. 在传统与变革之间：英国文化模式溯源 [M]. 杭州：浙江人民出版社，1991：345.
③ 埃德蒙·金. 别国的学校和我们的学校：今日比较教育 [M]. 王承绪，邵珊，李克兴，等译. 北京：人民教育出版社，2001：176.

　　作为英国为数不多的教育大家，斯宾塞本人就是十卷本《综合哲学》的作者，他提出了一个无所不包的实证主义哲学体系，其教育思想就是典型经验主义的。经验主义成为在英国没有这样的科学（指教育学）的重要原因，一般来讲，这个术语在英国是回避使用的，教育学既不受欢迎，也被认为是"不可能"的。由于社会的、政治的和意识形态的综合原因，教育学即教育实践和理论的科学基础从来没有在英国扎根，更谈不上繁荣了。① 但是，英国19世纪末在新教育运动的影响下曾出现过对教育理论的探讨，1879年阿列克山大·拜因还出版过《教育科学》一书。因为中央政府从1899到1904年破坏性地干预，这种努力停止了。随之而来的是，建立在科学方法和理解上的积极教育学从此不再被重视和需要。持续到20世纪20年代的新教育运动是短命的，不久便由于以还原主义、生物主义、智力测验和决定论为特征的新心理学产生了很坏的影响，中央政府进一步干预教育，新心理学被推到一边。

　　现代教师教育与一个国家的前途密切相关，英国政府自然十分重视。由于这些因素的综合作用，在教师教育思想发展的脉络中也就很难发现思辨性的、系统化的理论阐释，但是不乏基于经验与实证的教师教育思想阐发，且其影响广泛。

　　以上种种，即我们要说明的观察英国教师教育思想发展的重要思考背景。

---

① SIMON B. Why no pedagogy in England? ［M］. London：Batsford，1981：124-145.

第二章

英国前现代时期的教育实践与思想

现代化是人类社会的发展过程，意指社会从传统向现代的转变过程。这个过程就是从"农业的、乡村的、封闭的半封闭的传统型社会向工业的、城镇的、开放的现代型社会的转型。概括起来说，现代化可以看作经济领域工业化、政治领域民主化、社会领域世俗化以及观念领域理性化的互动过程"①。从内容上看，现代化涉及经济、政治、文化、教育等多个领域；从发展模式上看，现代化过程是基于各个国家的文化传统、民族心理、现实基础等条件展开的，没有固定模式，也并非单一选择和线性逻辑。

现代化的本质是现代性的增长，现代性增加和扩展的过程就是现代化的过程。现代性发端于文艺复兴，形成于启蒙运动，文艺复兴以来科学观念的传播以及人文主义思潮的发展，使科学、自由和追求世间的幸福成了推动启蒙的主要因素，使社会表现为一个世俗化的过程。文艺复兴改变了人的思维方式和世界观，形成了人们的理性意识，催生了主体性意识，产生了现代的自由、平等、博爱的价值观念。所有这些为现代资本主义的产生提供了思想基础，也构成了哲学意义上的现代性的基本特征②。

文艺复兴之后，英国现代化的进程展开，现代性生成、推演和铺陈。但是现代性并非横空出世，而是在中世纪的土壤中生根发芽、逐渐成长。欧洲中世纪曾被称为"黑暗的中世纪"，上帝被当作人类思想行为的主宰。英国在中世纪时期属于传统的农业地区，受罗马天主教统治，但同时英国的社会又与其他内陆国家大不相同，已经萌发了资本主义的萌芽，市民阶层兴起，受罗马天主教的思想挟制较少，更多保留了古希腊的思想。同时，即使是在英国的天主教教义中，也暗暗兴起了一些"异端"的思想，即从哲学、政治学层面对教会神权进行怀疑和批判，这种批判正是理性主义的最本质特征之一。可以说，中世纪的英国就开始孕育现代性的萌芽。研究英国教师教育思想史，不能忽视中世纪的影响，因此，中世纪至文艺复兴时期英国的教育发展以及有关教师培养的实践和思想，是作为英国前现代时期单独成章的。

①　褚宏启. 教育现代化的路径：现代教育导论［M］. 2 版. 北京：教育科学出版社，2013：28.
②　褚宏启. 教育现代化的路径：现代教育导论［M］. 2 版. 北京：教育科学出版社，2013：67.

第一节

前现代时期的教育实践

一、教会教育

大不列颠岛经历了上千年的、漫长的中世纪。在这悠久的历史长河中，西欧的天主教以其完整的教义理论、复杂严密的管理体制将西欧总体上联结成了一个教会社会。在这个时期，天主教会作为宗教管理机关、世俗政权管理机构，对西欧各区域人民的信仰、生活、道德、教育都产生了根本性的影响。

公元 313 年，基督教在罗马获得合法地位，其在大不列颠的传播开始顺风顺水。经过三百年的发展，爱尔兰、英格兰、苏格兰地区的人民逐渐皈依了基督教。公元 597 年，罗马教皇派奥古斯丁到英国传播基督教。奥古斯丁同 40 个传教士到英格兰开始了传教之旅，同时带来了有组织的教会教育[①]。公元 664 年，大不列颠岛基督教与罗马基督教的领袖在惠特比（Whitby）召开了宗教大会，商定接受罗马天主教的教会形式，教育活动随着天主教会传教活动的展开发展起来。

基督教是一个有经典文献的教派，需要信徒有一定程度的读写能力和理解力。对于当时文化单一、不知读写的大不列颠岛居民，基督教带来的不仅是一种信仰，还是一种道德生活方式。基督教天主教会传教士从登上英格兰的土地开始，就把教育作为其重要责任。天主教会给大不列颠岛带来的是"文法"教育和"歌咏"教育。"文法"指拉丁语和文学，居中世纪基督教学问之首，拉丁文是整个基督教的通用语言，因此，文法学校从一开始就比歌咏学校享有更高的地位。文法学校的主要教授内容是"七艺"，即文法、修辞、辩证法、算术、几何、音乐和天文学，这些课程都披上了宗教外衣。随

---

①　邓特. 英国教育［M］. 杭州大学教育系外国教育研究室，译. 杭州：浙江教育出版社，1987：1.

着 12 世纪牛津大学和 13 世纪剑桥大学的出现，文法学校课程范围变得日益狭窄，仅仅教授拉丁文文法①。教会办的另外一类学校是"歌咏"学校，主要教授赞美诗。中世纪后期，歌咏学校或者逐渐趋于消失，或者并入读写学校成为小学。

文法学校的主要教育对象是教会的工作人员、年轻的唱诗班队员和低级牧师，其也招收一些想学拉丁文但不想做牧师的男孩，还招小乡绅、自耕农、商人、生意人家有才干的孩子，偶尔也包括佃农和农奴。对当时的贫困、社会地位低下的群体来说，文法学校成为消除入学障碍的途径。

爱尔兰教会由于与外部世界隔绝，相对独立地发展出了本土的组织和神学，在许多方面与西欧大陆教会不同。爱尔兰从基督教传入之前就有重视教育的传统，在基督教传入以后，基督教僧侣也开始了文化和教育工作。爱尔兰的教会学校在招生对象、教学内容上与英格兰文法学校既有一致的地方，又有不同之处。首先，它们不仅不限于招收将来担任圣职的人，还招收世俗阶层的学生。"那些宁愿自由自在地迁居和选择教师的人，却以学习为乐。爱尔兰人热情地接待了他们，免费提供膳食和书籍，并对他们进行免费教学"②。其次，爱尔兰的教会学校不但教授宗教教义、文法等内容，还教授古希腊典籍。因此，桑兹（Sandys）说："在西方几乎荡然无存的希腊文化在爱尔兰学校却得到如此广泛的传播，以至于如果有人懂得希腊语，人们会以为他一定是来自爱尔兰。"③

二、世俗教育

虽然教会提供了唯一有组织的教育，但是世俗教育一直存在。英格兰的世俗教育包括了新型语法学校以及行业、行会为了世俗的需要而进行的职业教育。7 世纪时，爱尔兰存在至少三种学校：拉丁文学和基督教文学学校，爱

---

① 邓特. 英国教育 [M]. 杭州大学教育系外国教育研究室，译. 杭州：浙江教育出版社，1987：2.
② 威廉·博伊德，埃德蒙·金. 西方教育史 [M]. 任宝祥，吴元训，译. 北京：人民教育出版社，1985：107.
③ 威廉·博伊德，埃德蒙·金. 西方教育史 [M]. 任宝祥，吴元训，译. 北京：人民教育出版社，1985：107.

尔兰法律学校，爱尔兰文学学校。很多从不列颠、欧洲大陆来的学生都青睐此类学校。

（一）新型语法学校

随着城市的增加，市民阶层队伍发展壮大，他们的子弟受教育的问题逐渐提上日程，这在修道院学校和教会学校中已见端倪，如修道院学校中招收的"外修生"就是俗人，而且外修生接受教育的目的不是将来成为修道士；教会设立的教区学校、村落学校，无论从学生来源、教学内容及教学目的来看，更富世俗教育的色彩①。6 世纪前后，英格兰就出现了为英格兰富有阶级儿童办的语法学校，到了 13 世纪，大量新的语法学校兴办。14—15 世纪，随着工商业的发展，英国开展了世俗教育运动。1410 年发生了格老塞斯特语法学校诉讼案。最终法院裁决，教会不得垄断教育，任何个人经过政府批准备案都有权建立学校，家长有权为儿童自由选择学校，此后，英国世俗学校逐渐增多，课程内容日趋丰富。

新的语法学校是由世俗牧师组成的学院来维持的，很多学校独立于教区教堂。这种学校一般学生与教师数量不等，学生学习语法和歌咏；还有一种歌祷堂教育机构，其建立主要是为公众歌祷，为逝去的捐助者唱祷文，同时提供知识教育。1382 年，威廉·威克姆（William of Wykeham，1324—1404）在其主教区内建立了一所学院和语法学校，这个学校是独立存在的，不依附于任何的宗教机构②。

（二）行会教育、法律教育

从 11 世纪开始，欧洲商业逐渐繁荣，城市发展起来。失去土地和家园的外乡人摆脱了束缚，成为商业自由人。开放性、国际性的商业市集催生了大量商人和手工业者，他们成为西欧大陆商业和城市复兴的动力。在英国，伦敦最早成为陆路和海路的商人们进行交易的市场。从 12 世纪开始，英国城市的面积和数量都有了较大增加，在 1100—1300 年间，大约 140 座新城市如朴次茅斯、利兹、利物浦、切姆斯福德、索尔兹伯里等发展起来。这些城市大

---

① 欧阳军喜，王宪明. 世界中世纪文化教育史［M］. 北京：中国国际广播出版社，1996：49.
② 徐辉，郑继伟. 英国教育史［M］. 长春：吉林人民出版社，1993：38.

多是由当地贵族创建的，他们希望通过征收地租和税收来增加财富。还有些城市是为开拓海上贸易而兴建的，像波士顿、金斯林和赫尔这样一些能停泊大吨位商船的码头，其收益要比林肯、约克这样的一些上游河港高得多①。

商业的复兴产生了大量的自由市民，他们对子女的教育需求往往与所从事的职业相联系。同时，中世纪时期手工业行业、行会发展迅速，也催生了职业教育的发展。这一时期的职业教育主要是行会教育和律师教育。

英国的手工业行会的特点是对外垄断市场，保护同业不受外人侵犯，对内严禁会员竞争，违反规定者将被逐出行会，并再也不能在伦敦就业。行会还管制商品价格、质量、售价，同时举办福利事业，照顾贫病无依的会员。不同行业的行会教育通常采用培养工匠学徒的方式，培养学徒的任务分配给每个师傅，师傅要在行会的总要求下负责学徒的住宿、吃饭、规矩，并教他们掌握技艺。因为学徒学习需要较高的费用，所以学徒通常来自城市商人、自耕农和绅士家庭②。

13世纪开始，英国开始逐渐形成了一个习惯法体系，1400年左右形成了四个法律协会。各协会由高级成员控制，任命专门的讲师教初级律师。这些协会像工匠行会一样，形成了等级结构，接受和训练自己的新成员。因为律师培养的时间较长而且费用很高，所以习惯法律师主要来自绅士和官僚阶层。14世纪末，法官已经成为法律制度中的重要因素。很多绅士将子弟送到律师协会去，既接受法律专业的技术训练，又能完成学校教育。

三、贵族教育

在中世纪的上千年间，英国经历了诺曼底征服、安茹王朝内乱、英法百年战争和红白玫瑰战争等多个战争的洗礼。战争使得英国贵族认识到，要培养能够掌握武艺和骑士礼仪的战士和管理国家事务的领导者。为此，英格兰贵族为自己的子弟设立了专门的家庭教育，主要的形式有骑士教育和宫廷教育。

---

① 高岱. 英国通史纲要 [M]. 合肥：安徽人民出版社，2002：87.
② 徐辉，郑继伟. 英国教育史 [M]. 长春：吉林人民出版社，1993：52.

（一）骑士教育

骑士及骑士制度是最先在法国形成的一种行为方式和道德准则，在 11 世纪到 13 世纪间达到高峰。在目标上，它定位于培养专门承担军事责任的新贵族；在观念上，它培养和鼓励勇敢、忍耐、忠诚的军人美德；在内容上，强化体力训练，同时倡导妇女半宗教式的奉献。骑士教育作为家庭教育的一种，通常在骑士生活和社交活动中进行。训练骑士的标准是"剽悍勇猛、虔敬上帝、忠君爱国、宠媚贵妇"[①]。

骑士教育一般要经历三个阶段。首先，是侍童阶段。从盎格鲁-撒克逊时代开始，贵族家庭就习惯于将自己的儿子送到邻里大地主家去，在那里学习骑士的技艺，为从事军事职业做准备。侍童要服侍男主人，听从女主人的指挥，在七八岁至十四五岁阶段学习上流社会的各种礼节，学习识字、读书、吟诗、操琴等技艺以更好地服侍封建主，同时进行体育练习。其次，是侍从阶段。骑士在十四五岁开始进入侍从教育阶段，学习骑士七技，包括"骑马、游泳、投枪、击剑、打猎、弈棋和吟诗"，成为男主人在城堡和战场上的随员和伙伴，全面照顾男主人的生活。第三阶段，是骑士阶段。侍从年满 21 周岁就可以获得骑士资格，从此，他的责任除了军事职业，还要包括所在地区的公共服务。到 15—16 世纪，骑士教育渐渐式微，贵族家庭开始延聘家庭教师对子女进行教育。

（二）宫廷教育

中世纪时期，英国王室对继承者的教育问题非常重视。9 世纪初，最强有力的梅西亚国王奥法（Offa，King of Mercia）就写信给阿尔琴，请求他为自己的臣民派遣一个学生做教师。在其后的另外一个国王艾尔弗雷德鼓励通过教会办教育，用他自己收入的八分之一维持一所宫廷学校，这所学校招生对象大多数是出身高贵的儿童。学习的主要内容包括拉丁语、撒克逊文等[②]。国王的朋友阿塞尔这样描述当时宫廷学校的学习情景："埃塞尔沃德是国王的小

---

① 徐辉，郑继伟.英国教育史［M］.长春：吉林人民出版社，1993：45.
② 威廉·博伊德，埃德蒙·金.西方教育史［M］.任宝祥，吴元训，译.北京：人民教育出版社，1985：122.

儿子，由于国王的神圣劝告和值得称赞的远虑，他被委托给学校。在那里，他同国家几乎一切达官显贵的孩子以及许多还不甚显贵的人一起，在教师勤勉关怀下成长起来。在学校要读拉丁文和撒克逊文两种语言的书籍。他们也学习写作，以便在从事成人技巧即狩猎以及适宜贵族的类似消遣的年龄之前，能在自由艺术方面变得勤奋聪明。"①

第二节

前现代时期的教师培养实践

一、教会学校的教师培养实践

从奥古斯丁到宗教改革之间的一千年间，天主教会似乎是提供有组织教育的唯一机构。理所当然，中世纪早期教会学校的所有教师都经主教批准，所有的文法学校和歌咏学校的校长都由主教任命。教会学校的教师基本上是各自地区的主教和牧师。他们游走于英格兰各地，"因为他们在宗教文学以及世俗文学方面渊博的学问"②，既传教也教学。牧师和教师的身份互相切换，合二为一。到了8世纪之后，主教的教学任务委托给常驻在大教堂的宗教会议的成员，歌咏学校开始由教堂管理人员负责，文法学校则委托给校长等主持③。14世纪初期，语法学校基本上附属于教会，教堂的牧师通常由受过大学训练的学者组成。例如14世纪早期语法学校的代表贝弗利大教堂语法学校，其校长和教师都由主礼神父任命和付薪，以3年为一聘期。④

不管是大教堂组织和控制的学校还是世俗赞助的学校，都要求教师能够

---

① 克伯雷.外国教育史料 [M].任宝祥，任钟印，主译.武汉：华中师范大学出版社，1991：375.
② 威廉·博伊德，埃德蒙·金.西方教育史 [M].任宝祥，吴元训，译.北京：人民教育出版社，1985：113.
③ 威廉·博伊德，埃德蒙·金.西方教育史 [M].任宝祥，吴元训，译.北京：人民教育出版社，1985：114.
④ 徐辉，郑继伟.英国教育史 [M].长春：吉林人民出版社，1993：36.

教授拉丁语法，这样的教师供不应求。1505 年，威廉·拜哈姆（William Byham）在上帝会馆（God's House）的基础上改造基督学院（Christ's College），他要求他的学生从文法学院毕业并接受中小学教师的职位，把朝圣者和桦木条徽章赠送给领受者作为一种认可，同时要求新教师在学校中公开"打败"一个机灵的男学生，以表示他精通教师职务的基本技能①。

除了具有拉丁文的教授能力，部分教会学校对教师素质要求甚高。著名宫廷教育家阿尔琴（Alcuin）对其教师的赞美可以说明部分情况。他说："在那里用多种教学的溪流和各种学问的甘露滋润着干枯的心，赋予他们语法学的学艺，关注修辞的江河。他在法的魔石上把一些人擦亮，他教一些人唱爱奥尼亚赞歌，而另一些人在吹奏卡斯塔利长笛，循着抒情诗人的足迹越过帕拉萨斯三山麓。该总督要其余的人懂得天的协调，日月的劳动，天空的五彩带，七大行星、恒星的规律，星辰的扫荡，空气的流动，洋与陆的震动，人牛鸟兽的本性，数与形的不同类型。他举出复活节庄严周期的必然，首先开启圣文的奥秘，解释古老而简陋法典的莫测，见到任何思维出类拔萃的青年，他都凑过去，教他们，供养他们，热爱他们。因此，这位老师在圣卷中有许多学科和各种学艺处于领先地位。"② 从这段陈述中我们可以看到，教师不但要精通七艺，了解不同的学科，还要擅长教学技能，同时具有对教育事业的热爱。爱尔兰教会中的教师更加注重对古典文化教育的研究，当西方教会对于希腊和罗马文学茫然无知、持怀疑态度时，爱尔兰僧侣教师却热心研究古希腊文化，这种热情持续了整整两个世纪，他们的接续者一直享有希腊学者的美名。爱尔兰僧侣对本族语和氏族文学也保留了强烈的兴趣。9 世纪后，爱尔兰受到了北欧等蛮族人的侵扰，文化和教育繁荣的景象不存在了，但许多传教士横渡大海，在不列颠北部法兰克和高卢等地布道教书，他们在所到之处积极创办学校，对学术和教育的热情保持高涨。

阿尔琴的叙述只反映了个别文法学校教师的情况，大部分文法学校的教师并不具备这些能力。有的优秀的老师可能接受过大学教育，但这样的老师

---

① 奥尔德里奇. 简明英国教育史 [M]. 诸惠芳，李洪绪，尹斌苗，译. 北京：人民教育出版社，1987：53.

② 欧阳军喜，王宪明. 世界中世纪文化教育史 [M]. 北京：中国国际广播出版社，1996：46.

非常少，且都在规模较大的学校里任教。相当一段时期，教师并非一项专门的职业，几乎所有学校的教师都由牧师担任。教师几乎不需受任何特殊的培训，学校教师缺乏的现象长期存在。前现代时期，教会学校中的教师角色往往与牧师角色重合，他们承担着文化教育、道德教化、宗教教育等工作。

二、行会教育的教师培养实践

为了捍卫行会的权利并维持行会内的秩序，行会需要不断补充新鲜血液，手工行会的师傅通过不同途径广泛招收学徒，以达到目的。行会的师傅就是最初职业教育的教师。

中世纪等级制度下，行会的师傅既是手工业品生产者和销售者，又是拥有作坊及生产工具等生产资料的有产者，具有公民权，在城市中具有很高的声望和地位，代表了本行业手工业技术的权威水平。师傅负责制定行会的章程，可以招收学徒，兼有购买原料、生产和销售手工业品的自由。对学徒来说，师傅是教育者、监护者以及管理者[1]。

行会学徒制的主要特点是采取小作坊中师傅带徒弟的教学模式，具有很强的实操性。这种模式以师傅和学徒一起参与手工业生产的全过程为基础，家庭作坊是主要的教学场所，实际的生产实践是主要的甚至唯一的途径。试错（trial and error）是主要学习方法，学徒对师傅进行模仿，在不断的尝试和错误中学习。师傅是技术知识的持有者和传播者，通常采用口头方式传授知识并辅以实际的操作示范；而学徒完全依赖于师傅的"言传身教"，通过对师傅进行模仿以及自身对技术的领悟，再加上长期的练习，最终学到师傅的技术手艺。这种教学方法几乎没有理论知识的教授，效率较为低下、规模小，教学水平完全依赖于师傅的教学态度、技术水平及教育技巧等。同时，作为重要的世俗教育形式，简单的文化知识教育也被纳入教学过程之中。行会教育中的教师一般以方言进行教学，不同于以拉丁语为教学语言的宫廷教育和教会教育，打破了拉丁语在教育中的垄断地位[2]。

---

① 赖佳，张晓晗.试析欧洲中世纪行会学徒制［J］.职教论坛，2014（28）：87-93.
② 赖佳，张晓晗.试析欧洲中世纪行会学徒制［J］.职教论坛，2014（28）：87-93.

三、贵族学校的教师培养实践

贵族教育对教师素质要求更高，为了培养合格的继承人，贵族阶层要求教师学识渊博，道德高尚。8世纪中期，宫廷教师阿尔琴就是这样一位教师，他师从英格兰阿尔伯特大主教，从老师那里学习了西方世界当时存在的一切知识，包括希腊、罗马甚至希伯来文化等。公元766年，阿尔琴负责管理教会图书馆，图书馆里的书籍文献，包含了希腊、希伯来、非洲等地的哲学家、文学家的作品。阿尔琴在公元782—796年任法兰西王国的首席教育大臣。他的重要职务之一是管理宫廷学校，他的学生有皇室成员，还有担任国家和教会高级职务的年轻贵族。阿尔琴的教学方法因人而异，他对较小的孩子采用问答法，而对大一些的青少年贵族采取讨论的方式进行教育。他在给查理曼的信中写道："对居于圣马丁殿顶下的一部分人，我正尽力布施圣经之蜜；对其余的人，我渴望用古老学习之陈酒陶醉之；还有其他的人，我正开始喂以语法精髓之干果。有些人，我期望用天文学的知识增辉，恰如庄严的房屋要用上漆的屋顶来装饰。我把全部事分给所有的人，这样我就可以把上帝的恩典和陛下帝国统治的光泽交给许多人。"①

人文主义者艾利奥特（Thomas Elyot）认为，为了培养未来的统治者和继承人，在儿童小的时候就需要一位耐心的家庭教师。合格的家庭教师，必须耐心慈爱、道德高尚、学识渊博，还必须懂得音乐和绘画等艺术，懂得学生的天性、学生学习的规律，具有高超的教学艺术。教育家蒙田认为，贵族教育的目的是成为有造诣的骑士和优雅的绅士，而不仅仅是一个学者和一个知识渊博的人。教师要具有健全的头脑，宁可首先取其态度和判断力而学问居其次，重要的是让学生吸收知识，而不是死记硬背知识，不能盲目追随别人。

---

① 克伯雷. 汉译世界教育经典丛书西方教育经典文献：上下 [M]. 任钟印，译. 北京：人民教育出版社，2016：106.

前现代时期教育家关于教师和教师
教育的思想

一、托马斯·莫尔的教育思想以及教师观

托马斯·莫尔（St. Thomas More，1478—1535），欧洲早期空想社会主义学说的创始人，文艺复兴时期最重要的人文主义者之一，以其名著《乌托邦》而名垂史册。莫尔出生在伦敦一个殷实的、"虽然不是显贵，但是正派的"市民家庭里。其父曾任伦敦市的行政长官。少年莫尔在伦敦的圣·安东尼（St. Antony）学校接受早期教育，这段学习时间训练了莫尔娴熟的拉丁语应用和书写能力。莫尔约12岁时离开圣·安东尼学校，随后其父把他送到英国大法官、坎特伯雷大主教约翰·莫顿（John Morton）家中当侍从，这段经历使莫尔获益匪浅。主人莫顿对他的影响深远，莫尔的政治、宗教思想均受其影响。莫尔在14岁时被送到牛津大学的坎特伯雷学院学习。16岁，其父将他送入大法官法庭的法学院学习英国法。1496年2月，他刚满18岁，就被英国有授予律师资格的四所法学院之一的林肯法学院录取，攻读律师专业。1502年，他获得了外席律师的资格，1504年莫尔成为国会议员。

莫尔是人文主义思想的接受者和践行者，他不止一次地利用自己的地位和影响支持大学中人文主义者活动。莫尔的著作《乌托邦》也闪烁着人文主义思想的光芒。

（一）莫尔的政治哲学思想

莫尔认为，占主流地位的私有制是"富人的阴谋"，他提出了自己的理想制度"民主共和国"来与之相对抗。乌托邦的政治制度是建立在人民政权的原则之上的，这种政权没有私有制，全体官员需要选举并可以更换，因此而

得到了保障①。乌托邦实行以民主选举为特征的民主制度，每年由 30 户中选出 1 名官员，称作飞拉哈。每 10 名飞拉哈及其所属的各户隶属于 1 个更高级的官员，即首席飞拉哈。首席飞拉哈是每年一选，但一般情况下可以连任，首席飞拉哈至少每 3 天与总督商讨国是一次，必要时则更频繁接触。飞拉哈共有 200 名，他们经过宣誓后以秘密投票的方式选出 1 名总督，总督的候选人有 4 名，由全城 4 个城区各推选 1 名。总督是终身制，但他若有实行暴政或奴役人民的嫌疑则可以被废黜。在乌托邦，任何重大事项的决策都处于公开透明的状态，民众可以参与讨论并对决策部门和官员实行监督。在公共交往中，乌托邦采用共同就餐的方式进行，餐厅就是交往的场所②。

（二）莫尔的伦理道德思想

莫尔最关心的伦理道德问题是"构成幸福的是什么"。莫尔认为，构成人类全部或主要幸福的是快乐。快乐有很多种，并不是每一种快乐都构成幸福，只有正当而高尚的快乐才构成真正的幸福，才是至善。正当而高尚的快乐只有按照自然的指示才能得到，自然还指示人们要互相帮助，共同过快乐生活，不要因为追求自己的快乐而损害了别人的快乐。自然的这一要求是有充分理由的，因为自然一视同仁地对待每个人，不会特殊地眷顾某个幸运者。

莫尔的伦理道德完全以理性为基础并以此来加以论证。理性教导人们要过无忧无虑的快乐生活，并从爱心出发，帮助所有人都达到这一目标。促进他人的快乐和幸福，减轻他人的悲伤和痛苦，这是符合人道主义的德行，是人类所特有的。莫尔还认为，完美国家的公民在自己的伦理哲学中遵循的另一个标准就是宗教，它认为灵魂永存的思想是无可非议的，而且，灵魂神圣的使命是求得幸福。莫尔相信，上帝本身为人们预先规定了合乎道德的生活，即"符合天性常规"的生活③。为了调和理性和宗教间的关系，莫尔认为一切理智的东西都是上帝心爱的东西。在乌托邦人的宗教中，纯理性主义的因素起着如此重要的作用，以至于理智的声音在诸如社会利益这样的问题中最

① 奥西诺夫斯基.托马斯·莫尔传［M］.杨家荣，李兴汉，译.北京：商务印书馆，1984：151.
② 周晓亮.大家精要：莫尔［M］.昆明：云南教育出版社，2012：104.
③ 奥西诺夫斯基.托马斯·莫尔传［M］.杨家荣，李兴汉，译.北京：商务印书馆，1984：156.

终被他们看作上帝可见。这种从宗教中引申出理性的方式，是人文主义学者阐述自己伦理道德哲学的一大特点。

（三）莫尔的教育思想

从一定意义上说，莫尔的全部著作都有教育意义。这是因为他把教育的问题与政治、经济、社会等方面的问题联系起来考虑和研究。因此，可以说社会本身就是教育的场所和大学校。《乌托邦》一书集中地反映了莫尔先进的教育思想，如美德占首位，知识与美德同等重要；人人参加生产劳动；健康是最大的快乐；尊重、热爱和教育儿童；官员要德才兼备；等等。这些思想不但在当时是先进的，也对日后的空想社会主义以及社会主义教育思想的形成产生了相当大的影响①。

莫尔认为，在完美的国度里，全体体力劳动者都应该普遍地接受高等教育。在乌托邦，每个人都要从事体力劳动，也要从事智力探讨。城邦公民要接受希腊文化的教育，也要接受医药、自然、天文等各科的教育，还有航海、印刷、制纸等技艺的教育。学习这些能够促进乌托邦生活的舒适方便，乌托邦人热爱学习，他们根据能力、自愿的原则去学习科学知识。乌托邦社会中每个对科学有兴趣并成绩卓著的工人，可以获得国家的允许不参加日常劳动而"去专做学问"②。

莫尔先进的教育思想还体现在女性教育观上。他认为，对女性进行教育，可以使她们获得必要的知识，提高她们的理性能力。他说："如果一个女性能够在具有良好品德的基础上再增加一点儿学问，那么，她所获得的益处将远远胜过她获得克罗伊斯（小亚细亚西部古国国王，以富有著称）的财富和海伦（希腊神话中的美女，斯巴达国王墨涅拉俄斯之妻）的美貌。"③经过这样的教育，妇女就可以在顺利时不趾高气扬，在逆境中不悲观气馁。对妇女进行教育的重要意义还在于，她们可以更好地培养和教育下一代，这显然对良好社会的形成是有益的。

---

① 吴元训. 中世纪教育文选［M］. 北京：人民教育出版社，2005：176.
② 吴元训. 中世纪教育文选［M］. 北京：人民教育出版社，2005：176.
③ 考茨基. 莫尔及其乌托邦［M］. 关其侗，译. 北京：生活·读书·新知三联书店，1963：111.

莫尔在教育其女儿的过程中实践了这些原理，使她们都彻底受到人文主义教育。他的长女玛加丽特的性情智慧绝类其父，学习造诣很深，在当时学者之间很受重视，其文学成就曾耸动一时。伊拉斯谟给她写信时，极表推崇，并且曾一度称她为"不列颠的珍宝"①。

（四）莫尔的家庭教育思想

作为一个人文主义者，莫尔对教育特别关注。他将教育理想变成现实的实践活动是在家中完成的，他的妻子、儿女乃至仆人和侍从，都是他的学生。莫尔把自己的家变成了一所学校，他对子女的教育则更全面地体现了他的教育思想。

莫尔十分重视生活环境对子女教育的影响。他积极努力为子女营造了健康向上的家庭环境。莫尔禁止子女玩纸牌、掷骰子等赌博性的游戏。他鼓励子女们学习知识和从事园艺等有益活动。莫尔家的院子就像一个小植物园和动物园，里面栽培了各种植物，饲养了他能够找到的各种动物，莫尔要子女们观察植物的生长和动物的习性，从与自然事物的接触中学习知识。

莫尔还非常重视对子女进行品德教育。他在给子女的家庭教师威廉·贡内尔的信中说，他希望他的子女能够将"德性放在首位，把学问放在第二位；在学习中，对凡能教导他们对上帝虔诚，对一切人报以仁爱，有助于培养自己基督徒谦恭之心的东西，都要极为重视"②；他反对闲散和懒惰，培养子女从小不怕困难、奋发进取的精神。他说，人类生活是在上帝的帮助下靠努力奋斗创造出来的，上帝把人们派到人间来是要他们一觉醒来就工作，"我们不能指望躺在鸭绒床上进天堂"；要求子女不羡慕别人拥有他们不应拥有的物品，不追求华丽的服饰等虚浮不实的东西。他还嘱咐家庭教师，要注意从小克服孩子的虚荣心，因为虚荣心就像杂草，必须将其铲除在萌芽状态。虚荣心的产生往往与父母、老师的放任自流有关，因为儿童总是盼望夸奖，如果对这种心态不加引导，就会使儿童产生一味求得别人夸奖的习惯。他要求家庭教师不对子女过分夸奖，务必使他们杜绝虚荣心，教导他们把通过努力获

---

① 考茨基. 莫尔及其乌托邦 ［M］. 关其侗，译. 北京：生活·读书·新知三联书店，1963：111.
② 考茨基. 莫尔及其乌托邦 ［M］. 关其侗，译. 北京：生活·读书·新知三联书店，1963：110.

得的成果看作对上帝智慧的证明①。

莫尔十分重视子女的文化学习。他亲自给子女讲授逻辑、哲学、神学、数学、天文学等方面的知识，尤其在拉丁文、希腊文和古典学术的教育方面投入了更大的精力。莫尔要求子女们从小用拉丁文写作，起初他们不能熟练掌握写作技巧，莫尔就建议他们先写出英文，然后翻译成拉丁文，逐步提高写作能力。当莫尔在外处理公务不在家时，他就要求子女用拉丁文给他写信，每日一封，不得遗漏。为了培养子女的学习兴趣，莫尔还十分注意改进教学方法。比如语言学习需要大量的记忆，他就探索改进记忆方法，避免死记硬背，使本来枯燥的记忆成为乐事②。

（五）莫尔的教师观

在莫尔看来，教士是社会教化的化身，他们品德高尚，全心全意为宗教事务献身，致力于维护和平和国家的长治久安，是乌托邦最受尊敬的人。教士同官员一样，是由民众通过秘密投票选出来的。选举的标准重在德行，这也是教士受到人们极大尊重的主要原因。教士也可能会犯罪（尽管此类事情极少发生），但可以不送法庭，而由教士在上帝面前根据自己的良心对自己做出判决，这是教士因为受人尊重而享有的特殊待遇。妇女也可以当教士，在这一点上，妇女有了与男子相同的权利③。

在《乌托邦》中，教士负责主持宗教事务，监察社会风气，对所有有不良行为的人都可以进行劝说、告诫和申斥，直至禁止其参加宗教活动。最重要的一点，教士还承担对儿童和青年的教育工作，一方面要帮助他们读书求知，另一方面要对他们进行道德品质教育，而后者显得更为重要，因为它与国家的命运密切相关。在儿童的思想逐步成熟的过程中向他们灌输爱护国家的意识，可以使他们牢固树立正确的国家观念，维护他们的国家世代相传且永不衰败④。

---

① 考茨基. 莫尔及其乌托邦 [M]. 关其侗，译. 北京：生活·读书·新知三联书店，1963：120.
② 周晓亮. 大家精要：莫尔 [M]. 昆明：云南教育出版社，2012：127.
③ 周晓亮. 大家精要：莫尔 [M]. 昆明：云南教育出版社，2012：127.
④ 吴元训. 中世纪教育文选 [M]. 北京：人民教育出版社，2005：230.

二、艾利奥特的教育思想以及教师观

艾利奥特（Thomas Elyot，1490—1546），是英国的政治家、外交家和人文主义学者。艾利奥特的父亲是一名地方官，也是空想社会主义者莫尔的好友，其思想进步、兴趣广泛、喜爱古典学术，艾利奥特潜移默化中接受了人文主义思想。1511—1537年，艾利奥特担任了行政立法会的秘书。在这期间，他和学术界交往密切，所交往的人包括从欧洲大陆来的有识之士，这深深影响他的政治和教育思想。1537年，他开始辞官在家，翻译著书。艾利奥特的教育思想主要反映在其《行政官之书》中。在这本书中，他对当时的公共生活进行了仔细的观察，并表明了其政治教育的目的[①]。

（一）艾利奥特的教育思想

《行政官之书》的核心是关于准备从事政治生活的青年的教育问题，是一本政治教育著作。在这本书中，艾利奥特认为，教育的过程是一个连续一致的过程，他把统治阶级继承人的教育分为四个阶段[②]。

第一个阶段从出生到7岁，这一阶段的重点是儿童身体的养育，并初步掌握纯正的拉丁语和希腊语。因此，照顾孩子的保姆身体和道德都要经过考察。关于孩子教育的事情要委托给女保育员，因为幼儿在这一阶段最擅长模仿。对于语言的学习也是如此，儿童通过对话学习纯正的拉丁语和希腊语，因此，这个阶段跟儿童的对话必须是完整的句子，不能采用粗鄙的俚语。这个阶段儿童身边的保姆和儿童身边的妇女，要说纯正和漂亮的拉丁语，或者说有礼貌的、发音清晰的英语。

第二个阶段是7—13岁，这是开始系统教学的第一个阶段。艾利奥特认为，要让儿童同一时间接触希腊语和拉丁语的著作，学习拉丁语要用拉丁语进行对话，同时学习拉丁文法；学习希腊语要通过《伊索寓言》《荷马史诗》等名著的阅读进行。另外，儿童在这个阶段应该进行适当的艺术教育，比如

---

① 吴式颖，任钟印. 外国教育思想通史第4卷：文艺复兴时期的教育思想 [M]. 长沙：湖南教育出版社，2002：422.

② 威廉·哈里森·伍德沃德. 文艺复兴时期教育研究 [M]. 赵卫平，赵花兰，译. 济南：山东教育出版社，2013：286-300.

音乐教育，当然音乐教育只能作为闲暇的消遣，而不能作为谋生的技艺；学习绘画等艺术，是为了以后航海、战争等实用的用途。艾利奥特认为，艺术教育将会一直延续并成为人的个性形成的重要因素。

第三个阶段是 13—17 岁，这个阶段的青少年学习修辞、历史和宇宙结构学等方面的知识。要把青少年带到演说家跟前去接受教育，青少年要学会演说的技巧，但又要同时掌握大量丰富的知识，因此，要学习地理学、历史学等知识。对于地理的学习，要采用实际的模型和工具，这样才能直观地了解各种各样的地理事物。而学习历史，不仅要注重顺畅和优雅，而且要关注历史上战争的原因，还要关注计划和决策。

第四个阶段就是 17 岁以后，青年要进入文化教学的最后一个阶段，在这一阶段，主要学习哲学。艾利奥特认为，当孩子到了 17 岁的时候，要用理性约束他的冲动，就需要他阅读一些哲学的书，尤其是道德哲学。艾利奥特推荐亚里士多德的《伦理学》、西塞罗的《论义务》以及柏拉图的著作。

艾利奥特实际上推崇的是一种博雅教育，以培养英国君主专制王朝的行政官和统治者为目标。他的思想受到了亚里士多德、西塞罗、伊拉斯谟等人的影响，因此其教育理想也即其政治理想，希望通过教育来改善当时英国的状况。

（二）艾利奥特的教师观

艾利奥特的教师教育思想体现在他对当时英国教育的批评上。作为一位人文主义教育家，艾利奥特非常重视教师的作用以及教师素质的高低。艾利奥特认为，虽然有些人天性趋善，但是良好的教育和榜样示范加上天性的善才会使得一个人更加优秀。在艾利奥特看来，当时的英国不能获得古代的美德和学问，主要问题在于对教师工作的轻视。当时英国的中上阶层对于聘请教师的条件并不关心，只关注如何降低薪酬，艾利奥特认为这种公众的看法需要根本的改善。[①]

像欧洲贵族教育的传统一样，艾利奥特认为，对于贵族子弟而言家庭教

---

① 威廉·哈里森·伍德沃德. 文艺复兴时期教育研究 [M]. 赵卫平，赵花兰，译. 济南：山东教育出版社，2013：289-302.

育是最好的教育方式。对于教师所具备的能力，艾利奥特首先最看重教师的德性。他认为教育是遵循模仿、榜样示范和人格激励这些原则展开的，而不是单纯依靠知识的传授。其次，他认为，在贵族子弟人生的不同阶段，需要不同的家庭教师。在幼儿出生后的第一阶段，幼儿的教师就是保姆和女保育员，因此，要求她们身体健康，道德高尚。在儿童所需要教育的第二阶段，教师应该是德高望重的可敬的男子，他以严肃但耐心的脾气赢得孩子的喜爱。这样，教师良好的教育和榜样示范会使学生变得更加优秀，如果这位教师知识也很渊博，就更加值得称赞。在儿童教育的第三个阶段，儿童的教师应该是雄辩家以及修辞作家，这些教师具有高尚的品格和宽广的知识面，贵族子弟在他们那里接受演说以及修辞的教育。

艾利奥特还非常重视教师的教学技术。他认为，要让擅长教学的人来学校当老师，应该把教学提升到一种专业性工作的需要①。一个合格教师的第一要务就是了解孩子的天性，依据孩子的天性对其进行拉丁语和希腊语的教育，对语言的教学要采用对话的方式进行，避免讲授过多的冗长的语法。

小　结

英国前现代时期，天主教会统治着大不列颠岛，教会的教育一定程度上就是宗教教育。当然，伴随着传教士工作的开展，英格兰上层圈子开始开辟理智生活，这昭示着教育的新时代即将到来。随着用拉丁文翻译的古希腊和阿拉伯文献的传入，拉丁文掌握人群持续增加，人们的知识面不断扩大。新知识和三段论的争论，刺激了英国中世纪的学术活动。当时的智识阶层，包括教士、贵族等开始利用理性的思维来论证上帝。这种论证，既保卫了天主教的存在，又启迪了英国人民的怀疑精神。这种怀疑精神是理性力量的开始，催生了以莫尔为首的空想社会主义先驱，也启发了人文主义者对世俗生活的关注。

随着英国城市以及行会的出现，市民阶层大量涌现，这对现代国家的形

---

① 威廉·哈里森·伍德沃德. 文艺复兴时期教育研究［M］. 赵卫平，赵花兰，译. 济南：山东教育出版社，2013：289-302.

成具有直接的促进作用。虽然这一时期的英国依然处在罗马教会统治之下，但其后的宗教改革将开启英国民族国家形成的序章。

这一时期，有组织的教育机构是天主教会组织实施的，对于教会来说，传教是首要目的，教育仅仅是手段。世俗教育也仅限于少有的领域。在宗教教育中，教师和牧师的角色合二为一；在世俗教育中，行会师傅就是教师；在贵族教育中，有名望的大学问家才是贵族更青睐的教师。所以，中世纪时期，虽然英国教育实践形式多样，但教师并非一个专业的群体。零星具有教师教育意蕴的实践已然展开，但教师教育尚未成为专门领域。

第三章

英国现代化初期的教师教育实践与思想

中世纪后期至英国资产阶级革命时期，是英国现代化初进时期。英国的经济、政治、文化、科学技术等方面现代性特征日益明显，对教育产生了重要影响。

在经济方面，英国自伊丽莎白一世统治时期开始就奉行重商主义政策。国内发展传统毛纺织业，积极扶持丝织业、皮革业、金属业等新兴行业，利用优惠待遇，吸引国外拥有先进技术的工匠进而改进工艺，通过圈地运动等方式，积累了资本主义经济发展的"第一桶金"。对外积极发展贸易，提升国家的经济实力。伊丽莎白还支持和推动本国商人的贸易特许公司开拓海外市场，大力支持海外探险和殖民活动，拓展英国对外贸易的空间。从 15 世纪开始，英国经济实力得到了明显的增强。到 17 世纪中期，建立商业帝国已经成为英国的重要目标。

在政治方面，这个时期是英国民族国家形成的时期。在中世纪的欧洲，现代意义上的国家是不存在的，谈不上国家主权，民族概念也十分含糊，权力与民族属性无关，各个民族相互交织，国王的权力受到贵族和宗教权力的制约，教权高于军权。1517 年，德意志宗教改革者马丁·路德（Martin Luther）提出了"信仰耶稣即可得救"的见解，揭开了欧洲宗教改革运动的序幕。此时的英格兰，天主教会占有大量的土地和财富，教士的腐化堕落引起了当时英国贵族和王权的不满。为了打击教会势力，1534 年，都铎王朝的亨利八世发布《至尊法案》，使英国王权摆脱了教皇权力的束缚，建立起与皇家利益相一致的民族教会。这样，英国王权完成了权力的集中，真正意义上的英国民族国家开始发展起来。英国专制王权建立以后，专制王权与商业资产阶级的利益又发生了冲突，这直接导致了英国资产阶级革命的爆发，直到 1688 年的光荣革命，国王接受了《权力法案》的规定，国家权力归于议会，国家由议会治理，英国形成了君主立宪制政体，政治上的现代化初步实现。

在文化方面，14、15 世纪，文艺复兴在意大利以星火燎原之势对北欧等国家的人文主义教育产生了巨大影响。文艺复兴运动从其词义上理解是一场古希腊、古罗马文化的复活，是一场对中世纪宗教精神权威的反叛。文艺复兴中的人文主义思想——肯定人的价值，崇尚人的理性，提倡个性解放，反对盲目信仰教义和教规——带来了清新的文化空气和一种新的文化教育价值观念。英国教育也受到了文艺复兴的影响，在内容和形式上发生了转变。

文艺复兴运动局限于社会上层，使整个社会世俗化的是宗教改革运动。都铎王朝的亨利八世在 1532—1536 年间召开了多次会议，通过了一系列改革法案，规定英国国王是英国教会界与世俗界的最高领导，并且规定由教会法庭判决引起的纠纷不得向罗马上诉，只能向英国法庭上诉；否定罗马教皇对英格兰世俗事务进行干涉。在其后的立法中，英国国王将英国的大小修道院解散。1540 年，英国 500 多座修道院全部解散①。但是英国国教对于教义方面的改革非常少，在很多方面保留了天主教的教义。

宗教改革后英国的教会分成了天主教会、国教会以及清教徒等各种派别，各派之间冲突斗争不断。持续不断的宗教冲突使各方认识到，冲突对任何一方毫无益处，宗教宽容逐渐达成。宗教宽容给其后的文化教育带来了生机。宗教改革对于推进文化世俗化的作用主要表现在以下几个方面：首先，宗教改革使宗教权力服从于世俗权力；其次，新教主张，"因信称义"鼓励了个人主义精神的萌生；新教伦理宣扬以职业劳动来为上帝增加荣耀，在客观上引导人们关注现世，具有明显的入世精神②。

英国现代化的进程还表现在自然科学技术的迅速发展上。17 世纪也是科学革命的时代，涌现出了大量的自然科学家，其中，伽利略的《两种新科学》，笛卡尔的《谈谈方法》《几何学》，牛顿的《原理》，培根的《新工具》《新大西岛》等著作是最有意义、最有影响力的著作。自然科学家们在天文学、地理学、植物学、动物学、医学、微生物学等方面都取得了瞩目的成就。

自然科学家通过观察、实验等方式在经验的关系域中建立起科学定律，并通过实验检验来考察知识的有效性。新科学不再把所有这些作为理解大自然的手段，而是把经验——实验和批判性观察——作为知识的基础和对知识最终的检验。这样一来，不仅新的方法把知识建立在全新的基础之上，而且，它还意味着，无论对什么人来说，名人的话未必是非信不可的了，人们可以

① 仇振武. 不可不知的英国史［M］. 武汉：华中科技大学出版社，2018：56.
② 褚宏启. 教育现代化的路径［M］. 北京：教育科学出版社，2000：378.

用所积累的经验对任何一种命题和理论加以检验。因此，知识所具有的是民主性而不是等级性，并且，知识更多依赖的不是少数精英的洞察，而是某种适当的方法的应用，这种方法，任何具有足够才智的人都能很容易地理解，而且能用来掌握新的实验和观察原则、了解从资料中得出恰当结论的途径①。自然科学的发展也给人们带来了认识论的转向，从对上帝的信仰转换到对自然的观察，人与人之间关系日趋平等。

综上所述，从文艺复兴到英国资产阶级革命时期，基于英国经济、政治、文化以及科学技术的诸多现代性因素变革，英国由传统社会开始向现代化社会转型，其世俗化、工业化、民族化程度已经使英国成为当时世界上头号强大的国家。英国社会现代化的发展为教育的现代化提供了条件，但是英国的教育现代化发展是缓慢的，教师教育的实践也落后于其他欧洲大陆国家，教育家的教师教育思想与其哲学、政治思想等相互纠葛。

---

① 科恩. 科学中的革命 [M]. 鲁旭东，赵培杰，宋振山，译. 北京：商务印书馆，1999：101.

第一节

现代化初期的教育发展

现代化初期，英国经历了基督教天主教的统治、文艺复兴、宗教改革、资产阶级革命等事件，进入了激烈的社会变革时期。受到人文主义思想的影响，在王权和教权两股政治势力的角逐之下，英国的宗教逐渐屈服于王权，教会教育也随着教派势力的更替发生了剧烈的变革，教育逐渐实现了世俗化。1540年后，教会教育的控制权从基督教天主教会的手中转移到了英国国教会（Church of England）那里。由于教育慈善事业的兴起，苏格兰普通民众受教育的机会增加，这多少改变了英格兰的教育模式，教育世俗化、民族化以及实用化等现代性的特征开始出现。

一、教会教育

中世纪到英国资产阶级革命的这一时期，教会教育以绝对的优势统治英国教育，但是由于英国宗教改革以及清教徒革命，教会教育的形式和内容也有不同程度的变化。宗教改革开始后，清教徒的革命更是把政治斗争、教育改革深深地烙在了宗教改革的历程中，冲击了英国国教会对教育的干涉。

（一）英国国教会的教育改革与实践

英国宗教改革后，国教会的垄断地位得到了确立，原来附设于天主教教堂的教育机构都归属于国教会管理，在各个教区逐渐产生了教区学校，这是英国国教会直接管理和控制初等教育的开始。这个时期，英国国王利用从天主教会那里得到的财产兴办了新的学校。一些贵族、富商、市政当局资助行将停办的文法学校，并创办新学校，还为贫困青年提供奖学金。国教会统治下的文法学校所教授的内容与天主教会几乎相同，仍以文法和修辞为主，同时添加了英国国教的教义。整体而言，英国宗教改革对文法学校影响不大。

英国国教对英国初等教育的创立发挥了巨大作用。英国国教成立的两个组织——基督教知识促进会（the Society for Promoting Christian Knowledge）

和海外福音传播会（the Society for the Propagation of the Gospel in Foreign Parts），二者在促进对慈善学校的捐助、发展初等教育等方面做出了重要贡献。1698年成立的基督教知识促进会在成立大会上宣布了"追求并敦促在伦敦及附近地区每一教区建立教义问答学校"[①] 的决定。这一决议迅速得到了伦敦及附近教区的响应，一些慈善家纷纷解囊相助，帮助教会实施计划。根据计划要求，许多教区开始创办慈善性质的教义问答学校，招收没有能力承担教育费用的贫民子弟。17 世纪末，许多慈善学校在伦敦由公共认捐建立起来，这种新的方法受到了基督教知识促进会的倡导，成为在穷人中普及基督教知识的庞大计划的一部分。到了 1750 年，慈善捐办学校竟达 1 600 余所，由伦敦地区向周边扩展，不仅在英国的许多地区得以推广，还流传到美国。18 世纪中后期，基督教知识促进会的教育活动日渐式微，但是基督教知识促进会确立了一种影响日后教育发展的传统——建立一个能调动地方办教育积极性的中央组织。这个组织由国教会的全国贫民教育促进会坚持了一个世纪，并且基本上决定了国家最终干涉教育所采取的形式[②]。

（二）清教徒的教育改革与实践

16 世纪晚期和 17 世纪初期，英国国教会中的一些激进分子认为宗教改革不彻底，希望把天主教的残余从国家中清除出去，因此兴起了"清教运动"，这些人也被称为清教徒（Puritan）。清教徒自产生之日就卷入了宗教冲突和迫害的浪潮。斯图亚特王朝的詹姆士一世迫害清教徒，造成了宗教对立，引起了民众的反感。其子查理一世继续对清教徒进行迫害，并推行严苛的税收，妄图增强君主的王权，结果遭到议会的反对，导致英格兰内战爆发。内战中，清教徒短暂掌权，但议会的保守造成了斯图亚特王朝的复辟，詹姆士二世即位后，公开了自己的天主教信仰，并且继续扩大专制王权，加强君主统治，迫害清教徒。他的倒行逆施使英国议会中的辉格（Whig）和托利（Tory）两党合作起来，迎接了查理一世的清教徒女婿威廉入主英国，英国资产阶级革命完成。英国资产阶级革命既是一场政治革命，又是清教徒的宗教革命。

---

① 邓特. 英国教育 [M]. 杭州大学教育系外国教育研究室，译. 杭州：浙江教育出版社，1987：7.
② 徐辉，郑继伟. 英国教育史 [M]. 长春：吉林人民出版社，1993：113.

清教徒作为英国教会的一支力量异军突起，活跃于英国政治、经济、教育各领域中。清教徒关注人的平等，对待知识的态度比较理性，认为理性可以帮助清教徒理解《圣经》，因此清教徒厌恶无知，重视人的有教养的心灵的培养。

清教徒非常重视教育。清教徒对于当时的教育现状和办学条件普遍不满，他们把教育看作进行激进的社会改革的工具和主要手段，主张进行彻底的教育改革，其中包括普及初等教育、改革教学内容和教学方法、提倡国家干涉教育、建立国民教育制度等。政治家詹姆斯·哈灵顿（James Harrington）认为，建立学校是国家的首要责任；经济学家威廉·配蒂（William Petty）提出，不能因为贫困而剥夺人们受教育的机会；教师威廉·戴尔（William Dell）主张建立村庄—城镇—城市为一体的国家教育体系[①]。克伦威尔当政时期，英格兰一度要建立全面的国民教育制度。1650 年，威尔士通过"促进传播福音法"创办了近 60 所免费学院，并由公共基金支持。

二、世俗教育

（一）贵族教育实践

作为世俗教育的一支重要力量，英国贵族教育一直发挥着举足轻重的作用，英国贵族子女接受教育的主要方式是家庭教育。

英国贵族对家庭教育的热衷，源于其对学校制度的不满。贵族们普遍认为，为了培养合格的统治者，仅仅学习文法是不够的。具有人文主义思想的教育者认为："当时的学校教育对现代及现代思想漠不关心。他们对科研、实验和发明几乎没有什么兴趣。学校往往对作为纯科学的数学茫然无知；对数学在工程等方面的应用也经常是无知的；法学、政治学作为一种管理国家事务的本领，在学校里从法定的学科范围中得不到明确的训练；那些在 17 世纪中期作为才艺受到整个欧洲社会高度器重的某些艺术如素描、油画、音乐、雕刻和其他形式的手工艺术，学校并没有为获取这些技能提供便利条件；骑马、击剑和舞蹈方面的高超技艺，普通的教育并不涉及；至于朝臣们最重要

---

① 徐辉，郑继伟. 英国教育史［M］. 长春：吉林人民出版社，1993：98.

的行为的学问、谈话的艺术、举止、服饰等也不包含，人们通常认为学校培养了一种难以容忍的，与上述任何一种优雅风度都水火不相容的迂腐习气。"①

文艺复兴后，英国贵族子弟的教育也受到了意大利人文主义者的影响。意大利作者巴尔达萨·卡斯底格朗（Baldassare Castiglione，1478—1529）的著作《宫廷人物》（*The Book of the Courtier*）传播到了英格兰，文中提到的理想的男子和朝臣除了彬彬有礼的举止及骑士般的技艺之外，还要有学者的造诣，即学识、智力及措辞的机智。1531年，王室的秘书兼学者 T. 艾略特爵士写就《被认为长官的博克》，有学者认为这是以英文出版的第一本论及教育的著作。这本书突出了贵族子弟的教育应该是政治家风度与新学识相结合。亨利八世受到伊拉斯谟的《原理》一书影响，给他的儿子制定了一套完整的人文主义教育体系，把基督教新教、古典传统的要义与骑马、打猎、军事操练的户外活动结合起来，以培养理想的王子。包括出身于剑桥的契克和科克斯的出色的家庭教师们，帮助这位少年国王爱德华六世 14 岁便能讲流利的拉丁语和法语，还能使用希腊文、意大利文和西班牙文。爱德华六世不仅熟悉柏拉图、亚里士多德和西塞罗等古典作家的著作，还通晓当代的学问，包括地理学、自然哲学和音乐②。

这一时期，英国有很大一个团体从不同角度讨论了贵族青年的教育问题。劳伦斯·汉弗莱（Laurence Humphrey）完成了《论贵族》，向上层社会介绍德行和学问。罗杰·阿斯卡姆（Roger Ascham）用双重译文教皇家学生学习古典著作，认为这种方法可以使青年们学习时轻松愉快。在英格兰定居的苏格兰人詹姆士·克莱兰德（James Cleland）在《年轻贵族的学校》（*The Institution of a Young Nobleman*）一书中极力倡导艾利奥特等人的观点，尤其提倡出国旅行③。16—17 世纪，英国贵族的教育内容更加务实和多样，教育形式主要是家庭教师的个体教授和家庭教师陪伴的旅行。

---

① 克伯雷. 外国教育史料 [M]. 任宝祥，任钟印，主译. 武汉：华中师范大学出版社，1991：375.

② 奥尔德里奇. 简明英国教育史 [M]. 诸惠芳，李洪绪，尹斌苗，译. 北京：人民教育出版社，1987：25-26.

③ 威廉·博伊德，埃德蒙·金. 西方教育史 [M]. 任宝祥，吴元训，译. 北京：人民教育出版社，1985：206-230.

（二）新兴资产阶级教育实践

16 世纪中期以来，王室将修道院和小教堂充公的大量地产投放到土地市场，通过土地投资、土地交换和出租，雄心勃勃的自由民、商人以及律师，经过两三代人的努力上升为中上阶层，这些新兴贵族逐渐意识到文化水平的低下会严重影响其社会地位，为了提高社会地位就必须重视教育问题。

中产阶级的子女，首先会学习读写知识，接受基本的初等教育，然后进入文法学校接受中等教育，学习一些写作和算术的课程，之后进入大学或者律师公会接受更高层次的教育，以适应当时社会的需要。1560—1640 年是语法学校发展的鼎盛时期，语法学校在数量上急速增加，招生人数也迅猛增长。语法学校招收所有社会阶层的后代，高至爵士、骑士和绅士的孩子，低至小店主和工匠的儿子，聪明的孤儿也可以免费学习。语法学校的课程主要是拉丁语、希腊语、修辞术等古典教育，据史料记载，在科尔切斯特文法学校1636—1645 年间有关学生注册登记的记载中，富裕商人家庭子弟占 37%，约曼①家庭子弟占 12%；伯里圣爱德蒙多文法学校 1656 年的注册登记学生中，来自约曼家庭的占 15%，来自专业人士家庭的占 17%，来自商人家庭的占16%。高等教育方面，在剑桥大学 4 个学院的入学登记注册学生中，33% 来自乡绅家庭，16% 来自富裕商人家庭，15% 来自约曼家庭②。

部分中产阶级贵族受到人文主义的影响，推崇资产阶级绅士的教育。洛克就认为，绅士和血统已不必有必然联系，他更强调一种道德规范。按此种道德规范行事的人，表现出上层贵族尊严的气势，"既居高临下，又慷慨从容，举止优雅，不卑不亢"③，那就是绅士。要通过体育、德育以及良好教养

① "约曼"一称起源于 13 世纪，13 世纪到 15 世纪是一个具有"服役"含义的词汇。后用以指谓一个具有等级和身份规定的社会集团。约曼在英国是一个特殊的社会群体，在中世纪要履行一定的封建军事义务，到了近代，约曼地位在乡绅之下，是耕种自有土地的小地主。但这个群体的社会界限不甚明确，在社会分层中，富有的约曼与小乡绅之间没有明确的界限。到了 19 世纪，英国的约曼处于衰落中。学者们对"约曼"的历史地位普遍评价颇高。有学者称"约曼是英国向近代社会转型时期农村的重要社会阶层，是英国农业现代化的发动机"，甚而有学者认为"约曼是现代化的第一基石"。［参照：盛仁杰. 英国社会转型时期的约曼研究［J］. 中外企业家，2014（4）：266-267.］
② 谢彤. 论 16—17 世纪英国的教育变革［J］. 贵州师范学院学报，2019（1）：55-59.
③ 刘丹. 人文主义"新学术"与英国近代的绅士教育［J］. 贵州师范大学学报（社会科学版），2005（2）：83-87.

的教育，培养出道德高尚、举止优雅的全新的资产阶级人才。这些中产阶级对聘请家庭教师所具备的古典学科水平不太重视，而更加倾向于道德风尚的教育以及人情世故的掌握。

还有些中产阶级会让儿子接受学徒制的职业教育，以助其以后在具体的行业中工作。从13世纪到15世纪，英国的不同行业组成行会，工匠学徒制成为培养熟练工人的主要途径。学徒制的方法是徒弟跟着师傅，从住宿、吃饭、规矩等各个方面受到师傅的管教，并且学习师傅的某种技艺以便谋生。师徒关系形同父子，师傅不仅传授技艺，而且进行品德教育。学徒制的效果很大部分依赖师傅的品质，有的师傅虽然严格但是慈祥，对学生负责，有的则放任并且粗暴。在行会制度下，师傅的行为也要受到行会的控制。行会监督培训工作的标准，规定学徒的服装和行为，听取投诉等。

（三）大众慈善教育实践

15、16世纪，英国圈地运动使大量农民流离失所，他们涌入城市成为出卖劳动力的无产阶级，子女也被迫成了城市中的贫儿。随着社会整体财富的增加，城镇和市场不断发展，社会下层的生活不可避免地与市场发生联系，买卖交易、财产继承、立遗嘱等活动都要求有一定的文化水平。种种情况使人们意识到接受教育与自己的生活息息相关，对教育的依赖也不断增强。同时，宗教改革削弱了基督教、天主教会对教育的控制权。来自经济的、社会的、宗教的改革，催生了私人慈善事业大规模发展。私人捐赠和社会福利共同助力教育逐步摆脱基督教教会的控制，也对英国教育模式的形成产生了深刻影响。

15世纪60年代到17世纪40年代，开展教育慈善的主要形式是建学校，由教会、私人和慈善团体开办的慈善学校极大地扩充了教育资源，初等教育领域的慈善学校机构出现了乞儿学校、劳动学校、贫民学校、感化学校等多种类型，增加了受教育机会。慈善学校大多是由英国国教会及其他教派筹办的，经费多为富人捐赠。从17世纪后期开始，英国慈善团体对于初等教育的发展发挥着越来越重要的作用，一些社会名流和实业家也开始关注儿童的慈善教育，呼吁社会和国家为贫苦儿童提供初等教育。如哈特利布（S. Hartlib,

1599—1670）于 1650 年向英国国会提交了《扩大伦敦的慈善事业》（*London's Charity Enlarged*）的提案，要求准许贫苦儿童受教育，将贫苦儿童的教育作为慈善事业的重要任务。

　　开设慈善学校总体来说有两方面的目的：一是为了社会稳定和降低犯罪率，二是出于宗教的目的。也就是通过学校教育，改善贫民阶层的态度，使贫民接受自己的社会地位、安于现状，并养成合乎社会规范的行为习惯以降低贫民的犯罪率。慈善学校所开设的教学科目也以此为目的，比如要求学生必须学会阅读，目的在于使这些贫民儿童能学会看懂《圣经》，自己阅读《圣经》，以接受《圣经》的教育和影响。一些慈善学校也开设算术和手工劳作课，目的在于使贫民儿童获得谋生的技能。慈善学校使用的教材主要有《圣经》《圣约书》《教义问答》《慈善学校祷告词》《对按手礼的练习》以及实用课程和历史课程等。由此可知，社会下层的子女所学习的内容主要是有关宗教教义以及实用的内容，教育的主要目的是培养社会下层子女恭顺、整洁、温和的道德修养，维护社会安全。

第二节
现代化初期的教师培养实践及其思想

一、教会教育中教师培养的实践与思想

（一）国教会的教师培养实践

　　宗教改革后，教育在本质上依然被视为宗教活动。这个阶段，教师仍然受到主教的管辖，主教在巡视学校时要定期检查教师对宗教法规的认识。为了教育每个学生遵奉国教，推崇教师开展标准化的课堂活动，在学校教师要采用新规定的英语和拉丁文教义问答手册进行日常祷告，在布道日带学生去教堂，强制推行唯一的拉丁文语法课本。国教会还加强了对教师的思想控制，力图使教育成为推行国教的工具。1559 年王室法令规定，除非经过严格的品

格和思想考察，并由主教发给许可证，任何人都不能从事教学工作①。1604年法令规定，任何人若想在学校或者他人家庭里从事教学工作，必须宣誓承认国王为教会的首脑，承认国王的至尊地位。1662年《英国统一法案》要求，所有牧师、大学教师、学校教师签字声明遵守英国国教的礼拜仪式，学校教师必须有主教的许可证书②。英国国教会更强调建立宗教教学的正规形式，教师如果不去教堂做礼拜，要解除职务，依法剥夺其做教师的资格，并判处一年徒刑，不得保释。1665年《五英里法》规定，任何不信奉国教的牧师不能进入法人城镇里的五英里，不得在公立或者私立学校里任教。

1541年，亨利八世将旧的坎特伯雷主教学校重建为一所改良教会的文法和唱诗学校，并为该校制定颁发了一个很长的章程，这所学校的情况能说明当时文法学校的教育和教师情况。学校章程写道：这所教堂学校里有1名教长，12名教士，6名牧师，12名未成年的教师，1名执事，1名唱诗班的领唱人，2名给孩子传授文法知识的人，其中1名是正教师，另1名是助理教师。助理教师要照看一到三年级的学生，教授学生英语、拉丁初级文法等等，正教师要教导四到六年级的学生，要指导他们系统的文法学习，还要在每周考察学生的学习能力。如果学生是合格的、勤奋的，每年至少有3次机会升入较高的年级。在礼拜仪式上，两位文法教师要身着唱诗班的礼服参加唱诗班，其中H个坐在年轻的牧师会人员的上首，H个坐在年轻牧师会人员的后边。助理教师要早上6点到校，正教师要在7点前到校认真履行教学义务。助理教师必须服从正教师，在教学方法和教学计划上要向正教师请教③。

对于歌唱教学，要由教长挑选品德高尚、为人正直、擅长唱歌和弹风琴的人，让他勤奋致力于教这些男孩，在需要时弹风琴，在做礼拜时唱歌，如果发现他在教学中马虎怠惰，3次警告后就要免除其职务，他必须立信誓放弃他的职务④。

---

① 徐辉，郑继伟. 英国教育史［M］. 长春：吉林人民出版社，1993：110.

② 吴式颖，任钟印. 外国教育思想通史第4卷：文艺复兴时期的教育思想［M］. 长沙：湖南教育出版社，2002：387.

③ 徐辉，郑继伟. 英国教育史［M］. 长春：吉林人民出版社，1993：156.

④ 克伯雷. 外国教育史料［M］. 任宝祥，任钟印，主译. 武汉：华中师范大学出版社，1991：374-376.

可见，国教会控制下，教师依然和牧师身份重叠，而且在教学内容上受到更多的限制。英国国教会的改革并没有留有宗教思想宽容的余地。

（二）清教徒的教师培养实践

英国清教徒的教师培养实践与国教会截然不同，主要的清教派教育家都有着鲜明的个性和不同的见地，他们的看法不尽相同，但是他们大部分受到了培根和夸美纽斯的影响。清教徒具有强烈的入世情怀，他们对世俗生活有着强烈但清醒的热忱。有学者认为，清教徒具有三个方面的特征：其一，清教徒认为自己的日常生活是一个统一的整体，而信奉的基督教牵涉生活的所有层面。个人的生活、觉悟、行动，个人能力的发展，都是为了感谢上帝的恩赐，并且在上帝面前成为圣洁的造物。清教徒不歧视此生，因此他们讲求实际，脚踏实地，目标明确地过好此生的生活。其二，清教徒是虔诚的灵修者，认为上帝通往人心的道路主要通过人的头脑，因此他们注重个人自由而又系统的学习。其三，清教徒热心于有效的行动来改变世界，不是为了自我表演，而是为了更好的世界、为了更好地赞美上帝[①]。这三个特点使清教徒把目光转向了现世，并谋求更好地完成现世的生活，因此，清教徒中的佼佼者就把目光转向了教育，自发自愿地成为教师，贡献出他们的聪明才智。这一派的中心人物是塞缪尔·哈特利布（1600—1670），他以毕生的心血和财产推行以教育为主的多种慈善事业计划。约翰·杜里（John Dury，1596—1680）著有《改革后的学校》（*The Reformed School*），赫齐卡亚·伍德沃德（Hezekiah Woodward，1590—1675）自己办私立学校并从事教学工作，后来又任教于文法学校，撰写了两本教育书籍《儿童的命运》（*The Child's Portion*）、《语法启蒙和科学入门》（*A Light to Grammar and a Gate to Science*）。弥尔顿是英国共和政体时代的拉丁文秘书、诗人，从 1640 年起，他领导一个私立学院达 7 年之久，1644 年写成《论教育》（*Of Education*）[②]。

清教徒的教师教育思想是与其国民教育思想相关联的。清教徒对国教派

---

① 利兰·赖肯. 入世的清教徒［M］. 杨征宇，朱保平，译. 北京：群言出版社，2011：6-7.

② 威廉·博伊德，埃德蒙·金. 西方教育史［M］. 任宝祥，吴元训，译. 北京：人民教育出版社，1985：267-268.

牧师管理学校感到极为不满。弥尔顿认为，牧师窒息了英格兰人崇尚自由的心灵，经院中的牧师严重阻碍了学术的健康进步，要改善学校教育必须先提高教师的素质。公元 648 年，威廉·配蒂（William Petty）在给哈特利布的信中提议："教育事业不应像现在这样由最差的最无价值的人来承担，而应当由最好的最有能力的人来研究和承担。"① 培根更是激进地认为教师应该在国家中担任要职，既是国家的管理者又是国民的教导者。

二、世俗教育中教师培养实践与思想

现代化初期，英国世俗教育的教师培养实践与清教徒以及英国国教会有着千丝万缕的联系。清教徒的教育在一定程度上也是一种世俗教育，而国教会创办慈善学校也是为了大众识字教育的开展。因此，这一时期，世俗教育与教会教育并没有完全分开，教师培养也是如此。

（一）贵族教育的教师培养实践

英国名门贵族为孩子们聘请的家庭教师往往是杰出的学者，例如，罗杰·阿斯卡姆教过伊丽莎白女王，约翰·洛克是沙夫茨伯里（Shaftesbury）伯爵儿子的家庭教师。人文主义者艾利奥特（Thomas Elyot）认为，为了培养未来的统治者和继承人，在儿童小的时候就需要一位优秀的家庭教师。这样的家庭教师，必须耐心慈爱、道德高尚、学识渊博，还必须懂得音乐和绘画等艺术，懂得学生的天性，懂得学生学习的规律，具有高超的教学艺术。

绅士、富裕商人和律师、医生家庭的子弟，一般在家由住家教师或者游学教师进行教学，但也有很多男孩进入文法学校学习。文法学校的教师在资格方面要求比较高，需要能教授拉丁文及其文法，但合格的教师常常供不应求，很多学校因为缺少教师被迫关闭。为解决师资问题，在国王的支持下，上帝会馆（God's House）于 1439 年在剑桥创办，1505 年改为基督教学院。这个学院具有师范教育的性质，招收文法学校毕业生，专门研究语法，培养文法学校教师。拥有中世纪大学文科硕士学位的教师，在理论上有权在任何

① 徐辉，郑继伟. 英国教育史［M］. 长春：吉林人民出版社，1993：100.

地方教书。在相当长时间内，国教会最看重的是教师的信仰和道德修养，而并不关注教师业务水平，这实际上在一定程度上影响了教师素质的提高。语法学校的教师由学校托管人任命，捐赠者对教师有明确的要求，特别要求教师信奉正统的宗教，具有良好的道德。这个时期，有的教师把教书作为自己毕生的职业，有的则将其视为临时性职业，很多教师是牧师，教师常常在教学、布道两种事业间转换身份。

（二）慈善教育的教师培养实践

慈善学校一般要求教师是英国国教徒，经常参加教会活动，善于管理自己和控制自己的情绪，性情温和，行为谦恭，还需要具有良好的教学才能。要能写出一手好字，熟悉算术学科①。但是在一些比较偏远地区的学校，对教师特别是女教师则没有那么高的要求。有的女教师比较有修养、有知识、有文化，有的女教师则是专制、严苛的老妇女。幼儿学校的教师大多由城市或者农村中的老妇人担任，有的学校里老师的妻子也从事教学。为了帮助幼儿学校的老师，一些有经验的教师写了提供实际指导的手册，其中之一便是爱德蒙库特1596年写的册子，这本册子的目的是告诉那些从事各种职业的人如何教育别人的孩子。这类书表明，选择幼儿的教育工作，常常是部分时间制的工作，而且是迫不得已的选择②。

综上可知，现代化初期教师素质良莠不齐，一些对于教育有思考又有实践的卓越教育者往往都是贵族出身，从事的教育工作主要面向个体。当时文法学校、初等学校甚至大学教师的报酬都非常微薄，经济地位低下，所以他们往往是兼职工作，或者把教育工作当成临时性工作，因此，有关教师教育的思想与实践通常是个体政治、哲学思想的注脚。

---

① 克伯雷. 外国教育史料［M］. 任宝祥，任钟印，主译. 武汉：华中师范大学出版社，1991：424.
② 克伯雷. 外国教育史料［M］. 任宝祥，任钟印，主译. 武汉：华中师范大学出版社，1991：416.

第三节

现代化初期教育家的教师教育思想

一、约翰·弥尔顿的教师教育思想

约翰·弥尔顿（John Milton，1608—1674）是英国资产阶级革命时期的杰出诗人、政治家，也是一位教育改革的热心倡导者。他的父亲是国教徒，非常关心子女的教育。弥尔顿曾就读于圣保罗学校，后来进入剑桥大学基督学院学习，但是弥尔顿对充满中世纪经院主义特征的课程非常不满，因此他毕业后回到了父亲的家，致力于读书和写诗。

1639 年，弥尔顿担任了自己姐姐的两个孩子的教师，这段教育实践影响了其以后的教育思想。1640 年到 1660 年，弥尔顿投身于激烈的社会和政治斗争中，为英国革命和共和政府服务并做出重要贡献。弥尔顿的教育思想具有鲜明的改革精神，他的教育思想主要体现在《论教育》等文章中。

弥尔顿反对封建专制以及争取自由民主权利的政治思想深刻影响了他的教育思想。他认为，人民有"求知识自由、言论自由和辩论的自由，这些比之其他任何自由都是重要的……自由，她像来自天上的一种巨大力量，她提高、净化、开拓我们的精神境界"①。作为一个清教徒，弥尔顿认为人们生来是平等的，人民的权利是至高无上的，人民完全有自由、有权利选择自己所拥戴的政府。恩格斯在 1847 年撰文说：让我们别忘了弥尔顿，他是第一个为弑君辩护的人，他的政治思想不但代表 17 世纪英国新兴资产阶级民主思想，而且他还是 18 世纪法国启蒙思想家的先驱②。

（一）弥尔顿论教育目的

弥尔顿论教育目的建基于其对传统教育的批判。他认为经院哲学培养出

---

① 吴元训. 中世纪教育文选 [M]. 北京：人民教育出版社，2005：548.
② 吴式颖，任钟印. 外国教育思想通史第 5 卷：17 世纪的教育思想 [M]. 长沙：湖南教育出版社，2002：90.

来的人都是无德、无知、无能的庸人。为了培养适合资本主义革命的新人，教育的最高目的要恢复对上帝的正确认识，用这种知识去爱他，模仿他，像他一样，使我们的心灵更接近真正的德性。与美好的信仰相结合，使之趋于至善①。

　　弥尔顿还论述了个人、社会、国家的教育目的。对个人来说，教育能够引导人们开阔眼界，引起人们对大自然奥秘探索和研究的兴趣。学习将给人们带来最大的幸福，不管是为了永恒生活，还是普通生活，都需要通过教育，教育能够给人带来幸福的生活。弥尔顿还提出了终身教育的思想，他说，"学习是青年人最美的装饰，是成年人的有力后盾，是老年人的安慰和荣誉"②；对于社会来说，教育可以推动良好的社会风尚形成；对于国家来说，教育能够传播人类的文明，是维系国家持续发展的支柱，"没有教育，我们的国家就要灭亡"③。

（二）弥尔顿学园教育思想

　　基于其读书体会和教书的经验，弥尔顿建议创办一所学园。这所学园兼具中等学校和大学的双重性质，学生除了到专门的法学院或者医学院去学习外，不必再去任何其他学术机构学习。学园的课程包括人文学科、社会学科、自然学科和神学四个部分④。人文学科的学习包括语言的学习，学生要学习七种语言，包括本国语言、希腊语、拉丁语、希伯来语、古巴比伦语、叙利亚语和现代意大利语；社会科学要学习政治学、法律、经济学、伦理学；自然科学的学习极其广泛，几乎囊括了弥尔顿时代所分化出来的自然学科；对神学的学习，要让学生用晚上和星期天的时间来学习教会史、《圣经》等。除此之外，学园对培养的新型人才应该进行军事训练，包括作战、行军、扎营、炮击等方面，以培养为国服务的完美的军事首领。弥尔顿还要求学生去室外考察见习，他认为社会阅历和知识一样重要。学生不但要考察社会政治、风

---

① 吴元训.中世纪教育文选［M］.北京：人民教育出版社，2005：548.
② 吴元训.中世纪教育文选［M］.北京：人民教育出版社，2005：589.
③ 吴元训.中世纪教育文选［M］.北京：人民教育出版社，2005：6.
④ 吴式颖，任钟印.外国教育思想通史第5卷：17世纪的教育思想［M］.长沙：湖南教育出版社，2002：100.

俗，还要对自然进行观察和研究，要去探索一切有生之物的本质。可见，弥尔顿试图把学生培养成文武兼备、具有政治才能的人才①。

（三）弥尔顿的教师教育思想

弥尔顿把经院的牧师辩论当成臃肿腐儒的辩论，认为经院的文字流露出作者的灰暗心情，字里行间又长又臭，令人厌恶，感到乏味。经院哲学的风格是干瘪无生气的，内容是空洞无味的②。而经院中的牧师们如同邪恶的妖怪，给人们的心中插进荆棘，挑起学院中的纷争，严重阻碍了学术的健康进步。在这些假的哲学家面前，学生们都困惑不安、如临歧路、不知所从，无法辨别方向，举棋不定，到处寻觅真理而一无所得，最后如癫如痴。

因此，弥尔顿特别推崇亚里士多德那样的渊博勤奋的大师，提出教师要掌握大量的知识，并且重视实践知识。他还认为，要做一个合格的教授和导师应该具有教育的新思想和新方法，具有革新能力；还要有高度的自信、充沛的精力以及应有的智慧去努力尝试探讨教育。

在教学方法上，弥尔顿提出，教师教授的内容要通过感性材料入手，让学生更好理解。因为人们的理解力是对可感知的事物发挥作用，对上帝、对不可见事物的认识达不到像可感知的事物那样清楚，所以在一切审慎的教学中都必须遵循这种方法。如果让尚未入门的学生学习高度抽象的逻辑学和形而上学，就会导致学生对学习的怨恨、轻视、嘲弄和逃避。在自然科学的教学上，弥尔顿还主张把有实践经验的能手引进教学中来。他认为，在教学中要把猎人、渔夫、牧人、园丁、药剂师、建造师、工程师、水手等请进学园，给学生当面演示工作步骤，实际操作具体工作，从而使教学生动形象③。

由此可以看出，弥尔顿的教师教育思想，对于当时的英国不啻吹进了一股强烈的改革之风。他对实科知识的重视，对于实际技术人才的重视，反映了英国资产阶级革命时期对于实用人才的需要，也反映了他强烈的改革精神。

---

① 吴式颖，任钟印. 外国教育思想通史第 5 卷：17 世纪的教育思想 ［M］. 长沙：湖南教育出版社，2002：103.

② 吴元训. 中世纪教育文选 ［M］. 北京：人民教育出版社，2005：572.

③ 吴式颖，任钟印. 外国教育思想通史第 5 卷：17 世纪的教育思想 ［M］. 长沙：湖南教育出版社，2002：104.

他对教育培养爱国者、政治家的重视，标志着清教徒对于世俗教育的倚重以及现实主义对宗教神学的胜利，这是历史的进步。弥尔顿在英国教育史上对于教育从古典主义到实用功利主义的转变，发挥了不可磨灭的作用。

二、弗朗西斯·培根的教师教育思想

弗朗西斯·培根（Francis Bacon，1561—1626）是英国唯物主义和整个现代实验科学的始祖，被誉为"近代科学教育之倡导者"。培根出生于英国一个新贵族家庭里，其父是英国女王的掌印大臣。培根 12 岁进入剑桥大学三一学院读书，23 岁成为英国国会议员，他一直笔耕不辍，著有《学术的进展》《新工具》等著作，提出了"知识就是力量"的传世名言。他撰写的《新大西岛》于 1627 年出版，这本书制定了一整套的科学教育方案，体现了其用科学主宰一切的具有浪漫主义色彩的教育理想，其教师教育思想也包含其中。

（一）培根教育思想的哲学基础

培根教育思想的哲学基础是其唯物主义认识论。他认为，感觉是一切知识的源泉，但同时指出，有种知识不是对事物简单的、直接原因的认识，而是对事物的一般原因和规律的认识，这种知识就是科学知识。由于科学知识是在各种事物和现象中找出它们共有的内在联系和规律性，所以人们一旦掌握了科学知识，就能发现之前没有发现过的东西。基于这个想法，培根认为一切知识都应该划分研究范围，因此他把知识进行了分类，这个科学分类就是一个百科全书式的知识体系。培根认为，自然科学要为人类的生存服务，是为人类谋取生活福利的工具。因此，他特别强调科学技术的工具价值，这也使其教育思想闪烁着实用的火花①。

对于如何掌握知识的问题，培根提出了实验的归纳法。他强调："用真正的归纳来形成观念和公理，无疑是逐步消除假象的适当补救方法。"② 近代科学是以实验为基础的，只有通过实验，才能获得可靠的经验材料，真正认识

---

① 滕大春. 外国教育通史：第 2 卷 [M]. 济南：山东教育出版社，1989：292.

② 中国科学院哲学研究所西方哲学史组. 培根哲学思想：培根诞生四百周年纪念文集 [M]. 北京：商务印书馆，1961：65.

事物。科学知识是建立在实验基础上的感性认识和理性认识相结合的产物。

（二）培根的科学教育思想

培根的科学教育思想是从其百科全书式的知识体系出发的。他提出了一个理想中的科学教育方案，认为要推进科学教育，首先是要构筑学术的场所，第二是印刷学术书籍，第三是要提高学者待遇。这三点也体现在他的著作《新大西岛》的章节中。

培根认为，"所罗门之宫"又称"六日大学"，是一个教团，一个公会，是世界上最崇高的组织，也是这个国家的指路明灯。它专门为研究上帝所创造的自然和人类而建立。这个机构建立的目的是探讨事物的本原和它们运行的秘密，并扩大人类的知识领域，以使一切理性的实现成为可能①。可见"所罗门之宫"不仅仅是一个科学研究部门，其设立的目的使其具有多重的任务。按照培根的设想，这个组织首先是研究组织，其次也要对国民进行教育，而且其科学研究是为了人民的生活需要来开展的。

"所罗门之宫"具有进行科学研究所需要的各种措施和设备。有用来进行不同实验的不同层次的空间，例如有用来凝结、僵化、冷冻和保存各种物体、制作矿物的下层地区，有用来曝晒、冷却、保存和观察气象的上层地区，有用来实验和解剖的动物园，有药房、光学馆、音乐馆机器室和数学馆。以上这些都是"所罗门之宫"的财富。

所罗门之宫的学生就是学徒和实习生，他们要不断地接受教育和训练，以保证能够源源不断地接替老师的职务。在所罗门之宫，教学方法就是教师和学生共同研究、共同商量所发现的经验和发明。因此，在这个地方，人们热心从事科学实验，一个发明者一旦创造一项有价值的发明，就为他建立雕像，并给他荣誉和奖赏，还有赞美诗和乐曲来歌颂这些奇妙的创造②。

（三）培根的教师教育思想

"所罗门之宫"的主人，也就是所罗门之宫从事研究的人，具有多重身份和权利。首先，是科学家和发明家。所罗门之宫的科学家，各司其职，各自

---

① 培根. 新大西岛 ［M］. 何新，译. 北京：商务印书馆，1959：38.
② 培根. 新大西岛 ［M］. 何新，译. 北京：商务印书馆，1959：35-55.

有各自的任务："有 12 个人以其他国家的名义航行到外国去，搜罗各地的书籍和论文，以及各种实验的模型，这些人叫作光的商人；有 3 个人专门收集各种书籍中记载的实验，叫作剽窃者；有 3 人收集所有关于机械工艺、高等学术的实验和不属于技艺范围的各种实际操作方法，叫作技工；有 3 人从事他们认为有用的新的实验，我们把他们叫作先驱者；有 3 人把上述 4 种实验制成图表，以便于从中得出知识和定理，叫作编纂者；有 3 人专门观察他们同伴的实验，从其中抽出对于人类的生命和知识以及工作实际有用的东西，能清楚说明事物本原和预见将来的方法，并对万物的性质和构成做出顺利可靠的发现，叫作天才，或者造福者；有 3 人把以前实验中的发现提高为更完全的经验定理和格言，叫作大自然的解说者。"[①] 其次，他们承担着进行大众教育的任务，"所罗门之宫"的成员应该去国家的城市进行巡查和访问，给那里的居民以指导，并告诉他们怎么样和流行病、虫害、地震、水灾以及其他灾害做斗争。最后，他们拥有异常独立的权利，那些在生产中完成改革的科学发明都成为他们的专利品，只有一部分能够报告给国家，一部分不能报告。这既显示科学家的权力，也显示了科学所服务的那个团体的权力之大。同时，他们受到整个国家国民的尊敬和崇拜，他们享有至高无上的行政权力，能够和最尊贵的"铁尔山"（子孙满堂受到尊崇的老人）平起平坐，能够享受到整个国家人民的膜拜。在国家往来中具有独占权，这些只能是国家君主所能享受的特权。因此，从这个方面来说，"所罗门之宫"的成员，具有与国家领导人同等的权力[②]。

对于知识的传授方法，培根提出了自己的见解。一种是针对成人的"传授法"，一种是针对年轻一代的"讲解法"。

对于"传授法"，培根主要进行了四点论述。第一，首先要按照发明时的方法，把知识传递出去。这是针对教者使人盲目信从，学习者只希望满足当下的需求，双方都没有精到的考察和耐心研究的情况。第二，要以"格言或论文"的方式传授知识。培根认为格言是科学的精髓，又只是零碎的知识，

---

① 培根. 新大西岛 [M]. 何新，译. 北京：商务印书馆，1959：35-55.

② 培根. 新大西岛 [M]. 何新，译. 北京：商务印书馆，1959：10-55.

所以可以使人继续研究。第三，依照所传授的题材来变化其传授法。第四，培根主张新旧知识的传授方法应有不同①。

针对"讲解法"，培根也提出了四点主张。第一，划分知识的传授时期；第二，研究知识何处是最容易的地方，以便循序渐进，或者化繁为简；第三，要按照学生的心理特性，教授适当的知识；第四，教师要科学排列课程②。

综上所述，培根对于科学教育的倡导、对于科学家的推崇、对于知识传授方法的思想，是与他的科学主义的知识观和经验主义的认识论相一致的。这些思想反映了当时资产阶级新贵阶层的政治需求以及对于科学知识的推崇。可以说，培根的科学教育思想是与当时科学发展以及资本主义扩张的状况相适应的。

三、约翰·洛克的教师教育思想

约翰·洛克（John Locke，1632—1704）不仅是 17 世纪英国著名的哲学家和政治思想家，也是著名的教育家。他出身于资产阶级家庭，父亲是清教徒。1646 年，洛克进入伦敦威斯敏斯特学校（Westminster School）学习。1652 年，他到牛津大学基督教会学院，主要学习哲学和政治学，在此期间，洛克受到笛卡尔、培根思想的深刻影响，这对形成他的唯物主义哲学思想有极大影响。1666 年，洛克担任了辉格党领袖沙夫茨伯里伯爵的私人秘书和医生，并同其一起流亡荷兰多年。1688 年洛克返回英国，此后著作频出、声名卓越。总体而言，他的著作多是为君主立宪制服务的。

（一）洛克的哲学思想

洛克是英国经验主义的卓越继承人，洛克认为，人类在知识和理性上的一切材料都来自经验。我们一切知识都是建立在经验上的，而且最后是导源于经验的③。洛克批判天赋知识的理论，他强调，任何天赋观念都是不存在的，他援引人种学关于落后民族的生活和文化的材料，援引心理不正常的人

---

① 培根. 崇学论 [M]. 关琪桐，译. 北京：商务印书馆，1938：178-180.
② 培根. 崇学论 [M]. 关琪桐，译. 北京：商务印书馆，1938：188-190.
③ 约翰·洛克. 人类理解论 [M]. 关文运，译. 北京：商务印书馆，1959：68.

的智力发展的特点以及儿童意识发展的特征证明，既没有观念也没有原则可以得到全人类的承认。洛克反对笛卡尔关于一般观念和原则第一性的论点，认为自然界第一性的观念是错误的，同时指出，在人们尚未具有来自感性经验的最简单的观念以前，普遍的逻辑和科学原则是不可能形成的。

洛克不仅强调经验，还强调人的理性的作用，他认为外部经验向我们提供物质世界的知识，而人在反省中可以发现和分析自己固有的认识能力以及心理的、意志的和感情的过程。他认为："理性好像是眼睛，能使我们看到和感知到一切其余的事物，但是不能提供任何关于它自身的知识。"①

洛克的经验主义哲学观虽然被后来的学者批评为机械自然观，但其哲学蕴含着如下观点，即人类主体几乎奇迹般地能够观察和分析这个世界，用自己的行动影响这个世界，而他本身丝毫不受这个世界的影响。人或者能够成为一个始终如一的、统一的、自主的和自我塑造的"主体"，具有理性能力，能够获得有关世界的普遍有效真理。这种对人性、人的理性、人的认识能力的肯定是对 18 世纪启蒙哲学的启示。

（二）洛克的政治哲学思想

在政治哲学领域，洛克提出了他的双重契约理论。第一种契约涉及人与人之间，他们结成了市民社会；第二种涉及市民社会与国家签订的契约。洛克的这种观点对人类历史的发展具有重大意义，社会与国家在洛克的视野中开始出现分野，社会成为对抗国家侵犯民众权利的一道坚固屏障。与这种观点联系在一起的，是洛克对政府权力的划分，"一切政府就其权力而言都是有限的，而且只有在得到被统治者的认同的情况下才得以存在"②。尽管人们把他们的许多权利让渡给了统治者，但是如果统治者违反当初签订的契约，那么民众就可以收回契约，推翻暴政。洛克认为，民众在自然状态中的一些自然权利是不可让渡的，这些权利包括人的生命、自由和财产权。对于洛克来说，这些人类与生俱来的权利神圣不可侵犯，政府对这些权利的侵犯即可被

---

① 查依钦科. 洛克的哲学 [M]. 汪裕苏，忻鼎明，译. 上海：上海人民出版社，1960：21.

② 列奥·施特劳斯，约瑟夫·克罗波西. 政治哲学史：上 [M]. 李天然，等译. 石家庄：河北人民出版社，1993：545.

视为它的违约，民众在这种情况下就有抗暴并收回让渡出去的权利的权力。因此，在洛克看来，"国家是由人们组成的一个社会，人们组成这个社会仅仅是为了谋求、维护和增进公民们自己的利益"①。

洛克对人的自由和财产权利的辩护使其成为自由主义的先驱，他的著作也被视为自由主义的《圣经》。洛克对专制主义和极权主义政治观的打击在人类争取自由的历程中占有崇高的地位，他所代表的人类自由理想鼓舞了后世的民主政体对这一理想的不断接近，有限政府的观念被这些民主政体不断实践着，并最终成为对洛克政治学最高形式的赞誉②。他对思想自由的宽容鼓励了 18 世纪的启蒙思想家们把宽容原则从宗教领域推向更为敏感的社会和政治领域。

综合洛克的哲学以及政治学思想可知，洛克对经验事实和人的理性的双重肯定，为人类作为自由、平等的主体存在奠定了道德永久性的基础，揭开了神圣法律的观念对人心的蒙蔽，这和 18 世纪发生在西欧各个国家的启蒙运动的特点不谋而合。或者说，在政治思想方面，洛克毫无疑问地成为大多数启蒙思想家的先驱。洛克的哲学、政治学思想同培根、笛卡尔、莱布尼茨等人的思想不同程度地塑造了欧洲启蒙运动。以牛顿为代表的科学突破所激起的探索自然的信心和方法深深影响了 18 世纪的启蒙运动，在英国兴起的自然神论也为启蒙思想家们所倚重，英国的思想家们是启蒙运动兴起最主要的推动力之一。

（三）洛克的绅士教育思想

洛克的教育思想和主张与其哲学观和社会政治观点有着密切联系，洛克的教育著作主要是《教育漫话》，在这本书里，洛克从体育、德育、智育等方面为英国资产阶级和资产阶级化的贵族描绘了一幅培养绅士的教育蓝图，反映洛克绅士教育思想的作品还有《漫谈绅士的阅读与学习》和《自然哲学要素》等。

洛克认为，绅士教育的对象是在资产阶级革命中夺得政权的资产阶级新

---

① 约翰·洛克. 论宗教宽容：致友人的一封信 [M]. 吴云贵，译. 北京：商务印书馆，1982：5.
② 翟宇. 现代理性的成长：科学革命与启蒙运动 [M]. 长春：长春出版社，2010：216.

贵族的子弟。教育的目的就是培养绅士，"使绅士具有实业家的知识，合乎地位的举止，同时要按照自己的身份，使自己成为一个有利于国家的人"①。洛克认为，应当把新贵族的子弟培养成为高贵的人，有强壮的体魄、高雅的风度和智慧才干，这样就能成为实业家和国家要人。总之，洛克绅士教育的最终目的是培养资产阶级新人，适应当时英国资本主义经济、政治和社会的需要。

洛克认为要培养一个绅士，需要对儿童进行健康教育、道德教育、知识教育。在健康教育方面，洛克认为，"健康之精神寓于健康之身体"，身体养育是全部教育的前提。在体育理论方面，他建议儿童穿衣要少束缚，多锻炼；饮食方面要粗食淡饮；在起居方面习惯于艰苦；在行为方面应多活动，常运动，"要忍耐劳苦，不要娇生惯养"②。

在思想品德的教育中，洛克十分重视德行和礼仪的教育。洛克把服从理性、自我克制作为德行的基础。而礼仪使美德放出光彩，它是最基本而又最使人喜爱的社会德行。为了贯彻以理智克制欲望的德育基本原则，培养良好的德行与礼仪，洛克提出要及早管教、及早实践、奖惩合适、宽严得当、选择榜样、合情合理。在道德教育方法方面，洛克提出要依据儿童的心理特点，培养儿童良好的行为习惯以抵制不必要的嗜好等见解，至今值得人们借鉴和思考③。

在知识教育方面，洛克认为，教育必须使人适合于生活、适合于世界，而不只是适合于学校，因而反对把一两种古典语言当作教育的全部任务。洛克认为知识教育的目的不仅在于传授科学知识，更重要的是发展理解能力、思维能力，为进一步学习打下基础。为了传授知识，特别是为了发展智力，洛克提出要寓教于乐，化难为易，鼓励好奇心，保持注意力，身心活动交替进行，这样儿童的生活与进步将在一连串的消遣中变得快快乐乐，疲倦了的部分永远可以得到休息④。

----

① 约翰·洛克. 教育漫话 [M]. 徐诚，杨汉麟，译. 石家庄：河北人民出版社，1997：78.
② 约翰·洛克. 教育漫话 [M]. 徐诚，杨汉麟，译. 石家庄：河北人民出版社，1997：1-28.
③ 约翰·洛克. 教育漫话 [M]. 徐诚，杨汉麟，译. 石家庄：河北人民出版社，1997：29-140.
④ 约翰·洛克. 教育漫话 [M]. 徐诚，杨汉麟，译. 石家庄：河北人民出版社，1997：141-200.

洛克的绅士教育思想是针对英国资产阶级的需要提出的，面对社会下层民众的教育，洛克提出了"工作学校"计划。1697年，洛克撰写了《工作学习计划》草稿①，认为每个教区应该设立一所工作学校。这所学校可以减少父母照顾孩子的麻烦，使他们有更多的时间从事工作，孩子也可以得到食物等供养，并从幼儿开始就得到锻炼。儿童在这样的学校，每个礼拜天要随教师或者女管家到教堂去，由此就培养了儿童的宗教意识，可以用对上帝的敬畏来规范儿童的行为，从而减少犯罪，维护社会的稳定。

（四）洛克的教师教育思想

洛克的教师教育思想主要体现在其论述绅士教育的《教育漫话》一书中。洛克认为，真正的绅士应该在家庭教育中培养。因此，为贵族子弟寻找一位合适的家庭教师是最重要的。他认为，儿童应该在刚刚会说话的时候就要有个谨慎、清醒、聪明的人来照顾他，把他领上正道。这类教师要很有忍耐心以及温柔、勤勉、谨慎等种种德性，与其要求教师首先具有严谨和博学的品质，不如要求教师具有良好的教养，熟知世态人情。

首先，教师要懂得人在什么时候以及什么地方应当有什么样的举止与礼貌。这是一种艺术，不能通过书本教授给学生。其次，教师要懂得他那个时代人们的行径、脾性、罪恶、骗术和缺点，并且告诉学生，应该使学生在没有步入真正的社会之前就了解人世的复杂。只有这样，学生才能安全地度过人生中最危险的一段旅程。良好教养和谙熟世态人情来源于教师的智慧，形成于教师生活中的各种历练。

因此，洛克认为教师并不需要学校所教的通常是拉丁文的学问，教师不用是一个专业的学者，不用透彻了解绅士教育中的所有科学②。教师的重大任务在于塑造学生的言行举止，培养学生的心灵，在于使学生养成良好的习惯，树立德行与智慧的原则；在于将认识的真实情况逐渐展示给学生，使学生喜爱并模仿优良的、值得被人称誉的行为；在于培养学生的活力、积极主动的

---

① 张焕庭. 西方资产阶级教育论著选 [M]. 北京：人民教育出版社，1964：90.

② 约翰·洛克. 教育漫话 [M]. 徐诚，杨汉麟，译. 石家庄：河北人民出版社，1997：70-85.

精神和勤奋不懈的品质①。

对于教师的知识教学方法，洛克也进行了说明。他认为，当儿童能够开始阅读时，教师就应该引导学生进行阅读，不能把阅读当成一项任务分配给学生，也不能强制他阅读。应该把学习变成儿童的一种游戏和娱乐，在儿童的学习过程中，教师应是儿童教育的引导者，了解儿童的心理，在他们遇到困难时帮助他们前进；在教育过程中，教师应该使学生尽可能理解他所学习的知识的用途，应该让学生知道，他所学习的知识能够给他以力量，使他具有真正的优势，从而主动地要求学习。另外，教师在教育过程中，应采用温和而又谦和的方式，形成良好的师生关系和愉悦的学习环境②。

对于面向平民的教师，洛克基本上是忽视的。在其为英国"工业和殖民地事务委员会"拟订的工作学校计划中，洛克认为，平民教师的薪俸应该从贫民的税收中支付。对于教师的职责，洛克更强调看护功能，主要是为了减轻教区的负担，减轻贫民家庭母亲的负担，教师和女管家的职责就是要看护和带领学生进行宗教教育。另外，如果贫民的儿童长到十几岁，应该进行学徒教育，跟随工人学工，跟随农民学农，跟随商人学商，他们的教师就是各行各业的从业者。洛克的贫民教师观较一千年前的师带徒的行会教育并没有多少进步。这也反映了其绅士教育和贫民教育思想的巨大差距。

小结

英国现代化初期，天主教、国教和清教势力竞相登场、纷争不断、勾连不清，最终互相宽容。宗教冲突影响下的政治斗争进程也体现了相似的特点，英国经历了君主专制、克伦威尔共和国统治、君主立宪制的政体变迁，最终光荣革命以后各个阶级和平共处，英国这种被称为"资产阶级的软弱性、不彻底性"的特征成为英国的民族特性。这种民族特性使英国教育在制度化的道路上缓慢发展。教会办学和私人办学长期共存，国家对教育几乎没有干涉，对教师教育也少有过问。初等教育表现出极强的宗教性和慈善性，世俗教育

---

① 约翰·洛克. 教育漫话 [M]. 徐诚，杨汉麟，译. 石家庄：河北人民出版社，1997：80.
② 约翰·洛克. 教育漫话 [M]. 徐诚，杨汉麟，译. 石家庄：河北人民出版社，1997：151-154.

具有明确的经世致用的目标。

表现在教育思想上，既有培养未来统治者的古典绅士教育，又有培养体魄强健、道德高尚、教养良好的资产阶级新型绅士的教育，更有培养资产阶级科学家的科学教育思想。现代化初期英国教育是一种自下而上的探索，这一阶段的英国教师教育伴随着教会办学中文法学校、慈善学校以及世俗教育的发展而发展起来，实践形式较为丰富，呈现出多样化的特点。

在教师教育实践方面，英国古典时期的教师水平良莠不齐，教会办理的学校中教师大多由牧师兼任。私人教育的教师更是五花八门，来自各行各业，教师的待遇不高、社会地位低下。贵族教育的教师水平则较高，但只是个体行为和实践。总体而言，这个阶段的教师教育实践是一种零散的、偶发的个体或团体行为。

在教师教育思想方面，以清教徒学者为代表的思想家怀着强烈的世俗目标论述学校教育。在英国经验主义理性、科学主义以及古典自由主义政治思想传统下，英国的教师教育思想更多表现为思想家、学者和部分承担教师职责的人其个人思想的具体体现，更多是个人教育实践的总结，缺乏对教师教育的理论研究和系统论述。

第四章

英国现代化形成时期
教师教育实践与思想

18 世纪初至 19 世纪中期，是英国现代化形成时期，在这一阶段，英国已经在经济、政治、文化等方面完成了从传统社会向现代社会的转型，其世俗化、工业化、民主化、科学化程度获得较大提高，英国成为整体现代化水平最高的国家。

英国资产阶级革命完成以后，建立了君主立宪制的资本主义国家政权，这为英国第一次工业革命开辟了道路。工业革命，也称产业革命，是指资本主义工业化最初的历程，即资本主义生产完成从工场手工业阶段向大机器工业阶段过渡的过程。在英国，这一过渡开始于 18 世纪下半叶，基本上完成于 19 世纪中叶，前后将近一百年。在此期间，主要在轻工业，特别是纺织工业及有关工业部门实行了机械化，同时开始建立起机器制造业并在运输部门实现技术大革新①。英国从一个农牧业为基础的农业社会转变为工业为基础的工业社会，成为当时世界上经济实力最雄厚的国家。英国社会的生产方式和产业结构发生了根本变化，城市化进程加快，工业革命积累的经济财富为教育的发展奠定了良好的物质基础。18 世纪末，英国城市人口激增，工业革命对劳动力的素质提出了新的要求，无产阶级家庭无力承担培养新型劳动者的重任，学校教育的经济功能凸显，教育对于增进国家经济实力的作用也日益彰显。

在政治方面，工业革命并不是一次单纯的机械革命，生产工具的改变引起了巨大的社会变革，从而重构了生产关系，因而它是一次深刻的社会革命。其中，最为明显的是形成了资产阶级和无产阶级之间的对立。由于机器大工业的发展，手工业工人失业，圈地运动又迫使农村产生了大批无产者，他们不得不涌进城市，成为工厂的工人。因此，童工、妇女、无地的农民、失业的手工业者成为城市劳动力的来源。

在工业化进程中，英国工人阶级的境况悲惨，工人组织为改善不良的经济地位不断展开政治斗争，将争取政治权利看作改善经济地位的前提条件。经济地位的差异直接影响了受教育机会，争取经济民主和政治民主的进程也决定着争取教育民主的进程。工人阶级在工业革命中崛起，成为重要的政治

---

① 王民同. 英国工业革命 [M]. 北京：商务印书馆，1980：1.

力量。19 世纪中期，部分工人阶级获得了选举权，这种权利的扩大要求选民必须具备一定的教育素养，迫切要求政府更加关注普通民众子女的教育问题。对教育世俗化的需求程度日益加深。

18 世纪初到 19 世纪中期，是英国王权渐衰、议会力量崛起的时期。英国资产阶级革命后，名义上的君主立宪制建立起来了，但是君主立宪制的建立与发展并非一蹴而就，王权与议会之间一直处于博弈中。1694 年，议会通过《三年法案》，宣布每 3 年召开一次议会，将议会作为一个常设机构固定下来；1707 年通过《任职法案》驱逐君主安插在下院的政府官员，有效地限制了王室在议会下院的影响力[1]。渐渐地，英国形成了内阁制，内阁的决议经集体讨论决定后，最后交君主决断，这就促成了内阁从对君主负责到对议会负责的转变。在汉诺威王朝乔治一世统治之时，首相成为内阁首脑。乔治三世作为英格兰本土的君王，开始在英国施展王权，但是其行为招致了议会的反击，威尔克斯事件的发生以王权的失败告终，强化了英国人民对法律、自由权利的认识。自此以后，英国渐渐开始了以政党管理国家的模式，王权逐渐不再对政治起决定作用。

在思想文化方面，产生于 17—18 世纪的启蒙运动对欧洲各国产生了重要影响。启蒙运动在欧洲无疑是一场知识分子的运动，它促进了知识的广泛传播，让人们开始意识到理智的重要价值。启蒙运动没有仅停留在对学识和思考的重视上，而是彻底改革社会的现状和人的生活，把人从迷信和传统中解放出来，从不受法律保护中解放出来。由此可见，启蒙运动不是理论事件，而是一场社会结构的重构。启蒙运动旨在引领私人生活和公共生活都要服从理性规则，力图通过对宗教、教会、国家的专制统治、贵族生活、宫廷以及不良的生活习惯的批判来建立新的生活秩序，创造一个更好的社会，这种生活秩序高扬人的自由、权利和理性等大旗。

启蒙运动中提出的"自由""平等""人权"等口号使欧洲底层人民开始意识到自己的天赋权利。1789 年的法国大革命极大地刺激了英国的保守主义群体和激进主义群体。保守主义的代表主要是英国政党中的上层阶级，他们

---

① 阎照祥. 英国史 [M]. 北京：人民出版社，2014：113.

害怕法国大革命会使英国人民效仿法国"第三等级",推翻君主制和贵族统治,打破英国和平有效的秩序,造成"流血、战争、暴政以及对人权的篡夺"①。而激进主义群体认为,应该依据自然权利法则,人人生来平等,不分贵贱。英国激进主义者将托马斯·潘恩的《人权论》奉为圭臬,到18世纪结束时,英国"大众政治"② 得以形成。1707年,英格兰与苏格兰的正式合并使之后兴起的苏格兰启蒙运动成为英国启蒙运动的代表,实际上,18世纪的英国启蒙运动在相当程度上指的就是苏格兰启蒙运动。现在被归于苏格兰启蒙运动名下的那些思想家们实际上在各自擅长的学科领域早已是大名鼎鼎,斯密在经济学上是宗师级的人物,休谟在哲学、政治思想以及伦理学领域也是西方学术史上的大人物③。

综上所述,受到政治、经济、社会思想的影响,在学者、社会活动家和政府的共同推动下,英国的教育实践开始逐渐系统化,出现了早期的教师培训,其标志是导生制、见习制。我们将这一时期的教育实践分为三个章节,第一节论述初等教育、中等教育、国民教育等思想与实践,第二节论述英国最早的教师教育实践和教师教育机构的发展,第三节主要论述思想家、教育家的教师教育思想。

---

① 仇振武. 不可不知的英国史 [M]. 武汉:华中科技大学出版社,2019:126.
② 狄金森 H F. 十八世纪英国的大众政治. 陈晓律,宋涛,等译. 北京:商务印书馆,2015:7-8.
③ 翟宇. 现代理性的成长:科学革命与启蒙运动 [M]. 长春:长春出版社,2010:227.

第一节

现代化形成时期公共教育的发展

18 世纪以来，启蒙运动带来的民主、自由、权利等信念对西方近代初等教育的发展极为重要，其重要性在于它的划时代意义，指出了初等教育发展的新方向，即教育的世俗化和民主化。教育的世俗化主要表现在三个方面：第一是要求打破教会对学校的垄断，将教育管理权收归国家，建立国家教育制度；第二是教育的社会职能随之转变，由为教会培养人转变成为社会、国家培养人，由培养教士、牧师转变为培养公民、国民和爱国者；第三是要求在学校中以世俗的道德教育来替代宗教教育。这成为法国、美国等西方近代国家发展初等教育的重要原则，且这种原则在 19 世纪被人们广泛接受，极大地促进了西方近代各国初等教育制度和公共教育制度的确立。教育的民主化主要表现在要求将受教育权扩大到每一个公民，提出并实施了普及教育，同时开始争取男女受教育权利的平等①。

一、初等教育的实践与发展

18 世纪到 19 世纪初，英国初等教育的主要对象依然是贫民和工人阶级的后代。国教会办的慈善学校主要包括贫民学校、乞儿学校、星期日学校、导生制学校等，这些初等教育机构具有浓厚的宗教性和慈善性，其中在历史上发挥了重要作用的是星期日学校和导生制学校。

（一）星期日学校

星期日学校是英国 18 世纪末宗教慈善家在星期日为平民子女所开设的初等学校。1780 年，商人罗伯特·雷克斯（Robert Raikes，1735—1811）在英格兰格洛斯特工业区为童工们开办了星期日学校，将一周工作六天的童工集中起来，利用星期日对他们进行免费教育，这样既避免了儿童游荡街头、惹

---

① 钟文芳. 西方近代初等教育史 [M]. 上海：上海科技教育出版社，2006：155.

是生非，又利于社会秩序的稳定，同时对儿童实施了教育。1783 年，雷克斯发表文章介绍了自己的试验。很快，其做法和思想传播到英格兰的许多地区。由于此类教育形式满足了工业革命的需求，因此获得推广和广泛传播。到 18 世纪末、19 世纪初，星期日学校已遍及整个英格兰。星期日学校运动在英国发展得非常迅速，在 1797 年，英国共有星期日学校 1 086 所，在校儿童共计 69 000 名。雷克斯在 1787 年宣布，英国先后共有 25 万儿童在星期日学校就读过。历史学家格林（Green）曾评论道："由雷克斯先生建立的星期日学校，开创了英格兰普及教育的先河。"①

星期日学校的主要教育内容是道德行为规范和宗教信仰，以此为代表的初等学校成为维护社会稳定、保持社会良好风气的一种工具。在 1784 年 5 月的《哥洛赛斯特》日报上，雷克斯记述了有关部分星期日学校取得的显著成就："本城建立的星期日学校，其好处已由针织厂和麻袋厂的主要人士举例说明了。他们说这些男孩女孩从极端的懒散、不受管教、放荡猥亵，开始变得不仅衣着整洁正派，而且在态度礼仪上更具人情味、更有规矩、更温顺、更注重工作。"②

（二）导生制学校

18 世纪英国初等教育还出现了另一种新的形式——导生制学校。导生制又称为"贝尔-兰卡斯特制""级长制"，是在 18 世纪 90 年代，国教派教徒安德鲁·贝尔（Andrew Bell，1753—1832）和公宜会教徒约翰夫·兰卡斯特（Joseph Lancaster，1778—1838）分别在殖民地印度和本国创建的一种新的教学组织形式。导生制学校的经费主要来自社会各界的慈善捐款，被看成一种"廉价的、有效的和使人守纪律的大众化教育手段"。有学者指出，导生制的发展应归功于英国的国教会和非国教派之间的竞争。英国国教会为了壮大自己的宗教力量，利用教育领域向非国教派争夺势力范围。在导生制发展过程中，英国两个宗教协会之间的竞争对导生制的发展起到了推波助澜的作用。以兰卡斯特为代表的非国教派于 1808 年成立了"皇家兰卡斯特协会"（Royal

---

① 钟文芳. 西方近代初等教育史 [M]. 上海：上海科技教育出版社，2006：128.
② 克伯雷. 西方教育经典文献：下 [M]. 任钟印，译. 北京：人民教育出版社，2016：611.

Lancasterian Society，该协会在 1814 年更名为英国和海外学校协会 British and Foreign School Society），目的在于为那些不信奉国教的儿童提供教育。兰卡斯特的努力刺激了英国国教会。1811 年，以贝尔为首的国教派牧师相对应地成立了"全国贫民教育促进会"（National Society for Promoting the Education of the Poor），以抗衡皇家兰卡斯特协会。在这两个宗教协会的推动下，英国掀起了开办初等教育的热潮，为贫民儿童开办初等学校成为英国舆论和社会各界所关注的焦点问题。

除了上述初等教育学校，英国还存在着其他一些由教会组织或私人开办的慈善学校。这些学校一般教儿童读写，也对女童进行缝纫、编织等技能教学，还提供宗教教义的学习。乞儿学校出现于 18 世纪的后期，1844 年伦敦成立"乞儿学校协会"，在该协会的推动下，该地区的乞儿学校数量有了很大提高。1730 年格里菲斯·琼斯（Griffith Jones）设计威尔士巡回学校运动，他募捐、训练和组织了一个义务教学的教师巡回团，一年三四个月于农活空闲时在各地的农村奔波，在威尔士的教堂和农舍举办日夜学校，在他之后，威尔士的巡回学校发展起来。

二、中等教育的实践与发展

在英国教育历史上，"中等教育"一词大约到 19 世纪末含义才比较明确并得到广泛使用①。在 17—18 世纪，英国中等教育主要包括文法学校、公学和私立的学园——阿卡德米②。

（一）文法学校

文法学校始建于中世纪，是比初等教育更高一级水平的教育，伴随着时间的推移发生了相应的变化。16 世纪宗教改革后出现了大量的优等私立学校，这些私立古典学校通常由英国国教牧师管理，并成立部分皇家文法学校，相应地，市镇也建立了一些比较简易的文法学校。在这一过程中，数百所文法学校得以建立或重建。到 1660 年，英国每 4 400 人设一所文法学校，这是

---

① 徐辉，郑继伟. 英国教育史［M］. 长春：吉林人民出版社，1993：151.
② 滕大春. 外国教育通史：第 3 卷［M］. 济南：山东教育出版社，1990：5.

20 世纪以前英国人口与学校的最高比例①。

17 世纪后，文法学校的名称使用比较混乱，有的学校使用"文法学校"的名称，有的学校使用"教区学校"的名称，有的则使用"公学"的名称，有的学校向教区所有男孩提供免费教育，有的学校则提供一定的免费学额②。文法学校强调古典语言和文法的学习，使用拉丁语，以满足上层社会职业对拉丁语和文科知识的需要，到了后期，古典语言的教学成为当时贵族显示自己高贵身份的方式。

18 世纪开始，文法学校开始进行分流，部分古典文法学校继续坚持古典学科，强调办学质量，后来逐步成为有特色的公学。有的文法学校无法满足竞争需要，慢慢变成初等教育学校；还有的文法学校关闭。

（二）英国公学

公学作为英国中等教育的代表机构，经历了一个漫长的发展期。真正意义上的英国公学是英格兰主教和政治家威克姆于 1382 年创办的温彻斯特公学（Winchester College）。温彻斯特公学是独立存在的，虽然与教会有着多种多样的联系，但它不依附于任何形式的宗教机构。1440 年，英国国王亨利六世创办了伊顿公学（Eton College），规模比温彻斯特公学大得多，同时招收贵族和穷人子弟入学，富人家的孩子需要交费，穷人家的孩子不需要，但要在校内做内务来抵偿。

英国公学历史上，"九大公学"是具有代表性的公学。所谓九大公学，是来源于 1861—1864 年《克拉伦登委员会报告》所列举的 9 所公学，分别指温彻斯特公学（Winchester College，1382）、伊顿公学（Eton College，1440）、圣保罗公学（St Paul's School，1509）、施鲁斯伯公学（Shrewsbury School，1552）、威斯敏斯特公学（Westminster School，1179）、泰勒商会学校（Merchant Taylors' School，1561）、拉格比公学（Rugby School，1567）、哈罗公学（Harrow School，1571）以及查特豪斯公学（Charterhouse School，

① 徐辉，郑继伟. 英国教育史 [M]. 长春：吉林人民出版社，1993：143.

② 奥尔德里奇. 简明英国教育史 [M]. 诸惠芳，李洪绪，尹斌茜，译. 北京：人民教育出版社，1987：108.

1611）。由于这些学校所享有的与众不同的优越地位，政府单独赋予其合法称号，因此，九大公学的确立及其享有的优越地位逐步形成了英国私立教育系统不平等的形态，更使英国普通中等教育结构的等级性越发明显。

14—17 世纪，英国公学为来自不同社会阶层的子弟提供良好的、免费的教育，教学质量高出其他类学校一筹，公学的社会地位不断攀升，在 18 世纪变成地道的收费学校，贵族学生不断增多。19 世纪，公学被称为英国的贵族学校，办学以服务英国中上阶层为旨归。19 世纪的公学要培养的是基督教绅士，这个目标也是公学一以贯之的教育目标①。其毕业生不仅仅有健康的体魄、敏捷的思维和高贵儒雅的举止，而且具备吃苦耐劳、团结协作的精神和战胜困难的自信心。

17 世纪之后，英国中等教育机构除了有文法学校和公学，还有一种理想的实科中等学校，是被称作"学园"的学校。这类学校主要由英国清教徒推崇和创办，主张培养学生多方面的能力，设立广泛而多样的学科，许多非国教派都创立了"阿卡德米"，学园适应了资本主义发展的潮流，受到欢迎。到了 18 世纪后半叶，英国的"阿卡德米"逐渐消失，但它对英国中等教育发展的影响不可低估②。

三、国民教育的思想与实践

17 世纪末至 19 世纪，成千上万的儿童在慈善学校和星期日学校中接受了宗教教育和识字教育，但教会和私人组织的初等教育教学质量较为低下，这一现实情况伴随着城市中无产阶级的觉醒以及工人运动的发展逐渐被关注，迫使国家不得不开始重视起来。

（一）国民教育思想

18 世纪以后，欧洲大陆国家的国民教育思想逐步发展起来，影响政策制定和教育管理实践。国民教育思想主要表现在以下几方面：一是强调国家开办和管理初等教育的责任，即初等教育应由国家来提供办学资金，由国家专

---

① 原青林."教育活化石"的考释［D］. 南京：南京师范大学，2005：38.
② 滕大春. 外国教育通史：第 3 卷［M］. 济南：山东教育出版社，1990：9.

门的管理机构来管理，由国家所聘任的教师来承担学校教育任务。二是强调初等教育在培养目标上应该明确为培养国民和公民，因此，初等学校的教育内容中应该包含公民所需要的一切知识，尤其是国家宪法、法律方面的各种条文，应重视公民道德教育，热爱祖国是其核心的道德要求。正是由于初等教育以培养国民为导向，在当时的欧洲，初等学校又被称为"国民学校"，初等教育制度又被称为"国民教育制度，强调国民教育的发展需要建立完整的国民教育制度"①。

18世纪至19世纪初，英国受到近代思潮和欧洲大陆国民教育思想的影响，一部分思想家和政治家对国民教育展开讨论并将之付诸教育实践。古典政治经济学派的亚当·斯密（Adam Smith）、托马斯·罗伯特·马尔萨斯（Thomas Robert Malthus）都是从人力资本的角度，主张进行国家教育；功利主义学派代表人物杰里米·边沁（Jeremy Bentham）、詹姆斯·密尔（James Mill）以及约翰·密尔（John Stuart Mill）则从国民幸福最大化的视角出发，主张国家要对普通劳动者的受教育问题负责。

斯密认为，人通过接受教育所获得的才能是国民财富的一部分，是发展生产的要素。他指出，熟练的劳动是花费时间和学费、接受教育和训练的结果。他将经过学习获得的才能看作资本，受教育所花费的钱转变为人的才能是资本的转移，亦是一种投资。对于普通个人发展而言，"基础教育"就是指诵读、书写、算术等基本知识和技能的训练。这种基础的教育应该由国家强制承担，对于国家而言，为人民举办教育所得到的好处很多，"实质上国家从人民的教育中得到的绝不是微不足道的好处。人民越是受教育，就越不容易受狂热与迷信的蛊惑。而在愚昧的国度里，这些常常导致最可怕的骚乱。一个有修养的民族总是远比愚昧无知的民族更正派更讲秩序……"②。

为了国家发展和国民素质提高，政府必须采取措施广泛地进行国民教育。斯密认为，国家要制定政策，在每个教区或地区设置一所小学校，保障人民受教育；国家要聘任教师，但是教师的工资并不全由国家负担，国家只负担一部

---

① 钟文芳.西方近代初等教育史［M］.上海：上海科技教育出版社，2006：156.
② 克伯雷.西方教育经典文献：下［M］.任钟印，译.北京：人民教育出版社，2016：613.

分，因为假如全部或者主要是由国家负担，教师很快就会忽视自己的工作。

马尔萨斯和亚当·斯密持一样的观点，同时他还批判把初等教育寄希望于慈善学校的行为。他认为，国家把教育仅仅留给靠个人捐助维持的少数星期日学校，是民族的一大不幸。因为捐助者在给贫民的教育过程中，可以加入他们所喜爱的任何一种偏见①。所以，对于普通群众的教育来说，传播与他们密切相关的、重要的政治真理，也许是力所能及的真正改善其状况、使他们成为更幸福的人和更和平的臣民的唯一手段。对于国家来说，教育可以使人民见识广博，更有能力识破有偏见的、有野心的、蛊惑人心的政客的虚伪宣言，更有能力识破教会和民主党派的不正当言辞。马来考勋爵则认为，为普通人民提供教育是国家的权利和义务。他提出普通人民的教育是保护个人安全和财产安全最有效的手段，这同样是国家的神圣义务。教育使得普通劳动者学会运用他们的智力寻求快乐，学会敬畏造物主，学会以仁爱之心尊重他们的同胞，学会尊重立法当局，学会以符合宪法的方法去纠正真正的错误②。

约翰·密尔认为，国家对教育的干涉应该是有限的干预。首先，国家应实施义务教育，政府应当让每个儿童都接受良好的教育，国家需要督促父母对其子女进行必要的教育。"父母有义务使子女成为社会良好和有用的成员，有义务尽力使子女受到教育，尽力为他们创造条件使他们能靠自己的努力在社会上获得成功"③。其次，父母有权力决定孩子去哪里上学，可以去公立学校，也可以去私立学校，在这一点上，国家不能干涉。约翰·密尔认为，国家对于在经济上处于不同地位的家庭要区别对待，在对待家庭困难的子女上学方面应给予财力的支持，对无人负担的儿童代付全部学费。

（二）国民教育实践

随着智识阶层中国民教育思想的发展与传播，许多政治家开始围绕初等教育的现状和问题谋求更多来自国家的支持。1807 年，怀特布雷德（S. Whitbread）向国家提交了一项提案，建议使用公共款项资助建立国民初等

① 克伯雷. 西方教育经典文献：下［M］. 任钟印，译. 北京：人民教育出版社，2016：616.
② 克伯雷. 西方教育经典文献：下［M］. 任钟印，译. 北京：人民教育出版社，2016：624.
③ 约翰·密尔. 论自由［M］. 许宝骙，译. 北京：商务印书馆，2019：125.

教育制度，虽未获通过，但这是英国议会第一次以国家名义讨论国民教育，有深刻的意义。1820 年，布朗姆（H. Brougham）等改革派积极推动成立议会特别委员会去调查下层民众的教育现状，提出了《教区学校议案》，设想建立一种妥协的国民初等教育制度，但最终因工厂主和教会的共同反对而夭折。罗布克（J. Roebuck）利用 1832 年议会第一项改革法颁布的有利时机，在议会中提出了一项"普及教育"的计划，该计划要求设立享有内阁成员地位的公共教育大臣职位（这一要求直到 1964 年英国政府设立教育和科学部才得以实现），选举产生学区委员会作为地方教育当局，中央和地方政府提供税收拨款资助教育，强迫 6—12 岁儿童入学，并创办师范学校以解决合格师资问题。该计划还提出了一项较为合理可行的解决教派争端的办法，即教徒人数众多的教区可以开办自己的学校，其他学校则提供非教派宗教教育。尽管由于改革的步子太大和所涉及的费用过高罗布克的计划未被政府接受，但他的计划在议会内外产生了深远的影响①。

罗布克在 1833 年 7 月 30 日的演讲中所提出的见解，后来成为英国法律中的一条永恒原则："总之，我想说的是，必须通过立法使大不列颠和爱尔兰的每个 6 至 12 岁的儿童接受正常的教育。如果家长有其他办法为子女提供合格的教育并的确做到了这一点，就不应强迫他们把子女送往公立学校。然而，如果他们不能或不愿为其子女提供合格的教育，那么国家就要干预，强迫家长将孩子送入公立学校接受教育。"②

1833 年，英国议会下院通过了第一笔总数为 2 万英镑的教育拨款，此后这一拨款逐渐增加，1839 年上升到 30 万英镑，到 40 年代，教育拨款达 50 万英镑之多。这种拨款是"对私人捐献的资助"，也就是对私人办学的捐助。起初，政府的教育拨款 80% 提供给了"国家贫民教育促进会"所属的学校，另外的 20% 提供给"不列颠和海外学校协会"所属的学校③。1839 年，为了对拨款的使用情况进行监督，英国政府决定成立一个特殊机构负责初等教育拨

---

① 徐辉，郑继伟. 英国教育史 [M]. 长春：吉林人民出版社，1993：148.

② CURTIS S J，BOULTWOOD M E A. An introductory history of English education since 1800 [M]. 4th ed. London：University Tutorial Press，1966：55.

③ 钟文芳. 西方近代初等教育史 [M]. 上海：上海科技教育出版社，2006：205.

款的分配和使用，这个机构即枢密院教育委员会。枢密院教育委员会的成立，是英国教育从教会控制向教育国家化转变的转折点，是国家干预公共教育的开端，也是国家直接把握教育领导权的开始。

19世纪中期，政府为了对公共拨款进行严格管理，建立了以纽卡斯公爵为主席的皇家委员会调查英格兰的普及教育现状。委员会对1858年到1861年三年间国民教育状况进行调查后认为，初等教育有了明显的改进，但是贫困地区的教育仍然非常落后，没有获得公款补贴的学校教育质量非常低劣。儿童没有掌握读写算技能，旷课、辍学等情况时有发生。不过，这个委员会的主要建议是趋于保守的，他们不赞成国家办学的思想，极力反对义务教育和免费初等教育。按照他们的思路，国家应该为民间办学机构提供更多的拨款，尤其是较为贫困的地区和学校。

（三）詹姆士·凯的教育实践

在众多支持国民教育的人士中，枢密院教育委员会第一任主席詹姆士·凯（James Kay）是一位杰出的行动者。作为中等阶级利益的代表者，詹姆士·凯认为，教育是一个有效的社会控制工具，可以保证英国资本主义政治秩序的稳定。如前所说，19世纪英国下层社会民不聊生，工人运动风起云涌，社会动荡不安。在他看来，出现工人运动，原因在于工人阶级缺乏教育。而教育的匮乏会影响劳动者对自己社会地位和社会责任的理解，也使他们无法利用天赋的能力去追求自身和社会的幸福。鉴于民众教育对社会稳定和发展如此重要，詹姆士·凯提出，有关劳动阶级教育的政策必须成为政府公共政策的基石，政府应当给予足够的重视。他警告说，再不及时采取有效措施促进劳动阶级的初等教育的发展，国家就会充满来自国内外的危险。他希望，政府能从民族的利益出发，不遗余力调集各方资源发展教育[1]。詹姆士·凯指出，民众教育的任务在于帮助劳动阶级子弟形成良好劳动习惯，同时，他所倡导的民众教育只是初等教育阶段的教育。

在国民教育实践方面，詹姆士·凯的行动为英国初等教育制度的建立打下了坚实的基础。首先，在他的努力下，英国的枢密院教育委员会逐步形成

---

[1] 徐辉，郑继伟. 英国教育史 [M]. 长春：吉林人民出版社，1993：144.

了一个有效的、通过教会组织分配和管理政府初等教育拨款的中央行政机构。这一中央教育行政机构在 19 世纪后期发展成中央教育署，是今天教育部的前身，同时建立了广泛的公款补助学校的联系网。

詹姆士·凯博士还创办了皇家督学团，并规定这一组织的作用，即皇家督学团是一个起广泛交际作用的组织，而不是扮演狭隘的视察员的角色。督学的工作一方面是要确保拨款的合理使用，另一方面则要对有关学校提供"帮助"和"鼓励"，而不是要"控制"它们。即使对那些没有接受政府教育拨款的学校，如果它们提出要求，也应向它们提供咨询。皇家督学团的另一项任务是收集初等教育的一般资料，为政府决策和学校发展提供咨询①。在詹姆士·凯的影响下，1833—1861 年期间政府的教育投资从 2 万英镑上升到 80 多万英镑。从 1846 年起，政府的教育拨款超出了起初规定的 50% 校舍基建拨款，并且被允许用来支付日常开支②。

詹姆士·凯认识到当时"导生制"的弊端，1846 年中止了"导生制"，代之以由公款资助的全国性的"见习制"（pupil-teacher system），学生在完成五年见习之后，可享受"女王奖学金"，进师范学院学习。他为师范学院争取了资金，同卡尔顿·塔夫纳尔一起在巴特西创办了一所师范学校并管理了四年，他希望这所师范学校成为其他师范学校仿效的样板。在他的贡献中还有一件事也颇值一提，即建立了女王陛下督学制度，坚持陛下督学必须以顾问的形式，而不是独裁。

这一阶段的国民教育思想主要是中产阶级以上的贵族为了国家的稳定、经济的发展而倡议对普通劳动者进行初等教育。他们虽然强调国家对普通民众开办学校的责任，但在构建国民教育制度上显得比较保守，单纯强调对于普通民众的教育应该适合其将来的职业和劳动的目标，这也体现了英国教育自由而又传统的特点。在这一时期，国家对教育的干涉是渐进的，前期是随意的，带有很大的个人因素，一直到 19 世纪中期，国家对教育的干预逐渐形成了有组织、有系统性及连续性的特点③。通过这些思想和实践的影响，英国建立初等国民教育体系的步伐越来越快了。

① 徐辉，郑继伟. 英国教育史 [M]. 长春：吉林人民出版社，1993：145.
② 钟文芳. 西方近代初等教育史 [M]. 上海：上海科技教育出版社，2006：206.
③ 徐辉，郑继伟. 英国教育史 [M]. 长春：吉林人民出版社，1993：140.

第二节

现代化形成时期教师教育的探索及其思想

由于历史原因，英国的师范教育起步较晚。根据英国教育史学家约翰·托马斯（John B. Thomas）的说法，英国非正式的教师培训大致在 17 世纪末、18 世纪初拉开序幕，其标志是 1699 年英国国教建立的"基督教知识促进会"。在 18 世纪，从事教师培训活动的组织有"基督教知识促进会"和"海外福音传播会"（the Society for the Propagation of the Grospel in Foreign Parts）[①]。

随着教会、慈善团体、私人办教育的兴起，慈善学校、星期日学校普遍设置，教师的短缺成了初等教育发展的大问题。为了解决这一问题，18 世纪末、19 世纪初兴起的"贝尔-兰卡斯特导生制"开始在英国流行，这一制度被看作英国师资培训的雏形，因此，也被称为英国教师教育的发端。

一、基督教知识促进会的教师教育实践

这一时期，欧洲已经开始出现师范教育。例如，1681 年法国兰斯建立了第一所师资训练学校，德国于 1695 年创建了哈勒教员教养所。受其影响，也为了推动慈善学校与巡回学校运动的发展，基督教知识促进会开始考虑设置师范学校，对慈善学校的教师进行比较系统的职前培训，然而由于资金不足及历史的局限性，基督教知识促进会没能实现建立师范学校的设想，但促进会还是为英国师范教育的发展做出了一定的贡献。首先，促进会编写了教师工作指导手册《基督教师》（*The Christian School Master*）一书。该书 1707 年由约克郡斯波福斯教区牧师詹姆斯·塔尔伯特（James Talbert）编写，作为一本教师工作指导手册，该书成为此后一个世纪内英国教师的指南。其次，出版了教师培训教材。例如，适合自学的书籍《英语发音指南》（*Guide to the English Tongue*），这本教材在 1709—1796 年间再版了 46 次，使得当时英格兰

---

① THOMAS J B. British universities change & teacher education：a century change ［M］. London：The Falmer Press, 1990：1.

和威尔士许多社会下层子弟的读写能力有了很大的提高。再次，1730 年格里菲斯·琼斯（Griffith Jones）发起威尔士巡回学校运动，该运动训练和组织了一个义务教学的教师巡回团，一年中有三四个月的农闲时间去各地农村，在教堂和农舍举办日夜学校等。最后，创立了独到的教师培养方法。例如，组织新教师边听老教师讲课边从事教学工作，安排农村教师到伦敦学习"伦敦教学法"，让高水平的教师外出传授教学经验等。这些做法对提高教师的水平起到了重要的作用，对培训初等学校教师也产生了有益的影响。可以说，这是英国早期师资培训的萌芽①。

二、"导生制、见习制"教师教育实践与思想

（一）导生制

导生制（Monitorial System）又叫贝尔-兰卡斯特制，是由英国国教会的安德鲁·贝尔（Andrew Bell，1753—1832）和公益会的教师约瑟夫·兰卡斯特（Joseph Lancaster，1778—1838）所开创的一种教学组织形式。1791 年，为了解决教师缺乏的问题，贝尔首先创立了导生制的教学形式。他在 1798 年的《教育中的实验》中介绍了这种选择年长学生帮助其他学生的方法，但并未引起人们的注意。直到兰卡斯特 1803 年《教育的改良》发表之后，两人所推动的导生制开始产生重大影响。

1791 年，贝尔作为英国牧师应邀到英殖民地印度的马德拉斯承办一所半官方性质的埃格莫尔孤儿学校。作为一校之长的贝尔对学校的教学质量十分不满，计划进行一系列的教学改革。遗憾的是，教师们安于自己固有的教学方法，不愿为此付出努力。因此，贝尔的改革计划遭到了教师们强烈反对和抵抗。贝尔在困难面前没有退缩，而是依靠学生教育和管理找到解决办法。他在自己的学校里设导生、助理导生和互助导生三种"学生教师"。各类导生分工明确，各负其责。导生监督助理导生，负责全面工作，助理导生负责教学，管理互助导生，互助导生与学习较差的学生结成对子，进行一帮一辅导；

---

① 王晓宇. 英国师范教育机构的转型：历史视野与个案研究 [M]. 上海：上海社会科学院出版社，2008：21.

教师的职责则是管理和检查学校这架机器的各个部件，保证教学和各项工作的正常运转。回国后，贝尔将自己在印度的教学改革和实验写成报告，并采用《在靠近马德拉斯的埃格莫尔的孤儿院进行的一项教育实验》这一书名公开出版。不过，在当时，贝尔的实验并没有引起人们的特别关注，就连他公开的实验报告也没有激起多少"浪花"①。

　　数年后兰卡斯特也采用了这种"导生制"的教学形式。兰卡斯特在英国的导生制实践主要是在其自己建立的巴勒路学校（Borough Road School）②。为了解决师资不足的矛盾，他建立了与贝尔导生制相似的教学制度，采用了培训年长和优秀学生、再由这些学生进行教学和管理的方法。

　　按照兰卡斯特的导生制，学校教学几乎全部由学生负责。学校里被指定去教别的学生的孩子称为导生（monitor）。他们和其他孩子的比例大约是1∶10，所以，在有1 000名学生的学校里，只有1名老师，其余的教学工作全由男孩自己去做。除了教学的导生外，还有一般的导生，如检查簿本的导生，检查缺课的导生等③。导生制学校和其他学校有着诸多不同，主要体现在导生的选拔、管理制度以及教学方法等方面。学校管理者一般选拔年龄在12岁左右、学习成绩优异的学生充当导生。每天早晨，导生利用2小时跟老师学习各类知识，同时接受简便的教学方法的训练，受训时间约为3个月；之后，导生再将他们学到的知识传授给其他学生。导生们由导生班长负责管理，导生班长必须掌握班级组织的管理、课程内容、教学方法、复习考试、纪律和福利等。导生具有双重身份，既是学生又是教师，换言之，导生承担了许多本应由教师承担的职责。学校有个办公室负责日常管理，办公室由若干导生组成，各位导生职责明确，有的负责奖励，有的负责品德评价，有的负责卫生，有的负责管理将近300块拼写板。担任导生的学生个个忠于职守，工作起来一丝不苟④。

① 杜静. 英国教师在职教育发展研究［D］. 重庆：西南大学，2007：22.
② 朱镜人，金仲夏. 兰卡斯特的导生制实践活动和民众教育思想研究［J］. 河北师范大学学报（教育科学版），2014（1）：50-53.
③ 克伯雷. 西方教育经典文献：下［M］. 任钟印，译. 北京：人民教育出版社，2016：621.
④ 克伯雷. 西方教育经典文献：下［M］. 任钟印，译. 北京：人民教育出版社，2016：622.

学生都向往担任导生，这是荣誉的体现，不过，导生的选择也很严格，一般要通过考试来选拔，不仅要求导生具有较强的阅读能力，而且要求发音正确，并知道如何教学。此外，还要求担任导生的学生性格活泼、勤奋、可靠、品行端正、具有服从的品质。当选导生还要经过教师的专门培训才能上岗。兰卡斯特导生制教学有两个基本目的："第一，将基本技能教给学生；第二，教会学生通过这些技能获取知识。"导生制教学注重反复练习，在兰卡斯特看来，重复读单词作用很大："反复地读同一个单词有助于牢固地记住它们，而使记住的单词的总量得到增长。"因此，"练习、重复复习和实践是导生制学校体系的中心"①。

鉴于兰卡斯特在民众教育方面的贡献，英国教育界称其为"工业化时代民众教育的奠基者之一"，赞扬兰卡斯特"为联合王国每个穷孩子提供了一种接受教育的机会，且花费公众钱财不多"。还有学者认为："他的导生制尽管存在不足，但它为见习制（pupil-teacher system）铺平了道路，不断地为我们输送了出类拔萃的教师，他将教学的前期准备变成了一种训练。他建立了第一所训练学院。'导生制'是 19 世纪初初等教育史上最重要的成果。"②

1808 年建立的皇家兰卡斯特协会（Royal Lancasterian Institution）和 1814 年建立的不列颠及海外学校协会（British and Foreign School Society）推动了兰卡斯特的国际影响。随着兰卡斯特本人在 1818 年到 1838 年之间在美国、加拿大和南美等地的游访，兰卡斯特体制的影响更为深广③。根据相关研究，兰卡斯特在二十年间，通过自己的努力和其他人士的协助，在英国各地大约开办了 388—580 所导生制学校，免费培养了贫民儿童达 10 万到 15 万名。到 1813 年，英格兰有 133 个以上的市镇开设了导生制学校，苏格兰和威尔士各有 5 个市镇、爱尔兰有 9 个市镇开办这种学校，并且有 35 个地方开设了招收女童的导生制学校④。

---

① 王晓宇. 英国师范教育机构的转型：历史视野与个案研究［M］. 上海：上海社会科学院出版社，2008：23.
② 王晓宇. 英国师范教育机构的转型：历史视野与个案研究［M］. 上海：上海社会科学院出版社，2008：24.
③ 苗学杰. 融合的教师教育［D］. 长春：东北师范大学，2012：104.
④ 钟文芳. 西方近代初等教育史［M］. 上海：上海科技教育出版社，2006：140.

应该说，实行导生制的学校已经具备了师范学校的一些重要特征。例如，实行寄宿制，有入学前的文化知识要求，需要进行普通教育和专业训练的课程安排，有结业考试和试用期，同时对成绩合格者颁发证书，等等①。美国专门研究兰卡斯特的学者也认为，他建立的巴勒路学校是英国第一所教师训练学院，对当时英国教师培训做出了贡献，因为在巴勒路学校开办之后的50年里，先后有1 200名教师在这里受到训练。

导生制耗资少、见效快，节省经费、节省师资，对于工业革命背景下英国初等教育的普及具有积极意义。然而，导生制的成功与其说是导生教学的成功，不如说是学校组织管理的出色。首先，对于学生的管理方面，兰卡斯特借鉴了军队的管理方式。例如，学生从进校、离校毕业、班级转移过程中，都要迈着整齐的步伐，每个人都有自己的编号，按照编号知道自己在行列中的位置，每个人都像军人一样遵守命令；其次，在教学过程中，采用了荣誉徽章制度，利用孩子喜爱奖品产生进取心的心理来促进孩子的学习。同时，班级之间也采用竞争的方式。但是，严格来说导生制不够规范，"小导师"接受训练的时间很短，几天或几周，对学生的教学多是现学现卖，机械呆板，"只可教授，不能教育"②，所以质量很难保证。导生的经验和能力也存在很大的局限性，同时可能滋长导生的骄傲情绪，不利于导生及其他学生的成长与进步。因此，随着经济、社会发展的需要，导生制学校逐渐淡出历史舞台，另外一种教师教育的实践开始在英国教育史上发挥重要作用。

（二）见习制

"见习制"亦称"教生制"，在英国具有悠久的历史。在正规的教师训练机构产生以前，英国历史上曾存在家庭教育中的非正式教师见习制。19世纪30年代就讨论过"见习教师"的名称。1844年，"伦敦教区委员会"发布了一项见习教师计划，四年后又提供了一次竞争性奖学金制度，使得那些最好的见习教师得以进入圣·马克学院继续学习。可以说，1844年伦敦教区委员

---

① 王晓宇. 英国师范教育机构的转型：历史视野与个案研究 [M]. 上海：上海社会科学院出版社，2008：25.

② WARDLE D. English popular education 1780-1975 [M]. Cambridge：Cambridge University Press，1976：86.

会发布的见习教师计划标志着见习教师制的建立①。

1846 年，英国枢密院教育委员会首任主席詹姆士·凯在导生制的基础上参照荷兰的经验，创立了"见习教师制"。它保留了原来导生制成本低、见效快的特点，但又比较正规，质量也有所提高，所以推广很快。"直到 20 世纪初，它一直是培养小学师资的主要形式"②。詹姆士·凯的做法是，由皇家督学挑选身体健康，且在学业、品德等方面优秀的高年级学生（至少 13 岁），通过评议委员会规定的考试后，到教学岗位上当学徒。学徒一边协助教师教学，一边跟随教师或校长进行课业训练。学习时间每周 5 天，每天一个半小时，或在早上大规模学生上课之前，或在下午学生们放学之后。学徒期大约为 5 年，即 18 岁学徒期满后，学徒有 3 种可供选择的出路：一是可以通过皇家督学的公开考试，取得女皇奖学金继续进入训练学院深造，通过政府的资格考试取得从教资格；二是以无证书资格的教师在政府赠款的小学从教；三是在政府其他部门担任公务员的职务③。

"见习教师制"在教育实践中不断改进，1875 年由原来的师傅带徒弟式的个别培训模式发展为以班级教学为主的集体培训，被确立为见习生的学生年龄也从 13 岁提高到 15 岁，又从 15 岁提高到 16 岁。同时，培训的年限也不断延长，到 1907 年已经要求见习生接受四年或五年的培训。他们在经过培训、通过所授课程的书面和口头考试取得及格成绩后，就可以去上任何一所师范学校。政府第一年发给 25 英镑的津贴，第二年发给 20 英镑，作为他们的生活费和教育费。每所师范学校都可获得一笔拨款，其数额按每人 20—30 英镑计算，以便学生开始负起学校的责任之前，帮助他们获得教育原理和教育实际的必要知识④。

依靠见习教师制进行教师的培养和培训，减轻了教师的工作量，节约了大量的教学资金，同时给学生充足的实践锻炼，使学生的心理素质和教学能

① 王晓宇. 英国师范教育机构的转型：历史视野与个案研究 [M]. 上海：上海社会科学院出版社，2008：27.
② 姚文峰. 英国教师教育大学化的政策研究 [D]. 福州：福建师范大学，2007：11.
③ DENT H C. The training of teachers in England and Wales 1800-1975 [M]. London：Hodder & Stoughton，1977：20.
④ 克伯雷. 西方教育经典文献：下 [M]. 任钟印，译. 北京：人民教育出版社，2016：736.

力得到了较大的提高。从数量上看，见习教师制是非常成功的。据统计，到 1848 年，英格兰和威尔士的初级学校中已有 2 000 名见习教师，到了 1861 年，据纽卡斯尔委员会的报告，见习教师数量已经达到了 13 871 名①。因此，这种教师培训成了"19 世纪初初等教育史上最重要的成果"，② 支撑着英国教师教育的发展，并且作为英国教师培训的主要形式一直持续到 20 世纪初。

（三）对导生制、见习制的评价

"导师制"和"见习制"模式下，教师的培养是在实际的教学工作中进行，小导师们一边学习，一边从事教学。这表明英国教师的培养一开始就具有实习的性质。这种培养方式主要有几个方面的特点。其一，观察模仿。观察模仿成为教师职前教育的全部内容，无论是"导生制"还是"见习制"培养的教师，他们主要的教学方式都是在观察模仿教师的行为，这个阶段强调的是实践性的操作，没有理性的知识。其二，技术训练。对教师的培养主要是通过准教师在观察模仿的个体社会化历程来实现的，这是一种技术意义层面的，是一种纯粹意义上的教师训练，几乎没有教育理论的科学指导。见习教师是学生和教师双重身份的组合。其三，品质教育。学徒模式特别注重教师品性与道德的训练，培养模式采用的是导师学徒式的指导方式，注重师徒之间的彼此忠诚与信任，课程设置的主要目的是培养优秀的教师，这就需要对准教师进行道德教育。其四，体验直觉。学徒模式的教育理论与实践关系是一种认识论层面的直觉观，它在本质上是摒弃理论的，这种观点认为关注"如何做"的程序性知识与学习教学毫不相关，而关注"是什么"的理性知识亦无多大价值，与专业实践相去甚远，唯有真正的体验才是学习教学的唯一基础，教学不需要任何的理论基础，每个人的教学能力与生俱来，唯有重复训练才能促使实践达至一种精练，准教师凭借其与生俱来的教学才能再加上不断的实践即可征服所有的专业现实，成长为一名教师③。

---

① JONES L G E. The training of teachers in England and Wales: a critical survey [M]. London: Oxford University Press, 1924: 190.

② 奥尔德里奇. 简明英国教育史 [M]. 诸惠芳，李洪绪，尹斌苗，译. 北京：人民教育出版社，1987: 77.

③ 苗学杰. 融合的教师教育 [D]. 长春：东北师范大学，2012: 104-111.

　　"导生制"和"见习教师制"等师资培训形式之所以在18世纪末19世纪初一直居于英国教师教育主导地位,其原因主要有以下几个方面:从经济上来说,第一次工业革命对蒸汽机、织布机工艺和技术的改进使得英国处于工业化的"起飞期",经济对高素质劳动力的需求还未充分显现,客观上对教师培训的需求不甚迫切;从政治上来说,从17世纪以来,英国宗教冲突使得人们对各个教派保持了宽容的态度,宗教的宽容促进了世俗领域中的宽容和自由的发展。世俗宽容形塑了人与人、人与社会之间的基本规范,划分出了"公域"和"私域",世俗宽容还强调各个等级、权利存在的合理性,承认不同等级之间在权利、利益上的不同,承认在权力范围内的行动和选择的自由。英国资产阶级革命爆发后,各个阶级之间形成了一种对于规则权利的宽容,许多政策的制定在妥协中缓慢进行,教育被大部分人当成"私域"的事情,教师教育主要靠教会和个人的慈善捐赠,发展较为缓慢;从思想文化上来说,英国17—18世纪理性化的经验主义本质上是一种实践理性或者实用理性,经验理性强调直接经验的意义,把实践放在第一位,把经验、尝试视为比理性、理论更为重要的内容,其实践精神独一无二。经验主义哲学家把功用作为其理论的关键,把改善人类状况的新方法、新工具、新途径作为目标。一切着眼于现实,一切注重于实用①。"导生制""见习制"如同该时期的其他职业技术教育一样,遵循从中世纪而来的"学徒制"的传统,是传授实践性知识最有效的途径,但极少包含教育原理和基础。可以说,此时英国教师教育的实践是排斥理论、非理论的。

三、英国早期教师教育机构的发展

(一)智识阶层对教师教育机构的支持

　　英国教师教育机构的发展得益于英国有识之士的努力行动。兰卡斯特除了致力于为贫民儿童开办导生制学校外,还努力开办师资训练机构,为此向英国社会的慈善人士募捐,在募捐的传单上写着:"这一捐款的立意,乃是要

　　① 牛笑风.自由主义的英国源流:自由的制度空间和文化氛围[M].长春:吉林大学出版社,2008:228.

提供一项基金，以支持及指导有意担任教职的青年，从实际的操作中，熟悉新式的教育制度使其成为合格的教师。这一计划，将在兰卡斯特的学校实施，直接接受兰卡斯特的监督。这一目标一旦达到，结训的青年将可派到需要教师的地方。"① 这也是建立现代教师教育制度之思想的即时反映。詹姆士·凯博士在英国枢密院教育委员会工作期间就开始关注教师培训工作，多次派专人到欧洲大陆特别是德国学习有关教师培训方面的经验。1846 年他以荷兰"学童制"（Scheme of Apprenticeship）为蓝本，在导生制的基础上提出了见习教师制，1840 年以私人名义创办了英国第一所师范学校性质的教师训练学院培养小学教师，即巴特西教师训练学院（Battersea Training College for Teachers）；布朗姆（H. Brougham）极力提倡师范教育，他在 1835 年英国上议院的一次演说中认为："这些培训教师的学校，对人类是一个金钱难买的礼物，它引导人们不断改革教育。我们必须努力做的首要事情，就是要把这种培养教师的办法纳入我们的制度中去。把师范学校——教师培训学校设到伦敦、约克郡、利物浦、杜拉姆和爱塞特这些地方去。你们每年就会有 500 个取得合适资格的人到全国去传播一种完善的教育制度。这些师范学院不仅给那些教师授以他们所不足的各科学问和科学，还要教育他们，使之掌握关于教学法的艺术，即把他们所有的知识传授给别人的方式，或者可以获得按照儿童的性情、能力和习惯去训练儿童、与儿童打交道的最好方法，以及获得鼓励他们努力和控制自己越轨行为的手段"②。1837 年，苏格兰教育家戴维·斯托（David Stow）创办格拉斯哥师范学校，采用不同于导生制的方法培训初等学校教师。他招收更为成熟的孩子，并使他们掌握一系列比导生制学校里的导生更加专业的技能。结果这个学校培养出来的学生在各地供不应求，导生制学校的学生则在竞争中处于下风③。

（二）英国政府对教师教育机构的支持

英国教师教育机构的发展还得益于政府的支持。1839 年，枢密院教育委

---

① 钟文芳. 西方近代初等教育史［M］. 上海：上海科技教育出版社，2006：140.
② 克伯雷. 西方教育经典文献：下［M］. 任钟印，译. 北京：人民教育出版社，2016：735.
③ 王晓宇. 英国师范教育机构的转型：历史视野与个案研究［M］. 上海：上海社会科学院出版社，2008：34.

员会申请的首批项目就包含建立一所师范学校或一所模范学校。但是在各种宗教团体的矛盾中，委员会遇到了很多困难，这个计划被搁浅。于是，英国政府采取了一种变通的方法，采取公助私立的方式，即政府不再设立专门的教师训练学校，但以拨款补助私立学校的方式干预教师培训。1840年，全国协会开始与国外学校协会联合建立能容纳74个男教师的师范学院，该学院坐落于切尔西的斯坦莱园林之中，离海德公园角两英里路之遥①。

这些试验的成功，解除了起初把师范学校作为一个外来的制度确立时所产生的一些莫名的忧虑，使人们对这种趋势产生了信心，深信办师范学校的必要性。委员会鼓励用拨款的经费建造适用于学校的建筑，并通过建立王后奖学金，帮助维护和利用这些校舍。

在英国政府的支持下，英国各个教会组织、私人组织纷纷开始开办教师培训学院。1852年，英格兰和威尔士已经有了34所师范学校或者师范学院，仅仅为建筑校舍，就花费了35 000多英镑，其中一般是政府捐助的。这些学校每年以大约80 000英镑的支出为1 000个男生和700个女生提供住宿，此项开支一般是政府以拨给王后奖学金的形式捐助的。在苏格兰，其教会教育委员会于1826年第一次尝试以艺术的原理与艺术实践方式培训教师，他们从派到苏格兰高地各校区的教师中安排了几个人到爱丁堡办得最好的一所学校中去，进行短暂的观察、学习与实习，这个计划在1838年又进行了扩大与改进。1846年，爱丁堡的卡斯尔布勒斯用10 000英镑为一所师范学校建造了一栋楼房。苏格兰教会1852年建立了两所师范学校，一所在爱丁堡，一所在格拉斯哥，合计花费了20 000多英镑②。

当然，师范学校最初并未摆脱教会的控制。在英格兰和苏格兰的40所师范学校中，有27所与英国国教会有联系，有2所与苏格兰国教会有联系，还有2所与苏格兰独立教会有联系。可见，英国最初的教师教育依然是由教会

① 克伯雷. 西方教育经典文献：下 [M]. 任钟印，译. 北京：人民教育出版社，2016：736.
② 克伯雷. 西方教育经典文献：下 [M]. 任钟印，译. 北京：人民教育出版社，2016：736.

主导的①。

（三）巴特西教师训练学院

一般认为，詹姆士·凯博士创办的教师训练学院是英国第一所有组织的师范学校，"这是一所以瑞士教育家裴斯泰洛齐的教育经验为基础、以普鲁士师范学校为蓝本、结合英国国情而创立的实验性师范学校"②。学校设在郊外，采取寄宿制，最初的 8 名 13 岁学生是从贫民学校中选拔出来的，学校除负责食宿外，还发给学生统一的制服。这所学校在对学生进行严格的道德教育和身体锻炼外，特别强调培养学生作为一名教师的精神与品格。在詹姆士·凯博士看来，在师范学校所有的培养目标中，形成品格是主要的目标，强调良好的习惯和对民众教育事业的热爱。为什么巴特西教师训练学院首先要培养师范生的良好习惯呢？这与巴特西师范生入学前养成的不良习惯有关。巴特西教师训练学校招收的学生多数是小商人、管家、仆人和高级机械工的子弟。他们入学前除了在普通教区学校接受教育外，没有受过其他任何教育，他们的读写不规范，不会正确地书写信件，算术的四则运算也不熟练，他们的宗教知识虽然比其他知识要多一点儿，但也十分贫乏和不准确。特别是他们在上课时不能集中注意力和不会应用知识的习惯是不利于他们将来从事教师工作的。在詹姆士·凯博士看来，这些不良习惯如不纠正，这些学生很难成为优秀教师。如何养成良好习惯呢？詹姆士·凯认为，良好习惯的养成离不开教师的监督。为此，他建议在初期加强教师对学生行为的监督，在纠正不良习惯的早期阶段，尤其是在学生形成自我指导能力之前，应当始终处于教师的监控之中，学生自治的权利不能太多。在他看来，当学生缺乏自我指导能力时，如果给予他们过多自由支配的时间，对他们来说反而是有害的。只有当学生逐步证明了他们可以正确地支配业余时间时，教师才可以逐步放宽监督，给学生留出较多的业余时间以培养他们的自我指导能力。

为了使师范生能够胜任未来的教学工作，詹姆士·凯博士详细讨论了师

---

① 王晓宇. 英国师范教育机构的转型：历史视野与个案研究［M］. 上海：上海社会科学院出版社，2008：27.

② 王晓宇. 英国师范教育机构的转型：历史视野与个案研究［M］. 上海：上海社会科学院出版社，2008：32.

范学校课程问题。在他看来，历史和自然、英语、算术、地理、音乐是师范生必修课程，他对这些课程的内容与作用做了论述。他认为，一个国家的自然会影响居住者的生活和社会习俗，从而形成特定的民族特征，有关自然和社会变迁的历史遗迹和文献是一个民族文明史的见证，因此应当成为学校的重要教学内容；英语水平提高了，学生才有可能吸收英国文明的营养，为了保证师范生英语达到一定的水平，他提出英语课程的教学内容应当包括语音、语法、词源、阅读等内容；数学教学除了培养学生计算能力之外还应当培养学生的思维习惯，促进学生智力的发展；而音乐虽然是辅助性教育手段，但它产生的影响力不可低估，可以让学生为将来能够承担社会责任而感到快乐，可以使学生为英国人的勤奋感到骄傲和自豪。詹姆士·凯博士接受了裴斯泰洛齐的思想，主张直观性教学方法是小学教育的重要方法。他认为，即使是书本学习也不能死记硬背，死记硬背的教学将使学生除了词汇之外一无所获，师生关系也会十分淡漠。小学教师应当把自己看成"自然的解释者、思想的嫁接者，而不是词汇的解释者"。小学教师的任务应当是通过点燃学生探寻真理的热情和培养学生思考的能力去形成学生的性格，而不是只会机械地完成教学任务。

1844 年，巴特西教师训练学院转属国会管理，1851 年培养出英国第一批经过正规训练的新教师。在巴特西教师训练学院的影响下，各地纷纷效仿，到 1850 年私立教师训练学院已发展到 30 多所，相当一部分私立教师训练学院得到了地方政府的资助。由此，英国出现了教会与私立教师训练学院并存的教师培养模式，但因为私立训练学院的规模较小，教学内容上以教学技巧为重，忽视科学知识的学习，并不能适应初等教育发展的需要。国家对新的师范教育模式的需求越发迫切。

在巴特西教师训练学院的影响下，教学是一种专业、教师必须经过专门培训等理念逐渐成为人们的共识。英国教育史学家里奇（R. W. Rich）将巴特西实验描述为"英国教师训练学院发展史上最重要的事件"[①]。此时英国教师教育机构的主要特点包括三个方面：第一，教师教育机构的建立是政府和

---

① RICH R W. The training of teachers in England and Wales during the nineteenth century ［M］. Bath：Cedric Chivers，1972：75.

教会争夺教育权的开始，通过枢密院教育委员会的作用，英国教育开始逐渐世俗化，这宣告了教会在教育控制权斗争中的失败；第二，与初等教育、中等教育的发展不同，英国教师教育机构一开始就受到英国政府的干涉，以一种比较保守的方式——通过拨款逐渐介入教师教育；第三，教师教育机构的建立标志着英国教师教育开始专业化，教师必须经过专门培训的理念逐渐成为人们的共识；第四，英国教师教育从产生之初就蕴含着职前职后一体化的理念，巴特西教师训练学院并没有用英语国家惯常使用的"Normal"，这支持我们再次做出这样的判断，即英国教师教育含义更为广泛，包含着教师培养和在职研修的双重职能，体现出了连续性。

但同时，英国教师教育机构依然存在着很多问题，主要表现在私立教师训练学院规模小，修业年限短。1845 年，私立教师训练学院中只有 3 所学校学生人数超过 100 人，而且学生修业年限不足一年的教师训练学院竟超过半数之多；教师教育机构的招生与培训缺乏统一标准。部分学院培养的教师是高水平、高效率的，但这样的学校名额较少，把很多学员挡在门外。部分师范学校培养的学员考试成绩差，且学员没有做教师的经验，偏远乡村地区的教师数量和质量无法满足社会的需求①。

第三节

现代化形成时期教育家论教师教育

一、托马斯·阿诺德的教师教育思想

托马斯·阿诺德（Thomas Arnold，1795—1842），英国近代教育家，毕业于温彻斯特公学和牛津大学，1828 年担任拉格比公学的校长。阿诺德在任职的 15 年中，努力改革公学，教学内容中加入德语、法语、数学、历史、地理等课程，以谋求课程的近代化。在教育方法上，采用苏格拉底的方法教育

---

① 王晓宇.英国师范教育机构的转型：历史视野与个案研究［M］.上海：上海社会科学院出版社，2008：39.

学生，设计问题以激发学生的兴趣；培养学生的自学能力，由年长儿童管理年幼儿童；努力恢复学校秩序和开发学生的智力，促进了公学的复兴并使之走上正轨。① 阿诺德的主要著作有《罗马史》《教会改革的原则》《拉格比公学》《论公学的纪律》《论知识的分类及相互关系》等。

（一）阿诺德论不同阶级子女的教育

阿诺德作为贵族阶级的代表，最为重视的就是对贵族男孩的教育。他认为，公学是对贵族男孩最好的、最合适的教育。但英国 19 世纪之时的公学，被称为"产生邪恶的温床"。阿诺德分析了其原因，他认为，男孩个体的成长要依次经历三个阶段：儿童期、少年期、成熟期。儿童期的男孩天真无邪，尚不能区分善与恶；少年期的男孩，开始意识到善或恶的存在，但更容易受到恶的诱惑。因此，阿诺德认为少年期是个"不完美的"阶段；男孩只有在进入成熟期，拥有了良好的德行的时候，才能抵抗住邪恶和诱惑，才会一心追求美和善②。因此，阿诺德认为，需要通过宗教和纪律的方式，通过发扬绅士体育精神的积极意义，重塑学生的基督教绅士人格。

阿诺德认为，当时存在着两种教育：一种是职业教育，但这是让一个人能做一件普遍的职业的教育；一种是自由教育，即让人能够做好公民的事或做人的事情。他对当时部分中产阶级子女所受的教育持一种批评态度。他认为中产阶级重视子女的专业教育而忽视了其子女的阅读、读写学习。中产阶级这种对自由教育的忽视是无法通过自身直接察觉的，如果不能察觉，错误的观念和行为还会由此产生，偏见便会增加，整个社会深陷困难和苦恼之中③。

对于底层阶级的教育问题，阿诺德认为，教育无法解决所有社会问题。英格兰没有给穷人提供任何教育，因为教会穷人读写不是教育，穷人也没有时间接受教育。

（二）阿诺德基督教教育思想

阿诺德是一位虔敬的基督徒，他的宗教改革理想是"构建一个真正民族

---

① 罗肇鸿，王怀宁. 资本主义大辞典 [Z]. 北京：人民出版社，1995：835.
② 托马斯·阿诺德. 阿诺德论教育 [M]. 朱镜人，译. 北京：人民教育出版社，2016：32-40.
③ 托马斯·阿诺德. 阿诺德论教育 [M]. 朱镜人，译. 北京：人民教育出版社，2016：12.

的和基督教的教会，以及一个真正国民的和基督教的教育制度"。"英格兰的未来是由受过教育的公民组成的具有基督教性质的国家，基督教会提供制度的框架和道德基础"①。为了改革公学的混乱现状，阿诺德采用虔诚、好学和苦修的基督教精神作为教育改革突破口。公学改革主要目的在于男孩基督教品格的形成。他一再强调要将拉格比公学办成一个真正合乎基督教精神的教育场所。对于学校如何开展基督教教育，阿诺德认为：基督教教育是学校教育的重大事务。因此，学校不但要提供宗教内容教学，还要真正地提供宗教教育。

如何进行真正的宗教教育？阿诺德认为不能单纯依靠教学。在学校里可以通过教学让学生学会吟诵赞美诗，学习《福音》中的主要真理。可以通过教学使学生了解上帝，但是无法通过教学将基础知识以外的东西教给学生。要让学生能够热爱上帝，必须通过家庭、学校、社会的力量，通过教会和国家共同努力。在学校里开展基督教教育，阿诺德提出了如下建议：第一，学校里所有课堂教学应通力合作；第二，教师不仅自己要言传身教，还要努力做到使男孩们互为榜样，互相影响②。阿诺德采用学校教堂进行布道，他的一个学生在 1839 年的信中描述了星期天的时间安排：早上 8：30 开始早祈，然后吃早餐；早餐后 1 个小时用来学习福音书，有时也会学圣诗，为上午 10 点开始的第一次讲座做准备；上午 11 点到 12 点左右在小教堂；午饭后 1 个小时，要看《圣经》中 3 到 4 章节，为 3 点开始的第二次讲座做准备；下午 4 点到 5 点在第二教堂，学生离开时要把材料上交，阿诺德留下来亲自监督；晚祈在晚上 7：45 开始，晚祈后是一周的高潮——校长做布道演说。布道的主题内容有：所要遵循的基本原则，《圣经》书上跟学生行为有关的事件、邪恶的黑暗、诱惑者的诡诈和对罪恶的惩罚等等③。

（三）阿诺德古典人文主义教育思想

作为古典人文主义教育的积极倡导者，阿诺德把古典语言和文学作为拉

① 托马斯·阿诺德. 阿诺德论教育 [M]. 朱镜人，译. 北京：人民教育出版社，2016：109.
② 托马斯·阿诺德. 阿诺德论教育 [M]. 朱镜人，译. 北京：人民教育出版社，2016：26.
③ ROUSE W H D. A history of Rugby school [M]. New York：Charles Scribner's Sons, 1898：258.

格比公学的核心课程。他认为古典教育具有重大的价值，古典课程是智力训练的基础，如果把希腊文和拉丁文排斥出校门，将使当代人的思想观念受到局限。"古典作家的观察是一般人无法企及的，他们所观察的事物是我们无法用自己的眼睛看到的"①。但是他同时指出，古典教育应该谨慎地进行，从事古典教育的教师应当熟悉现代史和现代文学，因为仅熟悉古典文学的老师，是不可能将古典教育的精髓传授给学生的。不能单纯为了了解过去而了解过去，而是要联系身边发生的事情。对于古典语言的学习，阿诺德反对直接翻译古典语言，他认为，直译法对学生学习古典文学和英语都没有好处。

阿诺德对于自然科学比较轻视。他认为自然科学虽然可以作为职业教育的学科教授给学生，但是没有教育价值，自然科学不能使人变得有教养，他认为道德知识比自然知识更加重要。1836年，在与一位老生的通信中，阿诺德写道："自然科学是个过于庞大的体系，如果子女真要学习，那对孩子的压力就太大了。因此，他不希望自己的子女脑子里装的主要是自然科学知识，当前，需要学习的是基督教以及道德和政治的哲学。"②

同时，阿诺德认为，作为教师也不应该使男孩们和青年人对自然科学的基础知识一无所知，这说明他已经认识到了古典人文学科的部分局限性，于是增加了数学、几何、现代语言的教学并重视基本的科学。他认为，数学和几何的学习是为以后青少年学习自然科学打下基础的，有这些知识就会使得他们以后学习自然科学知识变得相对容易。

（四）阿诺德教师教育思想

阿诺德教师教育思想主要表现在其对理想教师的设想、教学艺术以及教师管理等方面的思想。作为基督教教育家，阿诺德认为要提高教师的地位，就要让教师担任牧师的职务。阿诺德认为中产阶级教师没有得到应得的尊重和重视，要解决这个问题，不能光靠教师个人的努力，而是要通过政府的干

---

① 托马斯·阿诺德. 阿诺德论教育 [M]. 朱镜人，译. 北京：人民教育出版社，2016：62.
② 托马斯·阿诺德. 阿诺德论教育 [M]. 朱镜人，译. 北京：人民教育出版社，2016：70.

涉，创建一条由国家负责分类实施且不断前行的路线图①。对于校长的权利问题，阿诺德认为校长应当拥有政治和宗教的权利。在政治方面，校长应该少干涉政治，减少不必要的麻烦，因为教师的职业特殊性，不能踏出其职责的界限，也不能因为教师的政治观点影响学生。阿诺德还认为，公学校长在处理教育事务方面应具有独立的不受干涉的权利。校长的教育管理权应不受到地方委员会的控制，也不受到世俗和宗教界的控制。在阿诺德看来，把公学教育事务的管理权委托给一些不熟悉教育理论和实际的人去行使是一个错误。他的拉格比公学的管理原则是教会学生管理自己，因为这个方法比校长去管理学生更有效。阿诺德这一观点也鲜明地表现了英国自由主义的一贯主张。同时，他还主张，一个成熟的校长应该视名利如浮云②。

作为一名校长，阿诺德对教师提出了一些要求。他希望教师是一个基督徒、一个绅士、一个有活力的人、一个有常识并且理解男孩的人。阿诺德认为，首先，具有基督徒和绅士的精神，教师才会很好地承担责任。其次，思维活跃的教师适合教育，因为教育是一个动态的而不是机械的过程。教师的思维越活跃，其理解事物本质的能力会越强，他们就越适合做培育心智的工作。充满活力的老师，能更好地与那群活泼可爱的男孩意气相投。不断学习的老师，才能给学生带来新鲜的信息，才能增加知识的力量，才能受学生的爱戴。热爱学生的老师，才会有一颗同情学生的心，才会尽力帮助学生。阿诺德不仅要求学校的老师通过学习、旅行和研究开阔眼界，获取新经验和新观念，而且他自己也在不断证明自己，努力发表一系列著述，从未有片刻休息。他的格言是："始终渴望成功，不断超越。"在他身体力行的带领和影响下，他的教职员也同样个个能力不凡且有责任感③。

（五）阿诺德教育思想的影响

阿诺德持重老练地运用文艺复兴时期基督教人文主义精神改造公学，真正使公学成为培养英国"完美绅士"的学校，终于恢复和增进了英国人对公

---

①　托马斯·阿诺德. 阿诺德论教育［M］. 朱镜人，译. 北京：人民教育出版社，2016：49.

②　托马斯·阿诺德. 阿诺德论教育［M］. 朱镜人，译. 北京：人民教育出版社，2016：46-54.

③　李玲. 论阿诺德教育思想与实践［D］. 上海：华东师范大学，2019：37.

学的信心。阿诺德以后，没有公学敢忽视学生人品、德行的培养和教育。

19 世纪 30 年代英国公学开始复兴，拉格比公学成为诸公学的楷模，被誉为 19 世纪理想的英国男生学校。拉格比公学的教育教学改革工作被争相模仿，其改革在促成英国公学发展与复兴的同时，也使公学开始逐渐形成自身特有的传统，例如，以培养领导者为目的，实行严格的生活制度（寄宿制），强调学生的社会一致性，崇尚有组织的体育活动，注重培养学生的品德、自我约束能力与社会责任感，提供高水准的教学并具有高度的社会隔离性。[①]

二、约翰·斯图亚特·密尔的教师教育思想

约翰·斯图亚特·密尔（John Stuart Mill，1806—1873），是英国政治学家、思想家。1806 年出生于伦敦，是家中的长子，其父詹姆斯·密尔是功利主义的代表人物之一。詹姆斯·密尔对约翰·斯图亚特·密尔的教育非常严格，幼时即用古典名著启蒙。约翰·斯图亚特·密尔 3 岁学习希腊语，8 岁学习拉丁语，10 岁可以阅读古希腊政治家的作品，少年时期就阅读了大量的历史、科学以及逻辑学书籍，并帮助父亲编著《英属印度史》。其政治思想受到了边沁、詹姆斯·密尔等的影响，是功利主义的集大成者。他一生著述颇丰，主要著作包括《功利主义》《论自由》《代议制政府》《精神科学的逻辑》《政治经济学原理及其在社会哲学上的若干应用（上、下）》等。

约翰·密尔的教育思想是以功利主义思想为理论基础的，人性论是功利主义教育的逻辑起点。约翰·密尔认为，人性的弱点是自私自利，因此人们往往去选择眼前的利益，而忽视了长远的利益；人又具有可教性和自我完善的能力，这是教育的先决条件；人性具有自由性，自由是人性中最高尚的特征之一，放弃自由将是政治和教育的最大损失。"如果教育教导人们、或社会制度要求他们以摈弃对本身行为的节制换取一定程度的舒适或富裕，或者为了得到平等而放弃自由，则这样的教育或社会制度将夺去人性最高尚特性之一。"[②]

---

① 陈秋兰. 传统与变革之间：托马斯·阿诺德教育思想初探 [D]. 上海：华东师范大学，2005：37.
② 约翰·穆勒. 政治经济学原理：下 [M]. 赵荣潜，等译. 北京：商务印书馆，1991：237.

经验主义是约翰·密尔教育思想的哲学基础，功利主义认为苦乐是人们的一种经验感受，是经验感官的产物。密尔则认为经验主义也不能离开理性，他的经验主义是一种理性的经验主义。

幸福是约翰·密尔教育思想的价值诉求。约翰·密尔认为，幸福是功利主义追求的目标，但是他追求的不是快乐主义的幸福，而是以自由为主体的幸福。在密尔看来，为了他人或者为了共同体的幸福牺牲自己的快乐、承受痛苦是可以的，但是这种牺牲必须是为了获得更大的幸福，为了更大的利益，否则这种牺牲是没有意义的，"功利主义理论唯一赞同的自我牺牲就是完全为了他人的幸福或为了他人获得实现幸福的手段而做出的牺牲"，获得幸福的方法就是"不把快乐当作生活目标，而把快乐以外的目的作为生活的目标"①。

（一）约翰·密尔的国民教育思想

约翰·密尔的国民教育思想来自他的父亲詹姆斯·密尔。詹姆斯·密尔反对教会对教育的控制，他指出教会教育中受教育群体主要涉及的是上层社会的人，大多数穷人没有机会受到教育，这不利于最大多数人的最大幸福。自由和知识是人性中追求幸福所必需的两个要素，而这两点在教会教育中并不能实现。因此，教会教育是不实用的，教会教育不能满足社会进步和个人发展的要求，因此需要教育改革，去改变教育现状②。

约翰·密尔反对教会教育的原因在于人的思想自由，他认为教会的宗教教育使人们信仰教义、相信教义，这会凝固人的思想。英国国教以宗教教导为原则，要求人们信仰国教，同时在不同的教派之间还存在着斗争，这些宗教大都夸大自身的真理性，认为只有自己的宗教是真正的宗教，这种不具有宽容性的做法严重地干涉了人们的思想自由。宗教通过教义的教导和严格的律令来强调教义真理性，并反对对教义的讨论和怀疑，这阻碍了文化的冲突和发展。

约翰·密尔认为，国家在干涉教育的过程中应该是有限地干预。首先，国家要实施义务教育。作为国家的公民，每个人都有接受教育的权利，政府

① 约翰·穆勒. 约翰·穆勒自传［M］. 吴良健，吴衡康，译. 北京：商务印书馆，1987：41.
② 约翰·穆勒. 约翰·穆勒自传［M］. 吴良健，吴衡康，译. 北京：商务印书馆，1987：26.

应当让每个儿童都接受良好的教育，国家需要督促父母对其子女进行必要的教育。"父母有义务使子女成为良好的、有用的成员，有义务尽力使子女受到教育，尽力为他们创造条件使他们能靠自己的努力在社会上获得成功"①。其次，父母有权力决定孩子去哪里上学，可以去国家公立学校，也可以去私立学校，在这一点上，国家不能干涉。约翰·密尔认为，国家对于在经济上处于不同地位的家庭要区别对待，在对待家庭困难的子女上学方面应给予财力的支持，对无人负担的儿童代付全部学费。最后，国家不能全部负责人民的教育，如果要国家主持一种一般的教育，这就是把人铸成一个模子，而这个模子又必定是政府中有势力者所乐见的一种。于是就产生了对人的身心的一种专制②。因此，国家强制教育和国家亲自指导教育是完全不同的事情。

可以看出，约翰·密尔作为精英阶层的知识分子，强调国家强制教育面向普通劳动阶层的子女，精英教育应该更加强调个人的自由。约翰·密尔既希望普通民众得到普及教育，又主张实现人的个性的充分发展，实现人的自由，这就是自由与平等在教育中的体现。

（二）约翰·密尔的天才教育思想

约翰·密尔的天才教育思想是基于广义的教育阐发的，其中包括家庭教育和社会教育。密尔在看到大众教育取得成绩的同时，也看到了教育中存在的质量问题，认为教育的普及如果不注重质量的提高、个性的培养，就容易造成集体的平庸。具有独创性的人乃至天才对人类的生活起到了巨大的作用，天才虽然非常少，但天才具有比常人更多的个性和创造性，这种创造性非常重要，使社会不至于成为一潭死水。当然，他们却更易被他人误作社会压迫和约束的对象。密尔认为，教育的核心和国家培养公民的主要品质是个性的养成。

在天才培养方面，首先要重视天才的重要性，坚持让天才在思想和实践上都有自由舒展的可能性，其次要调节自由和平等的关系。约翰·密尔认为，个性化的发展要求的是一种自由，除非最高统治的多数人能让自己接受具有较高天赋并受有较高教养的一个人或少数人的指导（在他们最好的时候曾这

---

① 约翰·密尔. 论自由 [M]. 许宝骙，译. 北京：商务印书馆，2019：125.
② 徐辉，郑继伟. 英国教育史 [M]. 长春：吉林人民出版社，1993：222.

样做的）。① 因此，约翰·密尔非常推崇让智力卓越的人统治贵族代议制政府。再次，要进行天才教育，就是要避免对天才的同化，他认为，大众教育情况下，每一扩展都会把受教育者放到相同的背景下，接受相同的教育理念、相同的教育行为，受到相同的影响，教育的同化会导致人的个性的丧失。因此，对天才的教育，就是要让人们头脑中经常对同化的现象进行反省，应当让公众的头脑中都能感觉到个性的重要性，懂得个性为个人和社会的进步带来的好处，才不会耽误了天才的教育。

（三）约翰·密尔的教师教育思想

约翰·密尔的教师教育思想主要表现在三个方面：第一，教师在促进教育质量提高方面起到重要作用；第二，政府不能垄断教师教育；第三，教师应该掌握教育方法。

约翰·密尔认为，兰卡斯特制下的初等教育虽然提高了工人阶级子女的受教育水平，但是教育质量堪忧。国家在干预教育质量提升方面力度不够，应建立公开的竞争机制，并对学校和教师进行监督确保教育质量的提高。竞争机制的引用能够提高教育水平和教育质量，要建立校长竞争上岗机制，主张通过建立师范学校大力培养素质较高的教师。教师水平的提高加上良好的管理，学生的教育质量自然也会提高。

在教师的聘任和培养问题上，约翰·密尔认为，应该采用政府聘任和其他相混合的一种形式，即不能"迫使学生就学于政府聘任的教师而不就学于其他教师"，政府聘任的教师虽然也许要优于私人教师，但他们并非具有全体教师的知识和智慧②。

在精英教育的教师要求上，约翰·密尔以其父亲对他的培养过程为例，提出精英教育的教师应更加注重对儿童个性的培养，要培养他们的自我学习和独立思考的能力。"我相信，没有哪一种科学教学法能够比我父亲对我传授逻辑学和政治经济学的方法更彻底，或在培养才能上更加合适。他不但给我两者精确的知识，而且让我自己思考，事先不对我解释，而是当我遇到无法解决的困难时向我解释……几乎从开始我就独立思考问题，偶尔我想的与他

① 约翰·密尔. 论自由［M］. 许宝骙，译. 北京：商务印书馆，2019：78.
② 约翰·穆勒. 政治经济学原理：下［M］. 赵荣潜，等译. 北京：商务印书馆，1991：544.

有分歧，虽然长期以来尽在细小问题上有分歧，但最后还是以他的意见为准。后来，我有时也能说服他，在一些细节上改变他的看法。"① 但是他并不完全同意其父亲的观点，因为其父亲对他的培养完全是智育，而忽视了身体、艺术等方面的教育。

三、赫伯特·斯宾塞教师教育思想

赫伯特·斯宾塞（Herbert Spencer，1820—1903），英国著名的哲学家、社会学家和教育家，是近代自然科学教育运动的倡导者。他出生于教师之家，其父威廉·乔治·斯宾塞是一位杰出的教师。在他很小的时候，他的父亲就注意培养他对自然界的热爱，引导他观察大自然中的种种事物。13 岁时，斯宾塞被送到叔叔家接受更严格的科学训练。经过三年自学，他掌握了欧几里得几何学、三角学、拉丁文、希腊文、化学和政治经济学等课程知识，并对数学和机械学科产生了特别的兴趣，形成了独立分析事物和探讨问题的能力和习惯。斯宾塞 17 岁时，在家乡的一所日校做辅导老师，同年秋天，又参加了修筑伦敦至伯明翰铁路工程的工作。在此期间，他研究了地理学、生物学等自然科学。1848 年，斯宾塞在《经济学家》杂志担任助理编辑的同时，于1850 年写出《社会静力学》，1852 年出版《进化的假说》。1853 年，斯宾塞辞去《经济学家》助理编辑的职务，专心著书立说，于 1855 年出版了《心理学原理》。从 1857 年开始，斯宾塞着手建立企图囊括人类全部知识的《综合哲学》理论体系②。

斯宾塞 1854 年发表了教育论文《智育》，1858 年发表了《德育》，1859年发表了《体育》《什么知识最有价值》，1861 年将这四篇论文合订为一册，定名为《教育论》。在《教育论》中，他提出了"科学知识最有价值"的卓越见解，论述了科学知识的价值和在学校教育中的重要性，制定了以科学知识为核心的课程体系，这是对当时英国古典教育最有力的挑战，有力地推动了 19 世纪中期以后科学教育的发展③。

---

① 约翰·穆勒. 约翰·穆勒自传 [M]. 郑晓岚，陈宝国，译. 北京：华夏出版社，2007：4.
② 滕大春. 外国教育通史：第 4 卷 [M]. 济南：山东教育出版社，1992：161.
③ 闫虹. 斯宾塞科学教育思想研究 [D]. 济南：山东师范大学，2008：9.

（一）斯宾塞教育思想的理论基础

斯宾塞是英国实证主义的创始人之一。他认为人们的认识永远是相对的，人们只能感觉到周围的现象，获得感觉经验，而事物的本质是不可认识的，"实在"是无法认识的。那这些"绝不可知的实在"究竟是什么呢？是神秘的"力"，斯宾塞提出"力的一元论"。人是如何知道知识的？斯宾塞认为，人是有机体，外界现象不断地出现，不断地重复，使人感受到事物相互间的一定具有的"普遍关系"，这就使人产生了知识的必然形式，因此，经验就是"人的历代感受的积累"[①]。

在社会层面，斯宾塞和孔德一样，把社会看成一个有机体，并用生物进化论观点解释社会现象，以证明资本主义社会的天然"永恒性"。斯宾塞对照动物的器官有营养、分配和调节三个系统，推论出社会也必然有三个阶级，有具有营养职能的工人阶级、具有分配和交换职能的商人阶级以及具有调节（生产）职能的工业资本家。至于社会的具体分工，也应与生物体的各器官分工一样，教会、军人、工人、农民的分工，就像人的头、手、脚、脯的分工一样，都是"社会有机体"的一个"生理单位"。他以此论证资本主义的社会结构和社会关系都应当是合乎自然的，因而是合理的、不可改变的。斯宾塞还把生物进化的规律应用于人类社会，主张生存竞争，适者生存[②]。

（二）斯宾塞的知识观

斯宾塞认为，要设计合理的课程，必须先思考何者为我们所不可不知，从而推断各种学科的比较价值。衡量是否有价值，要看这种知识与人生的关系。作为一位功利主义者，斯宾塞认为，学科要用提高人的幸福指数的程度来衡量，而且不限于物质生活方面，还要包含普遍问题的生活，主要有"如何治身，如何养心，如何处世，如何立家，如何尽公民的义务，如何利用天然的资源来增进福利，如何善用我们的才能，达到最高效用，以求人己皆利；也就是说，要如何经营完美的生活。这个才是教育所应教导的大事"[③]。斯宾塞还认为，有的知识对于指导行为具有作用，有的知识对于训练心智具有作

① 滕大春. 外国教育通史：第 4 卷 [M]. 济南：山东教育出版社，1992：165.

② 滕大春. 外国教育通史：第 4 卷 [M]. 济南：山东教育出版社，1992：164.

③ 徐辉，郑继伟. 英国教育史 [M]. 长春：吉林人民出版社，1993：244.

用，因此在论述什么知识有价值时，这两个方面都要加以考虑。

斯宾塞按照重要程度把人类生活的主要活动分为五大类：一是与自我生存直接有关的活动，二是与自我生存间接有关的活动，三是养育子女的活动，四是维持正当的社会及政治关系的活动，五是有关工作之余的休闲活动。根据这五种活动，斯宾塞提出了他的以科学教育内容为主的课程体系，包括健康教育课程、职业教育课程、养育子女的教育课程、公民教育课程以及休闲教育课程。在《伦理学原理》一书中，斯宾塞发展了原有思想，指出了历史知识和文学、艺术的教育在人类社会生活中占有重要地位。在谈到历史知识时，他说："科学知识包括社会科学知识，也就是包括某种历史知识。这种知识有助于政治指导，因此每个公民都应努力去获取历史知识。"在谈到文学教育时，他说："文学教育通过提供各种比喻的素材，有助于使表达方式丰富生动，因此提高智力和社会效力。而缺乏文学教育就会使会谈单调乏味。"在谈到艺术教育时，他说："艺术教育有助于最高度的自我发展，这是最完满的生活和幸福所需要的。"由此可以看出，斯宾塞对科学教育持绝对肯定的态度，同时并没有轻视或者说完全否定古典课程，而是提出了以自然科学为主体，以社会科学和人文科学为补充的综合的科学课程体系[1]。

（三）斯宾塞的科学教育思想

斯宾塞对英国上层社会中那些只重虚饰、不尚实际的古典主义传统进行了严厉的批判，他认为，英国学校教育中的装饰主义传统势力过于强大，课程内容的安排很少考虑是否真正对一个人的心智发展和社会进步有好处，学生所学的内容除读写算以外，同生产活动有直接关系的大量知识完全被忽略了。他认为当时英国教育制度的根本缺陷在于，"为了花而忽略了植物，为了美丽而忘记了本质"，而且，"在内容和方法上有大毛病，正确的知识不讲，而把错误的知识用错误的方法照着错误的次序灌输给学生"[2]。斯宾塞同时提出，应该把时间利用在效果最明显的地方，要学习能够产生最大价值的学科，那就是科学。

斯宾塞认为，世界上一切活动都离不开科学知识，科学知识在指导人们

---

① 闫虹. 斯宾塞科学教育思想研究 [D]. 济南：山东师范大学，2008：23.
② 张焕庭. 西方资产阶级教育论著选 [M]. 北京：人民教育出版社，1979：407.

生活的各项活动中具有最高的价值，是使文明生活成为可能的一切进程得以发生的基础。对生产过程的科学化和对个人在社会生活中的必要性来说，科学都是必需的、最有价值的。斯宾塞认为最有价值的课程应具备和实现两个方面的作用，即获得有用的知识和发展智力。他将当时在学校课程中占显著地位的语言学习和科学知识进行比较，认为在发展心智能力方面，科学知识具有更高的价值。科学知识可以培养一个人的独立性、创造性、坚毅和诚实的品质。在斯宾塞看来，学习科学是所有人生活动的最好准备，对调节人们的行为具有无法估量的价值，是比其他一切都重要的学习，科学应当进入学校的课程，居于统治一切的主导地位[1]。

斯宾塞提出"什么知识最有价值"的问题，不仅是时代的呼声，也表现出了对科学知识的高度重视。斯宾塞在将科学引入学校课程并建立以科学为主的课程体系方面起到了重大促进作用，不仅影响了各国的教育改革，而且对整个近代科学教育的发展产生了重大影响。

以斯宾塞等为代表的英国科学教育运动，对传统的古典教育发起了有力的挑战。到了19世纪80年代末，英国的大中小学普遍开设了科学课程。科学课程渐渐地从19世纪初的课外讲座和自由活动变为学校课程体系中的核心课程和必修课程，古典人文学科或者被大量减少课时，或者被整合进科学课程知识体系之中，或者干脆被取消，这是现代教育诞生的一个重要标志。

（四）斯宾塞的家庭教育思想

斯宾塞关于家庭教育的论点也颇有建树。对于专制体系下给孩子的教育强硬地加上一种人为模式的方法，斯宾塞是深恶痛绝的。他认为，在家庭教育中，首先要遵从孩子心智的成长规律，心智演化是一个自然过程，如果不合理地干扰它，就可能会造成非常严重的后果。对于孩子的教育问题，应该存在一个循序渐进的认识过程。

斯宾塞还认为，教育孩子的前提是尊重孩子的权利。对孩子权利的忽视，只会让他形成盲目的无条件服从的性格，对于孩子是非常有害的，会导致他被社会淘汰。孩子受教育的权利、不被虐待的权利、受抚养的权利，都是法律的范畴，而孩子在精神上、心智上的权利，属于教育的范畴。因此，要尊

---

① 张斌贤，褚洪启，等. 西方教育思想史 [M]. 成都：四川教育出版社，1994：537.

重孩子的权利。该如何尊重孩子的权利？斯宾塞认为，父母需要用别人尊重自己的方式来尊重孩子，不要剥夺孩子说话的权利，鼓励孩子进行独立思考与判断，这样的话才能促进孩子自我教育①。

斯宾塞认为，家庭教育应该主要集中在身体教育、道德教育和情感教育几个方面。

在身体教育方面，斯宾塞认为，身体和心智的教育同等重要。要让孩子锻炼强壮的身体，父母要做到避免娇生惯养，孩子穿衣要以不受冻为原则，穿着宽松舒适；要让孩子拥有健康的睡眠，孩子要睡硬板床，要让孩子养成定时排便的习惯；用冷水洗脚洗澡，要进行户外运动和游泳运动等等。②

在道德教育方面，斯宾塞认为，道德品质与知识技能同等重要，两者有着必然的联系，是相辅相成的。一个缺乏道德品质和伦理教育的孩子，在某些方面发展得越好，对社会的危险性越大。父母在对孩子道德意志和品质的培养过程中处于举足轻重的地位，孩子会在潜移默化中受到父母的影响，父母的善良、积极、乐观、有同情心、宽容、公正等道德品质，勤劳、节俭、整洁等生活习惯，都会在孩子身上体现出来。对孩子进行道德教育，父母要为孩子树立道德标准，鼓励他的点滴善行。对于孩子的道德教育不能急于求成，不要奢望孩子成为道德的楷模，孩子被塑造为道德楷模就限制了他的成长和发展，孩子可能会压抑自己的情绪和愿望。对于如何惩罚犯错孩子的问题，斯宾塞认为，父母应该更多地采用自然惩罚的方法，尽量少用人为惩罚，自然惩罚是本着基本等值、等同的原则，让孩子认识到自己错误的行为产生的自然后果，从而吸取经验教训。人为惩罚是由父母明确指出孩子的错误行为，并对他进行惩罚③，人为惩罚只能作为自然惩罚的一点补充。斯宾塞还认为，父母应尽量少对孩子发号施令，要允许孩子表现出自我意志。

（五）斯宾塞的教师教育思想

斯宾塞出身教师世家，他的祖父、父亲及两个叔父都是教师，世代相传。斯宾塞的父亲对自己的职业高度评价，他认为，很少有什么职业比教师职业

① 斯宾塞. 斯宾塞的快乐教育全书 [M]. 周舒予，译. 北京：北京理工大学出版社，2013：156-174.
② 斯宾塞. 斯宾塞的快乐教育全书 [M]. 周舒予，译. 北京：北京理工大学出版社，2013：82-84.
③ 斯宾塞. 斯宾塞的快乐教育全书 [M]. 周舒予，译. 北京：北京理工大学出版社，2013：102-128.

还高贵。受到父亲和叔父的影响，斯宾塞虽然只当了三个月的教师，但是他对于教育事业充满了热情和爱，对教学方法的论述以及教师教育的论述具有哲学高度。

斯宾塞那个时代，人们对教师并没有高度尊重，他认为这是由于历史上对知识的低估和对教师的低估造成的。一方面是因为读书写字是下等人做的事，另一方面是因为教师的职业素质不高造成的。从事教师职业的男子，有许多是在其他职业上失败的人，而从事教师职业的妇女，有许多是贫困的人。他们既无任教的能力，又没有经过专门的训练，甚至公学教师所表现的素养，也不能得到学生的尊重①。

斯宾塞认为，教师需要形成教师职业所具备的判断力、创造力、智慧上的共鸣、分析的能力，而这些能力，恰恰是当时教师所欠缺的，正如他所言，"完美的工具到了没有被训练的手中就成为不完美结果的根源。一个简单不变的、几乎机械式的教学办法，可以由最平凡的人来执行而得到它所产生的些小益处，但是一个完备的制度，一个像心智包括不同能力一样包括了不同办法的制度，一个对每个特殊目的提出特殊手段的制度，去正确地使用就要求只有少数教师才具备本领"②。因此，教师要以心理学为基础，施教的内容方法的安排必须契合儿童能力的演化规律和活动方式。

教师还必须掌握作为教育艺术的科学，他认为，在智育方面，教育应当遵循从简单到复杂的原则，教学应当遵循从不准确到准确的原则，教课应当遵循从具体到抽象的原则，儿童的教育方式同历史上人类的教育方式一致，每个部分教学的过程都应当由实验到推理，应当鼓励儿童在教育中自我发展，引导儿童自己进行探讨和推论，在学习中营造愉快的氛围。

小结

18 世纪以后，随着民族国家权力的增强，各个民族国家民族意识更得到强化。尤其在 19 世纪初法国思想启蒙运动的推动下，欧洲社会在精神领域兴起了国家主义思想。当时的思想家在考虑教育问题的时候，往往主张教育的

---

① 斯宾塞. 斯宾塞教育论著选 [M]. 胡毅，王承绪，译. 北京：人民教育出版社，2005：16.
② 斯宾塞. 斯宾塞教育论著选 [M]. 胡毅，王承绪，译. 北京：人民教育出版社，2005：117.

民族性和国民性，主张要由国家来办初等教育。作为古典自由主义的老牌资本主义国家，英国教育学家们对国民教育的论述既受到欧洲国家国民教育思想的影响，又具有自己独特的视角。以斯密和马尔萨斯为代表的古典经济理论学派从经济发展、政治稳定、人力资本运用等角度来论述国家开办初等教育的必要性，推动了英国初等教育的发展；以密尔为代表的功利主义学派从国民的最大幸福的角度来论述国民教育；而以斯宾塞和赫胥黎为代表的科学主义学派，认为科学教育不但对于个人而且对于国家来说都是最有价值的知识，主张施行新的科学教育以及自由教育。同时，英国式自由的传统使得各个学派都反对国家对个人权利的过分干涉，主张要限制国家办学的权限和形式。因此，英国的国民教育思想呈现出了保守性的特点。这种保守性的特点对英国初等教育、中等教育以及教师教育实践和思想都带来了深刻影响。

在这个阶段，自由放任的自由主义继续为反抗国家干预教育提供了强有力的理论支持。早期，英国政府对初等教育的干涉是渐进地、逐步地、缓慢地推进，同时由于英国教会势力的强大，这一阶段的初等教育依然表现出较强的宗教性和慈善性。中等教育方面，对旧的文法学校和公学进行了改革，但英国的中等教育仍具有浓厚的古典性。中等教育与初等教育并不能构成有效的衔接，两种教育阶段是脱节的，也间接造成了英国教育史上中等教育双轨制的传统。

在教师教育实践方面，为了缓和初等学校师资困难的情况，英国在很长一段时间采用了导生制和见习制的教师教育培训方法，这种培训制度利用师带徒的方式，与英国职业教育中的师徒制非常类似，表现出英国教师教育从一开始就重视实习的特点和强调职前职后一体化的理念，也体现了英国鲜明的经验主义态度。早期教师教育机构的出现是英国政府逐渐干涉教师教育的开始，随着教师教育机构的发展，英国教师教育实践越来越专业化。

在教师教育思想方面，古典教育思想与现代科学教育思想产生了交锋，以阿诺德为首的古典教育学家和以斯宾塞为代表的科学教育学家在各自的领域对教师教育观点进行了截然相反的陈述。这种冲突影响了英国的教育实践，特别是中等教育的分流，也形成了截然相反的教师教育思想。同时，以密尔为代表的自由主义者对宗教教义和国民教育思想的双重批判，形成了其不同于其他教育学家的教师教育思想，对英国教师教育机构的设置也产生了重要影响。

第五章

现代化加速时期
英国教师教育实践与思想

英国系统的教师教育出现较晚，以 19 世纪末到 20 世纪初公立师范教育制度的正式确立为标志。制度化、体系化教师教育制度的建立使英国逐渐有了主流教师教育思想。颁布政策解决教育问题成为一种方式，尤其在教师教育领域，这表明教师教育逐步变成"国家的事情"。

1870 年，英国《初等教育法》的颁布推动了英国国民教育的发展，宣告了教会在争夺教育领导权斗争中的失败，以慈善学校为根基的"师徒制"式的（包括导生制和见习教师制）师范教育随着慈善学校的不断萎缩以及初等学校学生人数的不断增长而失去了原有的魅力，初等教育在英格兰和威尔士迅速发展，在这种情况下，私立师资训练机构培养的教师数量已难以满足教育发展的要求，建立更多的正规师范学校、培养合格的教师迫在眉睫。因此，从《1870 年初等教育法》颁布之日起，教师培养与教师培训就成为英国政府日益关注的话题。发端自民间、自下而上发挥作用、自发性特征显著的"师徒制"教师教育思想逐渐让位于政府的制度化干预。公立师范学校的建立进一步削弱了教会对教师教育的控制，教师教育逐步进入了大学的视野。公立师范学校建立与地方、大学干预成为这一时期英国教师教育的标志性事件。

第一节

现代化加速时期教师教育改革与发展的社会背景

19 世纪末到 20 世纪中期，英国从"维多利亚时代"发展成为"日不落帝国"，可以说是繁荣与危机并存。经济迅速增长，工业发展势头迅猛，长期在世界市场中处于垄断地位，由此带来的人口数量和各行各业从业人数都在大幅攀升，对教育规模扩张提出了要求；工业化社会对于熟练劳动力的需求，使教育对象、教育目标、教育内容也随之改变。在繁荣的背后，愈加尖锐的阶级对立、日益严重的阶级矛盾、人口增长带来的压力等已经显现出来，迫使人们思考如何有效地应对和解决这些危机。

教育成为解决社会问题的重要手段，"如果没有适当的教育，儿童对社会和家庭的同情心，对民主、和平和社会秩序的热爱，对真理的崇敬以及虔敬和献身的情感就无从培养，懒惰、邪恶和激进的行为机会出现，社会的稳定便会动摇"。[①] 教育既可以维护国家社会秩序的稳定，也可以提高劳动生产率，使英国继续保持世界领先地位。

福斯特在下议院介绍初等教育议案所做的演讲中说道："虽然通过我们投票表决，已拨出了一大笔钱，但我们还能看到大量儿童在受不良的教育，或根本不受教育，因为好学校太少，坏学校太多，并且因为在我们这个国家里，许多家长没有能力或不愿送他们的子女去上学，因此，在我们国家的各个地区，都有建立完善的国民教育制度的需求。"[②] 初等教育议案的宗旨就是使英国每个家庭，包括无家可归的孩子都能接受初等教育，以使得英国在世界各国中保持优势地位。一直以来形成的以教会学校、私立学校为主的旧的教育体制，无法满足这种需求，初等教育改革成为时代发展必然，总体上推动着英国教育改革和教师教育改革。

---

① 朱镜人. 英国教育思想之演进［M］. 北京：人民教育出版社，2014：212.
② 瞿葆奎. 英国教育改革［M］. 北京：人民教育出版社，1993：5.

一、教会影响的逐渐衰落与世俗力量的上升

（一）教会及私人办学的弊端日益显现

在英国的教育发展中，教会以及私人办学由来已久，影响深远，教育被视为教会、父母或监护人的责任，国家应当尽可能不加干涉。但所有这些由教会、私人、民间慈善团体开设的学校，设备条件相对简陋，师资水平低，所以无论从数量和质量上都不能满足需要。尤其是进入 19 世纪以后，英国人口增加，工业化进程加快，人口涌入新的市镇，宗教组织和私人的财力无法满足初等教育迅速发展的需要。当时，"学校分布不均，无政府拨款的学校质量毫无保证，旷课辍学的问题仍很严重"①。

经济、政治的发展往往会在思想领域引起变化。工业化发展需要更多受教育者的参与，面向全体国民的普通教育的重要性日益增强。正如英国古典经济学家亚当·斯密在 1776 年《国富论》中论及针对普通人的教育时所说："只需要很少的开支，公众就能促进、鼓励，甚至是强迫几乎所有的人接受最起码的、必要的基本教育""实质上，国家从人民的教育中得到的绝不是微不足道的好处，人民越是受教育，就越不容易受狂热与迷信的蛊惑，而在愚昧的国度里，这些经常导致最可怕的骚乱，一个有修养的民族总是远比一个愚昧无知的民族更正派更讲秩序……因而他们就更不容易误入歧途以致狂暴蛮横，毫无理智地反对政府的种种措施"。而教会及私人所办学校无法满足工业化发展对受教育者提出的要求，就像马尔萨斯在 1798 年的《人口论》中也论及国家教育时的叙述："把英国下层阶级的教育，仅仅交给几个由私人捐款支持的主日学校，这是全民族的羞耻，这些主日学校只会把各种各样他们自己所喜欢的偏见塞进教学过程中。"② 因此，在当时的英国初等教育的普及该由谁来完成？世俗主义和教会展开了非常激烈的交锋。

---

① 徐辉. 再评英国《1870 年初等教育法》[C] //中国地方教育史志研究会. 《教育史研究》编辑部纪念《教育史研究》创刊二十周年论文集（17）——外国教育政策与制度改革史研究 [出版者不详]，2009：4 [J]. 教育史研究，1993（2）：88-91.

② 克伯雷. 外国教育史料 [M]. 任宝祥，任钟印，主译. 武汉：华中师范大学出版社，1991：578-581.

（二）教育观念的更替

总体而言，19 世纪英国传统的古典主义教育与科学进步、工业发展不相适应的状况，引起了许多资产阶级思想家、科学家、教育改革家的关注。19 世纪 20 年代，乔治·考姆（George Combe，1788—1858）发表了关于国民教育的讲演，主张建立以科学为主要课程的国民教育体系。哲学家约翰·S. 穆勒向政府提出，要抛弃传统偏见，改变学校古典主义的面貌，扩大学校学科范围，增设与现实生活有广泛联系的课程。由此，在英国教育界展开了维护古典主义教育传统和提倡科学教育的激烈论争。许多著名的哲学家、科学家、教育家纷纷发表自己的观点，支持学校改革。其中，具有重大影响的首推赫伯特·斯宾塞和托马斯·赫胥黎。作为第一任伦敦教育委员会委员的赫胥黎对 1870 年英国《初等教育法》的制定起到了直接和重要的作用。科学教育运动使得教会对学校的影响进一步削弱，学校知识、课程体系重新构建，也对教师的素养提出了更高的要求，为教师教育大学化的萌芽奠定了基础。19 世纪末期，新教育思想逐渐兴起，与科学主义相比，它反对传统的以知识为本的教育主张，强调儿童个体的自由和发展，关注学校教育与社会生活之间的联系。教育观念的演变对于教育实践产生了重大影响。

（三）《初等教育法》的出台及其产生的广泛影响

1869 年成立的全国教育联盟和 1870 年成立的全国教育联合会就初等教育的领导权问题展开了论战，双方在普及初等教育上已经取得了共识，问题是初等教育的领导权应该归谁所有。前者代表世俗主义者激进派的利益，呼吁推行普及、义务、免费和非教派利益的初等教育；而后者代表圣公会的利益，同时得到罗马天主教和卫理公会的支持，主张继续由教会垄断初等教育，政府应该为教会提供更多的教育资助。

法案的起草者福特斯（W. E. Forster）要求每个学区提供"充分的、有效的和适当的初等教育"，否则就由地方提供强迫教育，设立公立小学。由此，公立学校和非公立学校并存的局面产生。

这时的私立学校在数量和质量上已不能满足需要，英国政府逐步参与办学。《初等教育法》是英国初等教育国家化的开端，它使普及初等教育成为可能。《初等教育法》颁布后，初等教育逐渐纳入国家教育体系，义务教育制度慢慢建立起来，并改变了英国教育领导体制，由地方教育委员会管理地方初等教育事务。在此基础上，1898 年英国成立了国家教育局，加强对教育的统一领导。1902 年《巴尔福教育法》颁布，形成了国会、国家教育委员会和地方教育局相结合的领导体制。法案的颁布也促进了教师教育的发展，由于初等教育学校增加、导生制的缺点太多，合格的师资培养势在必行。

二、自由主义思想影响式微

在西方法哲学和政治哲学中，自由主义长期处于思想的主流，而且在西方的民主政治实践中得到了充分贯彻，通行的基本政治制度也是按照自由主义理想建构起来的。在自由主义理论下，权利一直是最为核心的概念，权利思想从自由主义产生之时起就与其密切相连，二者相互交缠、代替和说明。自由主义权利理论是建立在自然法与社会契约论基础之上的，认为权利主要指的是源于自然法的自然权利，而自然法来自人的理性。自然权利是每个人生而有之并不可剥夺的权利，这些权利具有超越政治和法律的本质特征，不是政治权威或立法机关赋予的。"例如洛克认为，自然法就是理性，它天然合理，教导着遵从理性的人类。把自然法视为理性的建构，意味着自然法是绝对有效的、不证自明的、永恒的和必然的，即使上帝也不能改变。在自然状态中，由每个人来惩治那些违反自然法的人会导致无序状态，因而需要订立社会契约，组成国家和政府。政府的权力来源于人们为了安全而转让的部分自然权利，因而政府的职能仅仅是为了保障个人安全。个人通过社会契约组成社会之后，并未失去自己的自然权利，只不过是转变成为一种社会权利而已。"①

从 18 世纪末到 19 世纪初，英国经历了从农业社会到工业社会的转型，即从基于人身依附和庇护关系的贵族秩序转向基于私有产权和政治自由的工业社会，自由主义思想逐渐成为英国的主流意识形态。传统观点将自由主义视为占有性个人主义，追求个人权利和自我利益。"这也成为一般理解 19 世

---

① 张文显. 法哲学范畴研究 [M]. 北京：中国政法大学出版社，2001：257-258.

纪英国政治文化的出发点"①。自由主义在西方的民主政治实践中得到了充分贯彻，通行的基本政治制度也是按照自由主义理想建构起来的。

自由主义者认为，如果不想导致破坏性的无政府状态，有必要将大众的政治优势与他们的道德改善联系起来，其途径就是通过制度和社会网络，强化工人阶级的道德实践。由此，自由主义乃是一场"改善道德、消除阶级紧张的运动"。自由主义者希望打破英国长久以来形成的土地贵族的特权壁垒和不平等，让机会向新兴制造业地区的中产阶级和勤勉奋进的个人开放。这也吻合了英国19世纪前40年经济发展的事实，工人阶级的勤勉与自主对于繁荣起了关键作用。然而，自由主义者的观念大都建立在早期资本主义企业家、商人、店主和工匠的社会经验基础之上，趋于上升的专业人士和企业家崇尚相互竞争和个人主义，很大部分原因是他们当中许多人依靠自我奋斗崛起。因此，他们设想个人的社会地位和成功依赖于他的能力与努力，"他们将资本主义市场在内的一切社会经济生活理想化"②，从而乐观地认为，个人自由所体现的人类能动性可以最大限度地发展，然而这却与19世纪中后期英国的社会现实越来越不相符。到19世纪后期，"企业已经发展得不再是斯宾塞和密尔所憧憬的由所有者兼管理者运营的小规模私人合伙制了。由专业经理人管理的股份公司成为典范……使得从手工业者发迹为工业巨头的老式企业家成为不合时宜的人物"③。自由主义无法回答的是：社会结构在多大程度上是个人的品格力量推动的？贫富差距的加大更冲击了自由主义的个人奋斗之基石，苦难和不幸越来越是社会机制问题，而非个人品格问题。

19世纪末20世纪初，英国的政治、经济状况发生了很大的变化，操纵世界市场的统治地位丧失了，贸易自由的口号已经不能够再吸引英国的资产阶级，昔日熠熠生辉的自由主义原则此时也黯然失色。第一次世界大战的爆发，加速了自由主义的衰落，战争"不仅中止了自由主义向福利国家偏移的倾向，

①　约翰·格雷. 自由主义［M］.曹海军，刘训练，译. 长春：吉林人民出版社，2005：18.
②　盛文沁. 19世纪英国自由主义的"品格"论：以约翰·密尔为中心［J］.学海，2014（1）：177-184.
③　理查德·贝拉米. 自由主义与现代社会［M］.毛兴贵，檀秀侠，陈高华，等译. 南京：江苏人民出版社，2008：70.

也破坏了维多利亚时代自由主义的准则。维多利亚时代的自由主义基于个人自由、贸易自由、世界和平、民主、道德及进步的观念，这些观念与赢得战争所需要的组织、权力、欺诈与沙文主义是不能并存的"。因此，很多自由党人都感到"他们正被越来越远地拖离了自由主义原则"。一战时期，包括工业资产阶级在内的大批自由党人都退出了自由党，他们中间除一些人加入了保守党外，许多小资产阶级的代表人物和激进的知识分子都加入了工党。英国政府集权化倾向加强，并为社会生活进一步民主化的实现铺平了道路。自由主义原则失去了往日的光彩①，影响力逐渐减弱。体现在教师教育思想方面，师资培养应以政府行为为主的思想逐渐占据主流。

三、两次世界大战的影响

1914 年，欧洲爆发了第一次世界大战，英国作为参战国，可以说是艰难取胜，造成了巨大损失。1939 年，第二次世界大战爆发，直至 1945 年结束，进一步削弱了英国在政治、经济、军事上的国际地位。两次世界大战给英国带来了沉重的打击。战后，英国中小学普遍面临着教师短缺问题。一方面，受战争影响，英国教师培养机构的招生人数锐减，但在职教师因战争伤亡减少；另一方面，20 世纪 40 年代和 60 年代经历了生育高峰，以及政府计划将中学毕业年龄延长至 15 岁，在职教师减少的情况下在校学生人数却不断攀升，使得教师短缺的矛盾愈加凸显。在社会形势方面，保守党和工党在二战后的近 30 年间形成了"社会民主主义共识"，在此影响下，"当时英国教育变革遵循两个原则：民主的社会应该对所有年轻人施与教育，现代经济发展需要更多受过良好教育的人才"。② 总体来说，战后教育规模的扩张、教师人数的减少、在校学生人数的增长，共同推动着英国教育、教师教育的转型与发展。

到二战结束后，英国教师教育突出地表现为两个问题：第一是师范教育的扩张和收缩问题，第二是师范教育的数量和质量问题。英国要求地方当局设立、维持或补助师范学院，政府通过设立紧急培训计划、聘用非大学毕业

---

① 高岱. 第一次世界大战对英国社会政治的影响 [J]. 世界历史，1992 (3)：72-80.
② 赵敏. 二战后英国教师职前教育政策的三次转折与启发 [J]. 现代教育管理，2020 (2)：94-101.

的教师、动员已婚妇女回校任教、发展走读制师范学院、改善教师待遇等手段，促进战后英国师范教育不断发展，全国中小学教师从 1947 年的 143 000 人增加到 1977 年的 436 000 人。[①] 不仅仅是数量的增加，英国师范教育的质量也在提升，英国的中小学教师逐步全部由大学毕业生构成并全员经受训练。

四、地方与大学的制度化干预

从传统上来讲，英国并不重视教师教育。学校教师在教学过程中更关注学科的教学内容，而不太关注教学方法，所以长久以来，拥有学位是在私立学校或公学中任职的最充分条件，而非接受过教师培训，主流的观点是中学教师不需要培训。再加上英国初等教育制度与中等教育制度一直缺乏有效的衔接，双轨制特征突出，在初等教育机构接受教育的多为社会中下层子弟，初等学校教师的身份得不到足够的重视，甚至人们普遍认为获得资格证书的初等学校校长的地位也不如中学教师的地位。在维多利亚时期的英国，为中产阶级子女开设中等学校的校长都反对在见习教师学校和教师训练学院进行的、较为机械的初等学校教师培训模式。在 19 世纪中叶之前，英国中等学校教师的培训走的是与初等学校教师培训完全不同的道路。

（一）大学的介入

公立师范学校的建立不但进一步削弱了教会对教师教育的控制，还使教师教育逐步进入了高等教育的视野。人们开始思索大学在教师教育中所充当的角色，教师教育大学化的思想开始萌芽。

英国大学介入教师教育始于 19 世纪中期，到 20 世纪初，随着社会的发展、中等教育的扩张以及教育科学的发展，英国日间师资训练学院得到很大发展，数量增长较快，但这一时期，英国中小学教师培养的总体水平并未得到太大提高。大多数初等学校的教师只需在日间师资训练学院获取资格证书，并在对口的学校进行短期的教学实践即可任教，大学日间师资训练学院与大学的联合非常松散。同时，还有一部分中学教师未经任何培训，只需获得大学文凭便可取得任教资格。

---

① 王承绪，徐辉. 战后英国教育研究 [M]. 南昌：江西教育出版社，1992：354.

　　到 1900 年，18 所大学开办的走读训练学院共招收了 1 000 多名师范生，[①]师范教育的重要性和效果日益显现。那种认为只要大学毕业就能在中学甚至大学任教的传统观念受到挑战，中等学校教师需要培训的事宜被提上议事日程。英国日间师资训练学院已经不能满足日益发展的社会需求，于是，为了提高中小学教师的教学能力和专业水平，新的教师训练机构——大学教师培训部（Training Department）或称教育系（Department of Education）取代日间师资训练学院成为顺应历史发展的一项必要举措。原有培养小学师资和培养中学师资的二元化体系逐渐在培养层次上接近，促成了日间师资训练学院向大学教师培训部的转型，大学教师培训部从以培养小学教师为主转向以培养中学教师为主。由于战争的影响和经济危机的加剧，加上大学对参与师资培训缺乏热情，大学教师培训部并未实现当初建立的目标——以"双赢"的形式使大学和师资培训机构联合起来。正如英国教育学者雷德森（A. C. Richardson）等人所指出的："尽管在某种程度上，这种联合或协作确实产生了，但是，总的来说，结果是令人失望的。"[②] 因此，对教师教育机构的进一步改革势在必行。

（二）地方的干预

　　1942 年，英国教育署任命以时任利物浦大学副校长的麦克奈尔（Arnold McNair）爵士为首的委员会，专门研究战后教师和青年工作者的培养和补充问题。麦克奈尔委员会是在第二次世界大战中最艰苦的时期成立的，该委员会的职责主要是调查人力资源供给现状、教师和青年领袖的招收与培训办法，以及向英国教育委员会建议在这些方面应当采取什么原则等。1944 年 5 月，该委员会向教育署提交了被誉为"教师宪章"的《教师和青年工作者报告》，即《麦克奈尔报告》（The McNair Report）。该报告提出了关于改革英国师范教育的 40 多条原则和建议，归纳一下，主要包含教师的数量、质量问题以及教师培训的管理两个方面问题。其一是师资队伍的规模与质量方面，《麦克奈尔报告》指出："如果要使教师的数量与质量达到'白皮书'所提出的改革要求，有三件事尤其必须做到：一是教师的招聘范围必须拓宽，二是阻碍人

---

① 肖甦. 比较教师教育 [M]. 南京：江苏教育出版社，2010：34.
② 王晓宇. 英国师范教育机构的转型：历史视野与个案研究 [D]. 上海：华东师范大学，2008：75.

们成为教师的服务条件必须废除，三是教师的地位必须提高。只有这样，才能吸引足够的、合格的男女公民从事教育工作。"为了实现上述目标，该报告建议采取三方面的措施：一是增加教师的数量。二是提高教师的入职标准。《麦克奈尔报告》最为重要的建议是："教育委员会应该只承认一个等级的教师，即'合格教师'，并且只把这类认定给予那些学业优秀或取得其他成就的人，一名合格教师应该是圆满完成了教育和培训课程并得到认可的人。"因此，取消各类教师之间的差异为稳步提高所有教师的水平铺平了道路，并使教师职业成为都是大学生从事的职业。但是，教育委员会拒绝将没有经过师资培训的人认定为合格教师，结果是只有大学毕业生才能被认为是合格教师，而这种做法延续了很多年。三是改革师范教育课程。《麦克奈尔报告》还建议延长大学教师培训部的学制，加强教师培训部的学术性课程，促进师范生个性和能力的发展。在师资培训制度与管理方面，《麦克奈尔报告》最引人注目的观点是：改革师资培训管理体制，加强师范学院与大学的联系，确保师资数量与质量。

虽然该报告的核心主张是加强大学与教师教育之间的联系，但在采取何种方式的问题上，委员会意见不一。有人认为大学和师范专科学校应以同等的地位兴办师范教育，也有人认为应由大学承担师资培养的任务。最后，委员会认为，应建立协调各地师范教育工作的"地区师资培训组织"。

五、凯恩斯主义与社会民主思想崛起

第二次世界大战结束到 20 世纪 70 年代前，凯恩斯主义无论在英国还是在美国等西方国家都起着指导政府制定经济政策的重大作用。英国是凯恩斯主义的发源地，它帮助政府缓解或推迟了周期性经济危机，推动战后初期和五六十年代西方国家的经济繁荣，奠定了国家垄断资本主义发展的基础。而在政治领域，此时英国两大政党都推崇政治民主思想，经济领域中凯恩斯主义与政治领域中的社会民主思想交织，都对教师教育产生了影响。

凯恩斯主义产生于 20 世纪 30 年代，是经济大萧条的产物，也是国家垄断资本主义发展的必然产物。英国建立福利国家的理论基础是凯恩斯主义，从二战结束到 20 世纪 70 年代中期，英国的历届政府依据凯恩斯主义的政策主张，运用宏观经济政策加强了对国家经济生活的调控，同时，"通过国家立法建立了比较完善的社会保障机制，把原来主要由家庭、社会团体（指教区和慈善机构）和个人承担的社会救助工作转为由国家承担"①，其中教育的发展以及教师教育进一步被纳入国家调控的范畴。

同一时期，英国所有层次的教育，包括教师教育，在很大程度上深受社会民主思潮的影响，带有个人主义和理想主义的鲜明特征，强调个性、自由、独立、自治。在这一思潮影响下不管高等教育还是中小学教育所信奉的理念都是强调应将学习者培养成为"理性而自治"的个体。② 因此，在实际的学校教育教学中较为注重发展学生个人自我实现的内在动机，强调学生个性化的成长。英国教师教育机构在这一时期仍具有高度自治权，每个教师教育机构和实际承担教师教育工作的教师都可以自由设计自己的课程体系和课程内容。在教师教育机构中，学生被鼓励摆脱传统束缚、发展批判和创新能力，强调要为了个人成长而学习，尊重教育规律。通过这样的课程教学希望让每一个接受教师教育的学生不仅认识到要为了个人成长而学习，也要帮助自己的学生认识和确立好学习目标。英国高等教育委员会即罗宾斯委员会提出，专业教师应当拥有很强大的个人教育经历，认为个人教育经历比其所拥有的实践培训更加重要。因此，为了满足不断增长的对教师的需求，应该快速扩展地方教育学院（College of Education），学院所开设的课程应该具有"学位价值"（value of degrees）。学科的学术研究被认为是教师素养的组成部分。

然而，教师教育的过度自由在增加了多样性的同时，也导致差异化日趋明显。可以说，几乎在教师培训的每一方面都存在着相当大的差异，如理论与实践的权重、各要素的整合、学生在学校所花时间的多少、与教师的关系等等，教师教育实践上出现了各自为政的局面，这种基于自由、自治所产生的差异给政府带来了管理上的难度。教师教育的课程设置、课程内容、教学方法、评价方式等培养模式和质量参差不齐，很难进行统一评价，也很难衡量不同教师教育机构的培养质量，从而给政府对教师教育质量监控带来了很多的难题。

---

① 王晓宇. 英国师范教育机构的转型：历史视野与个案研究［D］. 上海：华东师范大学，2008：86.
② 王平. 英国教师教育改革的特点及启示［J］. 当代教师教育，2013，6（2）：59-63.

第二节

现代化加速时期教师教育实践的发展及思想的凝练

在英国传统观念的影响下，尤其是在高等教育开始介入教师教育的现实影响下，英国人开始接受教师培养应遵循从理论到实践的路径，因此理论培训变得必不可少。但伴随学术层次要求的不断提升，实践能力的欠缺又受到了关注。正是在这样一个此消彼长的过程中，英国师范教育不断调整理论与实践的关系，逐渐从无序的自由走向制度化。

一、大学的介入与公立师范学校的建立

英国大学参与教师教育明显受到 1870 年《初等教育法》的推动，至 19 世纪末，国家干预教育的观念已为社会普遍接受。到了 20 世纪初，英国形成了由国家控制，大学、地方教育当局和教会团体直接参与的教师教育管理体系，以及由大学训练学院（系）、地方公立训练学院和地方私立训练学院三种不同性质的机构组成的较为完善的教师教育体系。

（一）初期：大学日间师资训练学院

英国大学介入教师教育始于 19 世纪中期，其主要是为中学教师提供短期培训课程。当时，开办教师训练学院和提供教师培训课程的大学数量还比较有限。在 1870 年《初等教育法》的推动下，19 世纪 90 年代，随着初等教育的普及和对小学教师需求量的增长，教师教育的扩充被提到了议事日程上。在应该由谁担负教师教育职责的问题上，社会各界围绕教师教育的学术性与师范性问题，展开了论争。1886 年，英国政府成立了克罗斯委员会，负责调查《初等教育法》的执行情况，调查报告也反映出了教师培训中的现实问题。

达成建立公立师范学校共识的过程举步维艰，英国教育部在对各方面情况进行调查了解的基础上，最终通过了克罗斯委员会提出的报告，于 1890 年颁布教育法令，即《1890 年教育法》（*Education Act, 1890*）。克罗斯委员会的委员们是在"争执"中达成的一致性意见，要求地方政府与大学合作开办

日间师资训练学院培养小学教师。报告中阐述道："有必要加速培养合格的初等学校教师，并提高师范学院课程标准，以适应教育事业发展需要。为了实现这一点，委员会建议创建附属于大学或大学学院的非教会性质的日间师资训练学院，以弥补存在40余年的小规模的民办师范学院办学力量之不足。""1904年，第一所地方公立师范学院——赫理福德郡训练学院建立，开始了英国地方教育当局直接参与师范教育的历史。"① 公立师范学院实行免费制，师范生在接受专业培训的同时可攻读学位。委员会建议这类师范专业的训练时间为3年。② 该建议得到了政府和很多大学的积极拥护，截止到1900年已经有16所日间师资训练学院正式成立，学生总数达到了5 200名，其中有1 150名即1/3的学生获得了小学教师资格证书。③ 此后，通过大学培养师资成为英国教师教育有别于其他国家教师教育的一大特点，也成为英国教师教育的一个传统。大学师资培训学院一开始便告别了传统的师傅带徒弟的培养模式，按照大学的规律培养教师。1911年，大学师资培训系开始为师范生开设四年制课程，前三年用于获得学位的学习，第四年进行教育专业培训，那些愿意毕业后当教师的学生只要签订一项"承诺"协定，就可获得奖学金。后来，大学的走读训练学院逐渐稳定下来，成为英国大学教师教育的雏形。

（二）发展期：公立师范学校

大学日间师资训练学院的兴起沉重地打击了教会的势力，但见习教师制和大学日间师资训练学院仍无法满足社会发展对教师数量和质量的需要，此时地方教育委员会决定自己开办更多的教师培训机构，取消教派对入学的限制，从而使教师训练学院在数量、质量和类型上得到改善。各个地区的地方教育委员会，特别是伯明翰地方教育委员会非常赞同这样的政策。他们希望改变以往通过拨款介入教师培训的做法，直接开办教师训练机构——公立日间师资训练学院（即公立非寄宿制师范学院）由此诞生。总体而言，这一进程体现了英国政府通过渐进式的方式推进公立师范教育机构发展的路径。

---

① 赵国金. 英国教师教育大学化的变革与发展 [J]. 高校教育管理，2012，6（1）：44-48.

② 徐辉，郑继伟. 英国教育史 [M]. 长春：吉林人民出版社，1993：178-179.

③ DENT H C. The training of teachers in England and Wales 1800-1975 [M]. London：Hodder & Stoughton，1977：33.

公立师范学校的建立不但进一步削弱了教会对教师教育的控制，还使教师教育逐步进入了高等教育的视野。人们逐渐意识到，中等学校的教师也需要培训。公立师范学校的建立意味着教师的培养已经由在职教育为主转向了职前正规教育，英国教师职前教育与在职教育的分野开始凸显。公立师范学校的建立是英国教师教育的一次革新，虽然这一次革新经历了整整一个世纪，但它是英国教师教育走向现代化的开端。自此，英国师范教育开始踏上了"双轨制"的教师培养之路：一是附属于大学的师范学校——"大学训练学院"，二是不属于大学的师范学校——"非大学训练学院"。为进一步适应初等与中等教育的发展，英国政府颁布了《1902 年教育法》（*Education Act, 1902*），即《巴尔弗教育法》（*Balfour Education Act*），建立了英国公立中等教育制度，但这是一个与初等教育不相衔接的中等教育体系，不利于劳动阶层子女升入中等教育机构。1924 年，英国工党上台执政。出于政治上的需要，尤其为了顺应社会上普遍对中等教育的需求，工党政府提出"人人有权接受中等教育"的主张，并任命以哈多（William H. Hadow）爵士为主席的调查委员会对英国教育进行调查，提出发展中等教育的建议。这个委员会在 1926 年至 1933 年间提出 3 份报告，统称《哈多报告》，其中以 1926 年的报告影响最大。《哈多报告》是英国政府在两次世界大战期间发表的最重要的报告，在《哈多报告》和其后《斯宾斯报告》的影响下，从 1918 年到 1939 年，英国中等学校的学生人数翻了一番，这直接刺激了大学，开始把注意力集中在中等学校教师的培训上。这对英国教师教育的改革与发展提出了进一步的要求，使英国教师教育在世俗化的道路上迈出了关键性的一大步，为建立公办师范教育机构铺平了道路。

（三）形成期：较为完善的现代师范学院体系

《1902 年教育法》颁布后，人们的注意力开始集中于大学在师范教育中所充当的角色以及如何培养中等学校所需的教师。这样的认识，使得大学参与中小学教师的培训成为一种必然的趋势，教师教育大学化的思想开始萌芽。1902 年以后，在英国形成了由国家宏观控制，大学、地方教育当局、教会团体三方直接参与的、独特的师范教育管理体系，并形成了由大学日间师资训练学院、地方公立师范学院和地方私立师范学院三种不同性质的主体组成的较为完善的现代师范学院体系，这标志着英国现代师范教育体制的确立。

1888 年《克罗斯委员会报告》的发表以及《1870 年教育法》《1902 年教育法》的颁布，促成了大学日间师资训练学院与地方日间师资训练学院的成立，弥补了私立教师训练机构的不足，适应了英国普及教育发展的需要，在英国教师教育史上具有重要的地位。

二、教育实习制度的形成

伴随着大学逐步介入教师培养过程，教师实习制度逐渐形成。大学"附设了一些走读性质的教师培训机构，称为'日间师资训练学院'"①。在三年制学习过程中，既包含"心理学""学习规则"等专业课程，又包含教育实习要求，教育实习安排在假期集中进行。"在实习学校的安排方面，虽然此时的教师培训学院还没有附设自己的实习学校，但也基本上形成了固定使用一所初等学校进行实习的传统"②。虽然如上文所述，大学、地方政府、私人力量、教会组织等多方主体参与到教师培养过程中，但仍然无法满足当时蓬勃的教育发展需要。因此，政府以立法或政策文件的形式进一步加强教师教育。

1902 年，英国政府颁布了教育法，即《巴尔福教育法》。该法赋予地方政府单独设立教师训练学院的权力，从而改变了政府对教育特别是教师培养无能为力的局面。为了调动地方当局办学的积极性，1906 年又决定为地方教育当局开办的非宗教的新训练学院提供四分之三的基建费，有效地推动了地方当局办师资训练机构的积极性。到 1914 年，仅英格兰、威尔士就有 22 所地方当局开办公立师资训练学院。在教育实习方面，"1902 年，地方教育当局设立的培训学院以及一些私人兴办的学院规定了六周的教育实习时间，而且把这六周的实习时间分 3 次进行，每次两周，并且在内容上有所区别和有所侧重。第一次用于实践基础学科教学，第二次是班级科目教学，第三次用于纠正错误、弥补不足"③。

---

① 杨秀玉. 教育实习：理论研究与对英国实践的反思 [M]. 北京：中国社会科学出版社，2017：120.
② 杨秀玉. 教育实习：理论研究与对英国实践的反思 [M]. 北京：中国社会科学出版社，2017：120.
③ 杨秀玉. 教育实习：理论研究与对英国实践的反思 [M]. 北京：中国社会科学出版社，2017：121.

　　1944 年发布的《麦克奈尔报告》提出，要改造原有的教师教育课程，加强学术性课程，注重师范生的个性及能力发展。同时，将两年制教师训练学院的学制改为三年，提高中小学教师的整体素质。教育学院和大学教育系的课程设置一般分为三个部分，即未来任教科目（学术性培训）、教育专业培训（职业培训）和教育实习。至此，教育实习已经成为正规教师培训中的一部分重要内容，这也标志着教育实习制度的初步形成。

　　虽然教育实习制度已初步形成，但这个时期的教育实习制度仍有较大的不足，实习主要是以固定进入某一班级、跟随一名指导教师进行观摩和教学实习为主，注重技能的模仿和重复性训练，缺乏反思和自主性，有待进一步改善和发展。

三、教师教育实践的思想逻辑

　　此时，英国教师教育参与对象由小学教师扩展至中等学校教师，实施主体由政府主导大学参与转变为在国家宏观控制下的多主体合作，培养阶段由在职教育为主转向了职前正规教育，教育实习制度初步形成。多个教师教育政策的出台体现了教育教师国家化的特点。

　　这一时期的教师教育始终与同时期的教育发展密切相关，无论是大学日间师资训练学院的形成或是公立师范学校的建立，主要是为满足教育发展带来的教师数量、质量的挑战展开的，背后是更为庞大的社会系统，包括各种利益群体的政治诉求、经济发展对劳动力的新要求等。因此，英国现代师范教育体制的确立，在这一时期依然呈现出依附性和适应性特征，依附和适应社会、教育的发展。而在这其中，非教育因素（政治、经济、人口、与教会的博弈等）占很大比重，缺乏独立性和引领性，即教师教育的自身价值以及它对于社会发展、教育发展、教师专业提升的作用。正如英国教育学者戈登·科克（Gordon Kirk）所说："教育的质量取决于教师的质量。所有试图改进教育质量或使学校工作更具活力的努力，都必须安全立足于教师能力的提高。"[①]

---

　　①　杨德广，王一鸣. 世界教育兴邦与教育改革［M］. 上海：同济大学出版社，1990：126.

现代化加速时期重要的教师教育政策及其
所体现的内在思想变迁

　　英国所制定的教育政策，大多基于教育委员会的调查报告，这也符合英国一直以来的审慎态度和渐进式风格。19 世纪中后期至 20 世纪中期，英国陆续出台了几部重要的教育法案，例如 1870 年颁布的《初等教育法》，可以称之为里程碑式文件。这些法案具有循序渐进式的阶段性特征，关注点不甚相同，目的都在于应对和解决教育在一定发展阶段面临的困境，以及社会大环境对于教育的诉求。这些法案有的成效显著、有的收效甚微，但通过对其时代背景、内容和意义的梳理，可以更好地呈现出蕴含其中的教师教育思想变迁过程。

一、1870 年《初等教育法》

（一）颁布的背景

　　1870 年《初等教育法》的颁布推动了英国国民教育的发展，宣告了教会在争夺教育领导权斗争中的失败，以慈善学校为根基的"师徒制"式的（包括导生制和见习教师制）师范教育随着慈善学校的不断萎缩以及初等学校学生人数的不断增长而失去了原有的魅力，初等教育在英格兰和威尔士迅速发展，在这种情况下，私立师资训练机构培养的教师数量已难以满足教育发展的要求，建立更多的正规师范学校、培养合格的教师迫在眉睫。因此，从1870 年《初等教育法》颁布之日起，教师需求与教师培训开始成为英国政府日益关注的话题。发端自民间、自下而上产生作用、自发性特征显著的"师徒制"教师教育形式逐渐让位于政府的制度化干预。

　　在英国的教育发展中，教会以及私人办学由来已久、影响深远，教育被视为教会、父母或监护人的责任，国家应当尽可能不加干涉。但所有这些由教会、私人、民间慈善团体开设的学校，设备条件相对简陋，师资水平低，所以无论从数量和质量上都不能满足需要。尤其是进入 19 世纪以后，英国人口增加，日益工业化，人口涌入新的市镇，宗教组织和私人的财力不足以适应初等教育增长这一庞大任务的需要。当时，学校分布不均，无政府拨款的学校质量毫无保证，旷课辍学的问题仍很严重。

（二）主要内容

1870 年，《初等教育法》经过两派的冲突和博弈终于在妥协中出台。法案由时任枢密院教育委员会副主席福斯特（W. E. Forster）主持起草，所以又叫《福斯特法案》。福斯特支持位于伯明翰的全国教育联盟的许多观点，但他清楚地意识到，如果不考虑教会的利益，立法将很难成功。福斯特在议会做有关《初等教育法》的说明时指出："该法在教育的世俗化和教会控制之间采取了一个折中的解决办法，声称建立国民初等教育制度的主要目的是在最少的公共开支、尽可能不破坏教会的合作和争取最大限度的家长支持的基础上，弥补教会捐助学校的不足。"[1] 于是福斯特采取了一个妥协的办法，即给教会一个宽限期，让它尽最大努力去满足社会对初等教育的需求，如果哪个教会满足不了这种需求，就由公办学校填补教会留下的空缺，这就是妥协的"填补空缺"条款。私立学校在其数量和质量上已不能满足需要，福斯特在演讲中首先提到了设置学校的两条主要原则：（1）通过制定法律，使联合王国的所有地区都设置有效的学校；（2）如果需要，就在需要的地方强迫设置这种学校，但除非证明强迫设置是必要的，否则不要这么做。划分学区之后，便对每个学区的教育状况进行调查。福斯特指出："如果在这些学区的任何一个学区里，我们发现初等教育是充分的、有效的和适当的，我们就不干涉那个学区。我所说的'充分的'，是指我们是否能看到那里有足够的学校；'适当的'是指家长没有理由反对的，免受宗教和其他禁锢的学校……"[2] 实际上，调查结果表明，能达到福斯特这些条件的学区是为数不多的，大多数学区提供的教育是不足的，因而在需要的地方提供强迫教育，设立公立小学，无疑

---

① EVANS K. The development and structure of the English school system ［M］. London：Hodder & Stoughton Ltd.，1985：40.

② 瞿保奎. 英国教育改革 ［M］. 北京：人民教育出版社，1993：7.

是该议案的最重要部分。这种强迫教育由学区选举产生的地方教育委员会来实施。

在学校设施不足的地区，由学区纳税人直接选举产生地方教育委员会。地方教育委员会拥有征收地方税以开办初等学校、实行强迫教育的权力。这样便出现了两种对立的初等学校制度，即非公立学校和公立学校并存的局面。非公立学校大部分属于教会学校，政府对其保留监督权和补助权，并根据给予补助费之多少来决定对其管理的程度，其学生约占英国小学生人数的1/3；公立学校由地方教育委员会主办，公立学校仍然要收取学费，大约从家长那里征收1/3，从国家税中支出1/3，再从地方税中支出1/3。但地方教育委员会有在特定条件下建立特别免费学校的权力，并有权向其认为确实无力支付其子女教育费用的家长发放免费单。另外，地方教育委员会还有权力制定细则，强迫其学区中5—12岁的所有儿童入学，如果家长不送子女上学却又讲不出合适理由，将被予以罚款。通过这些条款和措施，我们可以看出英国政府已经开始正式干涉初等教育，但在宗教问题上采取妥协和保留的态度。这样，既满足了教会的利益，又体现了改革的需要。妥协的一个重要后果是在英国建立了由国家、私人共办初等教育的"双重控制"制度。《初等教育法》是英国初等教育国家化的开端，普及初等教育成为可能。

（三）产生的影响

《初等教育法》颁布后，初等教育逐渐纳入国家教育体系，义务教育制度慢慢建立起来，并逐步改变了英国教育领导体制，地方教育委员会开始管理地方初等教育事务。在此基础上，1898年英国成立了国家教育局，加强对教育的统一领导。1902年《巴尔福教育法》颁布，形成了国会、国家教育委员会和地方教育局相结合的领导体制，促进了教师教育的发展。《初等教育法》的通过既标志着国家控制教育体制的正式形成，也宣告了教会多年以来在教育控制权斗争中的失败，形成了英国教育史上公立学校与教会学校并存的教育制度，预示着教师的需求和培养开始成为英国教育发展必须破解的难题。当然，因为初等教育制度与中等教育制度没有合理而有机地衔接，提上日程的只是小学师资的培养。

（四）专业化、理论化取向的教师教育思想萌芽

英国教师教育的发展是一个自下而上的过程，应教育发展的实践需要而产生，其发展历程体现出了英国经验主义传统以及社会民主主义思潮的影响。《初等教育法》作为政府制度化干预办学过程的里程碑式法案，超越了单纯将教师界定为"理性而自治"的个体的认知，意识到"有效的学校"需要更多的合格教师，尤其是小学教师，需要系统的外部力量支持以掌握知识和教学方法。经验主义传统下的教师教育范式遭遇了挑战，师徒制所采取的重复与模仿不能培养出合格的教师，直至政府与大学合作开办日间师资训练学院，教师教育中理论的价值和理性的力量逐步显现并受到重视，专业化、理论化导向的教师教育思想逐渐萌芽。

二、《1902 年教育法》

在此之前颁布的《1899 年中央教育法》（*The Board of Education Act*, *1899*）设立了中央教育委员会，初步形成了国家教育管理体制，推进了集权化进程，开始探索以国家视角统筹各方力量管理教育的历程。但该法案的实施效果不尽如人意，直至《1902 年教育法》通过，设立了新的中央教育委员会，将政府所有的教育工作——初等教育、中等教育、高等教育和技术教育统一于一个机构下面，为探索地方教育改革铺平了道路。因此，《1902 年教育法》是 20 世纪初英国颁布的一项重要的教育法案，它的颁布有深刻的教育背景和政治背景，对英国的教育改革和发展产生了较大的影响。

（一）颁布的背景

《1902 年教育法》是在学务委员会越权提供中等教育，中央与地方教育机构多样化导致教育管理混乱，政府改变先前对学务委员会采取自由放任政策的背景下颁布的。[①] 19 世纪末 20 世纪初，伴随着地方教育当局权力的扩大，学生义务教育年龄逐步延长至 14 岁，这意味着学生在初等学校毕业后有更多机会接受更高水平的教育。于是许多城市的学位委员会做出了诸多不合理的举动，例如开始挑战和冲击原本无人竞争的中产阶级领域即文法学校的

---

① 曹爱萍. 英国 1902 年教育法 [J]. 黑龙江史志，2012（3）：7-8,13.

中等教育、在一些教育需求较大的地方建立独立的高级小学等。与此同时，各教派所兴办的义务初等学校因财政支出的扩大而难以与学务委员会竞争。

（二）主要内容

英国虽然成立了中央教育委员会，统一管理初等教育和中等教育，但仍然存在着地方教育管理和补助金分配等诸多问题。为了解决这些问题，当时英国保守党首相巴尔福（Arthur J. Balfour）任命莫兰特（Robert Morant）来研究解决。经过约半年时间的调查和酝酿，莫兰特起草了一项议案，并由巴尔弗于 1902 年 3 月 24 日交国会下议院审议，围绕法案中涉及的宗教问题下院展开了激烈的争辩。传统的义务教育学校主要是国教徒提供资助，到 19 世纪义务学校陷入了严重的财政困难。巴尔弗提交的议案中，规定由地方教育当局负责义务学校的有关事宜，并为义务学校提供资金补助。"这样的安排使教会很高兴，因为开办学校对他们而言已是不堪重负，但是非国教徒希望教会学校由于缺乏资金而销声匿迹，所以非常愤怒。"① 巴尔弗顶住了各方面的压力，于 1902 年 12 月 18 日通过了这部教育法，《1902 年教育法》又称为"巴尔弗教育法"。这一法令是英国过渡到帝国主义阶段后的第一个重要的教育法案，它对英国后来的教育领导体制与中等教育的发展有重要影响。其主要内容为：

（1）废除原来的地方教育委员会，在各郡和郡自治市设立地方教育局，负责本地区除初等教育以外的其他各类教育。地方教育局有权建立中等学校、中等专科学校和职业学校，并用地方税款提供资助；有权否决学校管理委员会选举的不合格校长和教师。这类地方教育当局设立了 318 个。（2）郡和郡自治市地方教育局应对郡办文法学校提供资助，并建立自己的郡办文法学校。由于文法学校仍然实行收费制，这部分地方教育局还应为初等学校中有才能的学生提供奖学金，使他们有机会转入文法学校学习。（3）根据 1901 年的人口普查统计，拥有 1 万人的自治市议会和拥有 2 万人以上的市区议会地方教育当局只负责管理本地区的初等学校，保证初等学校的物资供应，并进行教学监督。这类地方教育局有 180 个。（4）地方教育局对私立学校和几乎所有

---

① 滕大春. 外国教育通史：第 5 卷 [M]. 济南：山东教育出版社，1993：162-163.

的教会学校提供资助（这点引起的争论最激烈），以便加强监督和控制。这一措施在很大程度上缓解了教会学校的财政困难。（5）规定地方教育局调查本地区的教育需要，制订扩大和协调不同类型教育的计划，同时考虑本地区初等教育和中等教育的衔接关系。（6）发展技术教育，并支持工人教育协会等组织发展成人教育事业。①

（三）《1902 年教育法》中有关教师教育的政策内容

《1902 年教育法》颁布之前，皇家委员会分别于 1888 年和 1895 年递交了两份关于初等教育法的专业咨询报告，即《克罗斯报告》（*The Cross Report*）和《布莱斯报告》（*The Bryce Report*）。在《克罗斯报告》中大多数人支持在原来寄宿制培养体系的基础上试办日间师资训练学院并延长师范学院的时间，由原来的学制二年改为三年，日间师资训练学院附属于大学或大学学院。他们并不建议提高教师的入职标准以免把那些"具备天赋并热爱学习的准教师"排除在外，见习教师制应该保留但培养体系需要改进。之后，委员会又发布一个观点截然不同的少数派报告，一部分委员强烈反对见习教师制度的留存，认为它是整个教育体系中最为薄弱的一部分，如果要继续维持必须进行重大改革。该报告的一个重要议题就是他们认为和大学联合培养教师的建议应该得到热心的支持。应该把更多的资金用于准教师的专业训练（professional training），虽然这是一笔不小的费用，但是对于整个基础教育的重要目标来说，专业训练的丰厚回报可以提高教师的教学能力。《布莱斯报告》则进一步扩大了地方政府的办学权限，为地方政府开办师范学院创立了条件。②

《1902 年教育法》采纳了皇家委员会的咨询报告，同年就授权地方教育当局建立培养初等学校教师的师范学院。伦敦地区议会建立日间师资训练学院，附属于伦敦大学，享有大学优秀学术资源，校长由教育学院院长担任。"日间师资训练学院"采取非寄宿制的培养方式，改变以往私人或政府各自为政的管理模式，大学和政府共同管理，教师教育实现了第一次真正意义上的

---

① 易红郡. 从冲突到融合：20 世纪英国中等教育政策研究 [M]. 长沙：湖南教育出版社，2005：154-155.

② 苗学杰. 融合的教师教育：教师职前教育中理论与实践关系研究 [D]. 长春：东北师范大学，2012：126.

升级，由中等教育层次向高等教育层次迈进。

日间师资训练学院的突出特点在于，在原来学徒制的基础上凸显了教育理论课程的重要性，它附属于大学既是寻求学科知识的拓展，也是谋求系统教育科学理论的开端，在学院中设置教育学教席就是明显的证据。从学徒制转换而来的教师培养模式尽管仍保留了注重教学实践的传统风格，但已经逐渐摆脱过去不重视教育学科、单纯进行技术性训练的教学实践或学校管理实践，逐步成为一种建立在教育理论基础上的实践。日间师资训练学院建立的最大意义，不是在原有的师资培养机构之外再设置一种新的培养机构，而是教师职前教育模式的重大变革，提升了教育学科在教师职前教育中的地位。[1]

（四）《1902 年教育法》的历史影响

《1902 年教育法》结束了教育的混乱状态，建立起了国民教育体制。它取消了学务委员会，要求由新的地方教育当局来负责管理教育事务。"新的地方教育当局是由 63 个郡参议会、82 个享有特权的自治市、173 个非自治市和都市组成。"[2] 这样，英国的国民教育事务开始走向有序化。在统一的教育体系下，由于得到地方税的资助，一部分原本陷入财政危机的学校得以重新恢复。英国政府和地方教育部门还新建了许多中等学校，中等学校数量大量增加，为更多的国民提供了接受更高级别教育的机会，在一定程度上促进了中等教育的发展。据统计，到 1912 年，接受补助的中等学校由 1902 年前的 272 所增加到 1 000 多所。《1902 年教育法》的颁布促成了英国政府教育委员会和地方教育当局的结合，形成了以地方教育当局为主体的英国教育行政管理体制。"这是一种既有中央权力又有地方分权并以其为主的国民教育领导体制。它成为英国教育领导权的基本形式，一直到目前仍是大同小异。"[3]

《1902 年教育法》对英国的教育领导体制产生了深远的影响，但同时我们也要看到，它没有改变英国教育双轨制的传统，也没有建立起互相衔接的

---

① 苗学杰. 融合的教师教育：教师职前教育中理论与实践关系研究 [D]. 长春：东北师范大学，2012：127.

② 王天一，夏之莲，朱美玉. 外国教育史：下册 [M]. 北京：北京师范大学出版社，1985：6-7.

③ WILLIAMSON J A. The evolution of England：Great Britain [M]. Oxford：The Clarendon Press，1931：451.

初等教育和中等教育。但从整体上讲，《1902 年教育法》是一个重大的改革。
"正如巴尔弗所希望的，《1902 年教育法》的结果非常显著地体现在设置郡立
中等学校和教师训练学院方面，但是，统一教育制度这一目的远没有达成。"①
虽然如此，我们依然不能低估它对于英国历史尤其是教育历史所产生的
作用。②

（五）专业化、理论化取向的教师教育思想进一步强化

《1902 年教育法》对于英国教师教育最大的推动之处在于授权地方教育
当局，与大学或大学学院合作，建立培养初等学校教师的日间师资训练学院，
显示了教师教育过程中理论的价值，而不再仅仅关注实践能力的习得。这源
自对于教师专业性的理解所发生的变化，强化了教师教育中理论与实践的双
重任务。教师的教学是建立在教育理论基础上的实践，因此教师的专业能力
提升既包括教育学科理论知识的学习，又需要技术性训练。由此，英国的教
师教育思想呈现出教育科学理论化的走向。

三、《1944 年教育法》

英国议会 1944 年通过的巴特勒教育法（Butler Education Act），亦称
《1944 年教育法》，由教育大臣巴特勒提出，通过该法案确立了从初等、中等
直到继续教育的公共教育体系，对中央和地方教育行政体制进行重大改革，
该法案是第二次世界大战后英国教育制度的主要基础。

（一）《1944 年教育法》的出台

第二次世界大战对英国教育产生了巨大影响。1939 年二战爆发后，为了
安全起见，大部分儿童从易受德军空袭的城市和工业中心疏散到了其他地方。
疏散后的首要问题是儿童的居住问题，但更困难的是为他们提供安全的教育
场所。疏散使教育受到严重的冲击，而且由于疏散是自愿而非强迫的，还有
一大部分儿童仍留在危险区，在这些地区所有州立学校都被政府关闭，建筑
转作他用，适龄儿童无学可上。一些地方试图通过派巡回教师在儿童家里教

---

① 瞿葆奎. 英国教育改革 ［M］. 北京：人民教育出版社，1993：13.
② 曹爱萍. 英国 1902 年教育法 ［J］. 黑龙江史志，2012（3）：7-8,13.

学给未疏散的儿童提供最低的教育保障，但是效果并不令人满意。因此，在战争期间，英国的教育工作实际上处于半停顿状态。

教育的混乱引起了人们的关注。1940 年，英国国内的教师和社会工作者就发出了要求教育改革的呼声。在这种情况下，保守党、自由党和工党都发表了有关教育改造的小册子，1941 年中央教育委员会向各社会团体和组织发表了一份题为《战后教育》的绿皮书，它不仅提出了有关教育改革的各种建议，而且欢迎人们批评或提出新的建议，英国社会对于绿皮书的反应十分强烈。当时的教育委员会主席、保守党政治家巴特勒（R. A. Butler）连续好几个月忙于同各种机构就绿皮书进行磋商，并于 1943 年 7 月发表了题为《教育的改造》的白皮书，描绘了有关教育改革的建议和设想，这份白皮书成了英国战后教育改革的基础。同年 12 月，巴特勒又向议会提交了一项教育法案，该法案认为，未来的英国应当克服战争带来的政治、经济和社会的混乱，在战后重建中，教育应使每一个人的才能都得到发挥，这是通向成功的唯一道路。该法案经过 8 个月的讨论于 1944 年 8 月 3 日在议会获得通过，这就是《1944 年教育法》，在英国教育史上以《巴特勒法案》著称。①

（二）主要内容

《1944 年教育法》共包括 5 大部分，122 个条款，9 个一览表，内容概括起来有以下 4 个方面。

1. 教育管理系统的调整

英国的教育管理机构包括中央行政机构和地方教育当局，《1944 年教育法》对两级机构的职权进行了重组。《1944 年教育法》规定，新设立教育部（the Minister of Education）取代原来对公共教育只有"监督"权力的教育委员会，部长"负责促进英格兰和威尔士人民的教育，并且促进致力于该目的的机构不断发展，还要确保地方教育当局在他的领导和指导下有效地执行国家政策，在每个地区提供各种综合教育的服务"②。

教育部还另设立两个中央咨询委员会（Central Advisory Councils）分别负责英格兰和威尔士的有关事务，并对政府要求它们研究的教育问题进行调查、

---

① 闫玲玲. 英国 1944 年教育法述评 [D]. 武汉：华中师范大学，2006：5-6.
② 瞿葆奎. 英国教育改革 [M]. 北京：人民教育出版社，1993：142.

撰写报告，为政府的决策提供服务。这两个咨询委员会取代了原教育委员会的咨询委员会，引起了职权方面的重要变化，旧的咨询委员会只能对教育委员会主席提出的问题提建议，而中央咨询委员会可以主动提出建议。

《1944 年教育法》改组了地方教育当局（local education authorities），明确地方教育当局的职责，取消《1902 年教育法》设立的地方教育当局，规定郡和郡自治市的议会为唯一的地方教育当局，对本地区各种类型的公共教育设施负有法律上的责任。[①]

2. 教育体系的变革

（1）确立了包括初等教育、中等教育和继续教育的公共教育体系

在 1944 年改革之前，英国的初等教育一般在 13 岁时结束，中等教育则从 10 岁或 11 岁开始，有时甚至更早一些。因此，初等教育和中等教育之间有几年是交叉的，这种状况限制了中等教育的发展。为此《1944 年教育法》修改了英国的教育体系，将公共教育制度改组为三个循序渐进的阶段：初等教育（5—11 岁）、中等教育（11—18 岁）、继续教育。同时，将义务教育年龄提高到 15 岁，公立学校一律免收学费。

（2）修改双轨制，加强对民办学校和独立学校的管理

《1944 年教育法》修改了双轨制，规定民办学校可自由选择成为"受助"学校或"受控"学校。作为"受助"学校，它们有权保留本教派的宗教教育，举行本教派的宗教仪式，以及（在一定条件下）任命教师等。但它们必须承担地方教育当局要求它们改建校舍的一半费用。作为"受控"学校，没有任何财政负担，一切由地方教育当局负责，但它们不得在校内举行自己教派的宗教仪式，不得进行本教派的宗教教育。除了这两类学校外，还另设立第三类学校，即"特别协议"学校，这类是从《1936 年教育法》中引申出来的。1936 年教会与地方教育当局签订了 500 多项特别协议，建立教会现代中学，政府提供 50%—70% 的基建费。由于二战爆发，许多协议未能履行。《1944 年教育法》为重新执行未得到执行的协议提供了法律保障。《1944 年教育法》第一百一十四条给"独立学校"下的定义是："凡不属地方教育当局

---

① 闫玲玲. 英国 1944 年教育法述评 [D]. 武汉：华中师范大学，2006：8.

维持或不由部长给学校负责人拨款，对 5 名或 5 名以上在义务教育年龄之内的学生（不管是否还有义务教育年龄以上或以下的学生）施以全日制教育的任何学校，称为独立学校。"① 《1944 年教育法》规定所有独立学校都必须在规定的日期内到教育部登记注册，由教育部对全部独立学校进行校舍、生活、教学等方面的检查，未达到规定要求的学校，教育部长有权力要求其改进或关闭，逾期开办的学校或未经注册的学校将按违法处理。

（3）改革特殊教育

《1944 年教育法》要求各地方教育当局在完全负起提供足够数量学校的责任时，要特别注意："必须确保为身体缺陷或心智障碍的学生设立特殊学校，或者提供特殊教育设施，即为每个残疾儿童提供适合他们特点的特殊教育方法。"② 此外，《1944 年教育法》还对残疾儿童做出了两项更有益的改革：一是残疾儿童开始接受义务教育的年龄与正常儿童相同（以前除了盲童、聋童以外，其他残疾儿童七岁开始享受义务教育）；二是残疾儿童不必证明有智力或身体方面的缺陷，便可享受适合其特殊需要的教育。

3. 加大教育投资

《1944 年教育法》对中央拨款进行了调整，该法案保留了《1918 年教育法》所规定的特定的、比例制的拨款制度，但修改了实际的拨款比例，提高中央财政拨款在总的教育经费中的比例，即由战前的 48% 提高到 55%。这样，教育财政负担的重心更多地转移到中央政府身上。各地方教育当局能够获得的补助比例将根据各地地方经济条件和学龄人口规模大小而定，最贫穷的地区可以获得特别的额外拨款补助。由中央政府和地方教育当局共同为继续教育和高等教育提供奖学金、助学金和各种津贴，以便能够增加师资培训和全日制高等教育的学习机会。

4. 改善学校福利设施

《1944 年教育法》将体格检查推广到公立中学和非全日制的义务教育，并将医疗的范围扩大到包括所有形式的预防和法规规定的治疗中，而且像体

---

① 邓特. 英国教育 [M]. 杭州大学教育系外国教育研究室，译. 杭州：浙江教育出版社，1987：132.
② 邓特. 英国教育 [M]. 杭州大学教育系外国教育研究室，译. 杭州：浙江教育出版社，1987：109.

格检查一样免费进行，至此英国建立了完善的儿童保健体系。《1944 年教育法》将地方当局的自行决定学校膳食供应改为法定责任。法案第四十九条规定：“责成地方教育当局负责给在它们办的公立学校和郡立学院上学的学生供应牛奶、膳食和其他点心。”[①]“《1944 年教育法》将社会福利作为一种必行的教育制度”[②]，扩大了其实施范围，内容也更加多样化，从而使儿童受到更多的社会关心，减轻了家长（特别是贫困家庭）的负担，这些福利措施与英国战后的“福利国家”制度是一脉相承的。[③]

（三）重要地位

《1944 年教育法》是英国教育史上的一座里程碑，该法对英国的教育立法起到了承上启下的重要作用，明显体现出英国国家层面在加强教育管理上的努力。《1944 年教育法》对英国公共教育制度改革所做的最大贡献，是纠正了英国教育长期存在的无序或不够系统的缺点，确立起一种拥有三个依次递进的教育阶段的正规体系，完善了英国的教育体制。《1944 年教育法》明确规定了人人受中等教育，并从教育体制与结构上正式取消了带有明显不平等色彩的基础教育模式，推动了教育的民主化。

《1944 年教育法》推动了战后英国现代教育的发展，该法案颁布后，英国教育的各个领域都取得了长足发展。《1944 年教育法》是战后英国“福利国家”政策的一项重要内容，推动了战后英国社会平等、政治稳定、科技进步、经济繁荣等各个领域的现代化。

（四）对教师教育思想变迁产生的影响

《1944 年教育法》出台于第二次世界大战期间，对于战后的教育改革、人才培养提出了建议，认为教育应使每个人的才能都得到发挥，极大推动了教育民主化进程。在这种理念下，英国教育获得了多方面的发展，包括推动了系统的、相互衔接的国民教育体系建立，使得更多的教师可以获得师资培训，或是接受高等教育。这也进一步推进了教师教育的理论化走向。更多的

---

① 瞿葆奎. 英国教育改革 [M]. 北京：人民教育出版，1993：185.
② 斯密斯 W O L. 英国的教育 [M]. 夏邦俊，译. 台北：台湾开明书店，1968：73.
③ 闫玲玲. 英国 1944 年教育法述评 [D]. 武汉：华中师范大学，2006：6-15.

教师教育政策条目在具有"教师宪章"之称的《麦克奈尔报告》中有所呈现，体现了英国教师教育思想的重要转变。

四、《麦克奈尔报告》

（一）《麦克奈尔报告》的出台

二战期间，为了战后师范教育的发展，政府采取了许多措施。1942 年 3 月，时任教育委员会主席的巴特勒（R. A. Butler）任命了一个 10 人委员会，由利物浦大学副校长麦克奈尔（Arnold McNair）担任主席，负责调查教师供给状况以及教师和青年工作者的录用与训练方法，并将引导原则向教育委员会汇报。经过两年多的详细调查，委员会于 1944 年 5 月发表了调查报告——《麦克奈尔报告》，又称为《教师和青年领导者的补充、招聘及培训委员会的报告》，对中小学教师和继续教育学院以及青年工作者的资格认定、供应、培训做了全面的调查研究。[①]

（二）主要内容

报告对教师待遇、教师教育的管理与课程设计以及教师在职教育等方面提出了许多有益的建议，其主要内容包括：

1. 确立了"大学教育学院案"。对于师范学院的归属问题，麦克奈尔委员会进行了激烈的讨论，10 名成员中有 5 名认为，应该由大学和师范学院以平等地位组成的联合委员会管理，另外 5 名成员则主张应该以大学为主体，师范学院可以划入大学的管理之中。最后，"联合委员会方案"和"大学教育学院案"同时被提交，虽然大学对师范教育的兴趣并不大，但是，因为担心"联合委员会"这个新的机构产生后会侵犯到大学的自治，于是，在两个方案的权衡中，大学选择了承担教师教育和培训任务的"大学教育学院案"。

2. 提出了合格教师的培养目标。委员会建议，今后只能有一类教师，即合格教师。不管教师是否本科毕业，都要有合格教师的资格。合格教师需要经教育部认同的组织提名才能得以认定。

---

① 李先军. 英国近现代教师教育发展研究［D］. 武汉：华中师范大学，2006：30.

3. 建议提高教师的工资待遇。委员会提出"要使合格教师应该过上的那种生活成为可能"，只有这样，"合格教师的补充才会源源不断"。

4. 改革师范教育的课程。战前两年制师范学院的课程矛盾突出：一是学校在短期内难以兼顾学术性课程和专业训练之间的矛盾；二是在专业训练中，课程内容难以兼顾让学生既学会教学又学会育人方法，因而建议师范学院增加学术性课程以促进师范生个性和能力的发展。同时，延长师范学院的学制，把课程分为"专业课程"和"一般课程"两大类，一般课程主要是学科课程，专业课程主要是教育类课程，如教育心理学和教育生理学，著名学者对教育、教育体系发展史以及对学生的家庭环境的论著。① 教育基本原理中必不可少的一部分就是对儿童身心发展的认识，心理学是所有准教师的必修科目，教师有时候还需要对较大的学生进行青春期心理指导，因此卫生学和生理学知识也是准教师必须掌握的内容。教育基本原理还包括著名学者的经典著作，如果准教师能够意识到这些专著所传递的重要教育思想，结果会令人欣喜。教师应该熟悉一般教育制度史，更应该掌握本国教育体制的结构、历史和基本状况。另外，准教师还需要学习一些社会学知识，调查学生家庭环境、社会服务对学生和父母生活的影响，对社会条件的仔细观察以及随后对经济和其他问题的调研是准教师正式入职后必须面对的问题，职前教育应该提供这些课程。

如上逐渐产生的科目，如教育心理学、教育哲学、教育社会学和教育史逐渐取代了一般性的课程科目，成为教师职前教育的基础学科，通识教育的理论强化了学院式的教师培养。准教师如欲达到授予学位的要求，上述四门教育学经典理论科目必不可少，教育学科的学术研究成为立志为师的学生的必修课。基础学科新发现的学术观点，无论其是否有利于促进教师的专业培养，一律成为教育学学士课程的主要组成部分并为其存在进行辩护，教育理论成了专业的代名词并发挥指导的功效。尽管教育理论课程设置的初衷是奠

① ALEXANDER R，CRAFT M，LYNCH J. Change in teacher education：context and provision since Robbins［M］. New York：Holt, Rinehart & Winston，1984：134.

定教师教育的理性根基，但因为理论课程严谨的科学取向和理论定位，与未来如何教学的关联较远。

学校中的实践训练（Practical Training in Schools）是为教师培养提供具体证据、案例和样本，以补充或说明理论学习，学校成为准教师的实验室和训练场，这种学习实践包括非连续的教学与观察、采访与微型调查……持续性的教学实践（Continuous Teaching Practice）则是为准教师提供一个体验教师角色的情境，使其更像一名学校教师。分散性实践在学校教师和大学教员合作指导下开展，分散在前两年的职前教育中，总时间量达到12周。环境的固定性和时间的持续性是这种实践的主要特征，高校教师会偶尔到访，其指导责任主要由小学教师承担。通过麦克奈尔报告可以发现，教师职前教育的重点在于改变传统学徒模式的纯粹技艺取向，为教师培养增加理论的色彩。①

5. 提出教师要在职培训。报告呼吁为在职教师提供"充电课程"（refresher courses），并使他们在任教5年后享有一学期带薪培训的机会。要求"只要空间距离和其他因素许可，向在职教师提供旨在更新知识的课程和其他在职进修课程"。②

6. 增加教师数量。由于战争的破坏和人们接受中等教育需求的增加，教师人数短缺的弊端逐步显现。为此，委员会建议，广开师路，继续实施《战时教师培训计划》，鼓励更多妇女和退伍军人补充教师队伍，但政府应强化对他们的"短期培训"。

7. 改革师范教育体制。一是建议设立"全国师资补充和培训咨询委员会"，以改变国家对师范教育指导不力的局面。要进行调查研究，为教育部制定师资培训和招聘规划提供咨询。二是建议在各地设立由师范学院、有关院校、大学、地方教育当局和教师团体组成的"地区师资培训组织"，加强协作，统一各机构的教育质量，促进师范教育的一体化和协调发展。③

---

① 苗学杰. 融合的教师教育：教师职前教育中理论与实践的关系研究［D］. 长春：东北师范大学，2012：132.
② 杜静. 英国教师在职教育发展研究［D］. 重庆：西南大学，2007：34-35.
③ 杜静. 英国教师在职教育发展研究［D］. 重庆：西南大学，2007：34-35.

（三）重要地位

《麦克奈尔报告》是英国教师教育的一个转折，也是英国教师教育史上一座重要的里程碑。报告的发表不仅使教师的地位得到了进一步提升，更重要的是把师范教育划入大学的羽翼之下。教师教育归入大学的重要意义在于，教师的学术地位得到了一定程度的认可，为教师职业成为一种专业奠定了基础。同时，报告表明政府在关注教师职前教育的同时观照到了在职教育的问题，并且第一次对教师的在职教育进行了政策性的规约。此外，"合格教师"的标准也对教师素质提出了更高的要求，从而促使了教师的不断学习与提高。因此，该报告被誉为英国教育史上的一部"教师宪章"，成为英国教师教育发展脉络中的一个主要节点和此后教师在职教育政策制定的重要蓝本，至此，教师教育的各阶段培养目标有了初步的划分。教师在职教育被明确规定为一种知识更新的"充电"教育，而非承担整个教师培养的"供给"教育。在职教育与职前教育开始秉持不同的教育目标，作为各自独立的教育形态，沿着自己的发展路径前行。在职教育和职前教育纠缠不清的局面逐渐走向终结。①

（四）专业化、理论化取向的教师教育思想确立

《麦克奈尔报告》被称为"教师宪章"名副其实，在英国教师教育发展历程中具有重要地位。自《1902 年教育法》授权地方教育当局与大学或大学学院合作、建立培养初等学校教师的日间师资训练学院开始，英国教师教育从经验型走向理论型。《麦克奈尔报告》明确呈现了教师教育的科学取向和理论定位，由此反映出这一时期科学理性至上的教师教育思想。但完备的教育学理论科目一定程度上脱离了学校教学的实际，高等教育化倾向明显，这也可以说是对英国教师教育长久以来经验主义传统的矫枉过正。

五、《教师的紧急招募与培训》

英国教育委员会预计二战后中小学将面临严重的教师紧缺危机，应大胆开辟新的教师职前教育途径以快速应对危机。1943 年 10 月 21 日，教育委员会主席巴特勒（R. A. Butler）在国会宣布政府即将推行《教师招募与培训紧

---

① 杜静. 英国教师在职教育发展研究［D］. 重庆：西南大学，2007：35.

急培训方案》。1944 年 5 月 15 日，教育委员会采纳咨询小组的建议，发布第
1652 号通知《教师的紧急招募与培训》，详细阐述教师紧急招募与培训方案
的内容。

（一）方案的主要内容

方案的核心内容是建立紧急培训学院（Emergency Training Colleges），招
收具有一定工作经验的成年学生（主要是退伍军人或军工行业从业者），先参
加一年制的强化教师培训，再到中小学试用两年并同时参加在职培训，合格
者可获得教师证书。为保证培训质量，1652 号通知建议不仅要对紧急培训学
院的师范生进行教师专业培训，还要对他们进行个人教育（personal
education）。个人教育内容包括英语，以及师范生与紧急培训学院教师商议后
选定的一到两门其他学科。

此外，师范生还应到中小学进行大量观察和教学实习。紧急培训学院通
过自主实施内部考试对师范生进行评价，教育委员会必须确保考试达到国家
标准。紧急培训学院的教师来自中小学和普通教师培训学院，学院应坐落在
大城市附近，每所学院的规模在 200 人左右。[①]

（二）对方案的评价

虽然人们对此方案的实施效果一直存在争议和批判，但总体倾向于积极
评价。批判者认为紧急培训学院学制时间短，学生选拔标准低，师资力量差，
办学设备简陋，导致教师培养质量欠佳，降低了教师专业水准。因为很难得
到有效指导，新教师在两年试用期中进行部分时间制学习，这是教师紧急招
募与培训方案执行效果最差的环节。

虽然很难将紧急培训学院与普通教师培训学院的教师培养质量进行比较，
但可以确定，紧急培训学院培养了 3.5 万名合格教师，这使 1947 年中学生离
校年龄得以提升至 15 岁。至 1951 年，紧急培训学院培养出来的教师占公立
中小学教师总数的 1/6，为应对二战后英格兰与威尔士中小学教师短缺危机做
出了巨大贡献。此外，此方案的一个附加贡献是使很多未持证教师有机会参

---

① 赵敏. 英格兰与威尔士中小学教师职前教育政策发展研究（1944—2010）[D]. 上海：华东师
范大学，2019：40.

加培训，1946 年公立中小学有 7 000 名未持证教师，其中有 2 200 人通过参加
教师紧急招募与培训方案获得教师证书。1953 年公立中小学未持证人数下降
至 2 000 人。总体来说，教师紧急招募与培训方案的实施，为此后英国开展成
人教师职前教育提供了宝贵经验。该方案也为英国应对其他行业人才危机，
以及其他国家应对类似危机提供了重要参考。①

（三）专业化、理论化取向的教师教育思想再次得以印证

该方案再次印证了英国的经验主义传统，每项政策或措施都是立足于实
际需要而产生的，以变应变。虽然人们对经过这种方式培养的教师质量存在
一定争议，但不可否认，面对二战后的教师紧缺危机，紧急培训学院发挥了
重要作用。虽然是在教师紧缺情况之下，但是参与招募的新教师与之前未持
证教师，都需要经过培训获得合格教师证书上岗，这也体现出对于教师专业
性的重视，专业取向的教师教育思想再次得到体现。

小结：现代化加速时期教师教育政策中体现的思想变迁

英国政府介入教育管理事宜是一个渐进的过程，而其中一个重要的手段
就是立法。每一个重要法案的颁布，都是英国教育现代化进程中的里程碑。
例如，"《1870 年教育法》是填补空缺的初等教育法，标志着英国国民初等教
育的开始；《1902 年教育法》是中等教育法，是英国国民中等教育开始形成
的一座里程碑；《1944 年教育法》，首次建立起初等中等教育相互衔接的统一
的国民教育制度"②。这也再次印证了英国教育改革、教育立法的渐进、温和、
妥协的特征。

而每一个重要法案中，几乎都包含教师教育改革的相关内容，由此可见，
伴随教育的发展，教师教育也逐步得到重视并走向规范化，具体表现在全日
制职前培训取代了具有学徒训练性质的以半工半读为特征的教生制，中央和
地方政府也逐渐积极参加到师资培训之中，教师的薪金和社会地位也有所提

---

① 赵敏. 英格兰与威尔士中小学教师职前教育政策发展研究（1944—2010）[D]. 上海：华东师
范大学，2019：44.
② 赵红梅. 英国 1902 年教育法研究综述 [J]. 教育史研究辑刊，2013（4）：85-90.

高。① 梳理这些重要政策法案的主要内容，反映出了这一时期教师教育的思想变迁过程。

1. 教师教育中实用主义倾向始终存在。教师教育思想和实践的每一次发展和转向，都不是应理论的倡导形成，而是为了回应和解决某一时期凸显出的实际问题。例如，最初人们普遍认为，教师是不需要专门培训的，尤其是初等学校的教师。《1870 年初等教育法》颁布后，政府开始关注教师教育问题，并将小学师资培养提上日程。之后逐步发展成为有固定的机构负责管理与实施教师培养事宜。

2. 教师教育从经验主义传统走向理论化和科学化，专业力量愈加凸显。19 世纪末至 20 世纪初，伴随初等教育的普及以及中等教育的发展，对教师的专业性水平提出了更高要求。从最初大学附属日间师资训练学院的建立，到关注教育基本理论的学习，大学学术力量的介入使教师培养从技术训练逐步走向专业化，这一阶段，呈现出了专业化、理论化取向的教师教育思想。但在此过程中，也存在着一定的矫枉过正的现象，尤其是在理论与实践的关系上。

3. 在教师教育领域，伴随着政府的介入和制度化干预，教师教育工作逐渐向中央集权化发展，体现了国家主义的力量。其背后是新自由主义影响下政府的宏观控制，教育或教师教育不仅是个人或教育领域关注的问题，还涉及社会各系统的整体变革和合作。需要中央政府、地方政府、大学等重新建立秩序以加强协作，从而促进教师教育的一体化协调发展。

第四节

现代化加速时期教育家的教育思想、实践及教师观

以反对传统教育、提倡发展儿童能力与个性为主要特征的新教育思潮最早在英国形成，19 世纪 90 年代，在英国占据了统治地位，随之形成的是"新教育"运动。"所谓新教育运动（或称新学校运动），是指 19 世纪末 20 世纪

---

① 吴式颖，褚宏启. 外国教育现代化进程研究 [M]. 太原：山西教育出版社，2005：97.

前期在一些国家相继展开的，旨在改造传统学校和建立新型学校的教育革新运动。"① 新教育思想反对传统的以知识为本的教育主张，强调儿童个体的自由和发展，关注学校教育与社会生活之间的联系。

英国的新教育运动始于 19 世纪 80 年代末，初期代表人物是雷迪（Cecil Reddie）和巴德利（John Haden Badley）。受到欧洲"新教育运动"思想和美国"进步主义教育运动"思想的影响，欧美国家形成了广泛的教育革新运动，"自由教育"思想产生于其中，强调儿童个性的自由发展，提倡在学校中给予儿童最大的自由和爱，尊重和热爱儿童。进入 20 世纪后以罗素（Bertrand Russell）和尼尔（Alexander Sutherland Neill）等为主要代表人物，对 20 世纪前半叶欧美国家的教育理论与实践发展产生了广泛的影响。就对传统教育的批判而言，"自由教育"思想与"新教育运动"的思想是一致的，但同时它也具有鲜明的、自成一体的特点。

一、雷迪

（一）雷迪的生平

英国教育家塞西尔·雷迪（Cecil Reddie，1858—1932），1858 年生于伦敦的富勒姆。1889 年雷迪在家乡英格兰德比郡创办了阿博茨霍尔姆（Abbotsholm）乡村寄宿学校，这是欧洲第一所"新学校"，标志着新教育运动在欧洲的开始，因此他被誉为"新教育之父"。19 世纪末 20 世纪初，新教育运动又扩展到德国、法国、瑞士、比利时和意大利等国，在 20 世纪前半叶的欧洲盛极一时。作为欧洲的第一所"新学校"，阿博茨霍尔姆学校是欧洲其他国家这类新学校的典范，并对欧美学校教育产生了很大的影响。在共同的教育实践中，欧洲新教育运动出现了联合的趋势。

这些学校多建在远离城市、风景优美的乡村，学费昂贵，主要为上层阶级子弟服务。学校设施完备，具有条件很好的体育馆、阅览室、图书馆和实验室等，供学生学习使用。学校非常重视体育，关注学生的身体健康；在教学上注意学生的兴趣和创造力，使学生的自主精神得到充分发展；学校采用

---

① 张斌贤，等. 西方教育思想史［M］. 成都：四川教育出版社，1994：552.

家庭式的教育管理方式，重视促进学生个性的发展。雷迪力图使乡村寄宿学校适合现代资产阶级生活的需要，把这种教育模式作为英国社会改造的基础和驱动力量。

（二）新教育运动产生的时代背景

19世纪末，欧美国家的自然科学研究取得了长足进步，伴随着工业化和城市化进程的推进，大批农村人口涌入城镇，随之而来的问题是这些农村人口中的儿童和青年普遍缺乏在城市谋生的知识和技能。同时，社会的政治生活也发生了巨大的改变，逐渐向民主化社会迈进。这种社会现实需要教育培养具有创造精神、能够适应社会一系列变化、掌握现代科学技术、善于合作与交流并且能够充分自由地展现自身人格的人。但当时的教育理论和教育实践仍在沿袭欧洲的传统教育，重视精神修养和书本知识，单纯强调形式训练和智力上的成绩，学生在盲目、被动和机械地学习，教育内容与社会现实生活严重脱离。于是，在欧美多个国家先后兴起了一场教育革新运动。

（三）阿博茨霍尔姆学校的课程设置原则

雷迪的阿博茨霍尔姆学校外观强调自然朴素，注重为学生全面发展提供全面的教育。在教学管理上，适应社会需要、改革课程体系，以培养改造英国社会的高级人才。他把培养学生具有领导、合作、平衡的意识与能力作为学校的三项基本原则。[①] 在此原则指导下，学校设计课程，提供多种相互合作的关系，引导学生平等对待课程中的多个部分，同时平衡好生活中的各种二元关系，以此来培养能够改造英国社会的新领导阶层。在整个学校管理中强调合作、平衡的原则，主张在师生中建立相互信赖的关系，提供多种相互合作的机会，吸引学生愿意参加活动。在阿博茨霍尔姆学校的整个生活中，"合作、和谐和领导"是雷迪所强调的三个基本思想。因此，在学校中，教师与学生之间要建立一种真诚的信赖关系；在教育教学活动中，教师通过广泛采取学生小组的形式加强合作。

学校工作以"提供一种全面的、协调的生活"的理念来设计，并在活动中使学生学会如何去领导。雷迪强调："我们特别需要造就一个领导阶级。我

---

① 易红郡. 英国教育思想史［M］. 上海：华东师范大学出版社，2017：404.

们能通过明智的和有生气的教育来造就它。"因此，学校教育的目的在于提供"一种完全现代和有合乎情理的特点的、适应社会'领导阶级'需要的全面教育"。① 这样，他们就可以培养出"更高级的人，能够应付现代知识与现代生活不断扩大的范围与复杂性，而且他们能更好地通过建立感情而力求建立健全的人类社会"②。为了实现上述教育目的，雷迪特别重视学生的创造性活动和实际的工作，以改造当时脱离社会生活、偏重古典语文课程、忽视社会关系及个人关系的贵族化的公学制度。学生在各种活动中获得知识、力量和技巧，并在活动中学会如何合作与领导，从而在各方面都得到良好的发展。在他看来，学校的任务主要是促进个人的自由发展、良好的身体和心灵的健全发展，而不要用知识去压抑儿童的发展。

（四）阿博茨霍尔姆学校的具体课程安排

阿博茨霍尔姆学校是一所寄宿中学，建立在面积宽广和风景美丽的郊外乡村里，占地133英亩。由于雷迪反对男女同校，因此只招收11—18岁的男生。学生都穿统一的制服，从提供一种全面教育的视角出发，每天的学校生活分成三个部分：上午主要是学术活动，下午是体育锻炼和户外活动，傍晚是娱乐和艺术活动。雷迪对学校生活的每一部分都提出了详细的计划，学校课程主要包括以下五个方面：

一是体育活动和手工劳动。要求学生在进行体育锻炼的同时，在学校土地上参加农业生产劳动和其他手工劳动，例如裁缝、制鞋、烹饪、木工、雕刻和金工等。学校还制订了一个在农场、木工间和金工间有组织地进行活动的课程计划。

二是艺术方面的课程。要求学生学习最好的传统艺术和现代艺术，参与唱歌、戏剧表演等活动。

三是文学和智力方面的课程。它与古典主义课程不同，有英语、法语和德语，还包括数学、物理、化学和生物，以及历史、地理和社会科学等。

四是社会教育。它是学校课程的重要组成部分，每个班级的规模比较小，

① 康内尔. 二十世纪世界教育史 ［M］. 张法琨，等译. 北京：人民教育出版社，1990：264.
② 康内尔. 二十世纪世界教育史 ［M］. 张法琨，等译. 北京：人民教育出版社，1990：268.

一般不超过 15 人。整个学校与一个社区密切联系，要求学生在晚上或周末参加社区的社会娱乐和俱乐部活动等。

五是道德和宗教教育。它主要是通过学校教职员的影响、学生所生活的环境以及非教派的教堂来进行的。

雷迪认为，对于学生培养来说，这五个部分的课程是不可分割和密切联系的。因为只有这样，才能使学生获得知识、力量和技能，在各方面都得到良好的发展。

（五）新教育运动产生的影响

为了造就一代新的资产阶级领导者，雷迪既重视儿童的个性发展，又没有忽视教育的社会目的。应该说，雷迪的教育实践取得了极大的成功，为新的教育思想和新的教育实践树立了典范。雷迪无疑是欧洲创办"新学校"的第一位教育家，世界上很多国家的上百所"新学校"，都是直接或间接地仿照阿博茨霍尔姆学校建立的。1921 年，来自英国、法国和德国的新教育家在法国加来决定成立"新教育联谊会"，并且出版《新时代》杂志。1922 年联谊会提出"七项原则"，其总的精神是重视活动以及儿童个人的自由、完善的发展，成为新教育运动的国际宣言。从世界范围来说，由于雷迪的教育思想和实践对新教育运动产生了重要的影响，因此有人把他称为"新教育之父"。

二、巴德利

（一）巴德利与贝达尔斯学校

原阿博茨霍尔姆学校教师约翰·赫顿·巴德利（John Haden Badley）于 1893 年建立的贝达尔斯学校，是阿博茨霍尔姆学校的第一个分支。巴德利 1865 年生于伯明翰附近的达德利，1880 年就读于拉格比公学，表现非常突出，但对那里的教学状况十分不满。1884 年，巴德利进入剑桥大学三一学院，被大家认为是"一个极有才能的人"。大学毕业后，巴德利应雷迪的聘请，从 1889 年 10 月起开始担任阿博茨霍尔姆学校的教师。为了办好阿博茨霍尔姆这所新学校，雷迪十分需要像巴德利这样一位充满活力、学术卓越以及对教育理论和实践具有批判精神的人。巴德利在阿博茨霍尔姆学校工作了 3 年，是学校的骨干，并在一定程度上接受了雷迪的教育思想。后来，由于在男女同校教育问题上意见不一，巴德利和新婚的妻子决心自己开办一所学校。

巴德利在英国南部的苏塞克斯建立了贝达尔斯学校，并于 1893 年 1 月正式开学。刚开办时，学校只有 3 名男生。第二年，学生人数增加至 30 人。贝达尔斯学校原只招收 9—15 岁的男生，从 1898 年起招收了 4 名女生。男女同校是贝达尔斯与阿博茨霍尔姆学校最显著的差异，巴德利相信异性之间的协作将扩大成功的范围，而且承担共同的责任是未来两性关系的基础。[①] 所以，贝达尔斯学校在世界上也以成功地实行男女同校教育著称。贝达尔斯学校作为一所乡村寄宿学校在学校育人目的、课程设置和组织形式等方面，甚至包括学校设备等方面都与阿博茨霍尔姆学校基本相似。

（二）巴德利的教育主张

与雷迪不同的是，巴德利更趋向于培养有创造力的个人，对教学过程更加感兴趣，学校管理也更加民主和自由。他曾提出了六条原则：第一，在男女同校教育的环境中给儿童充分的自由，使他们的身心得到正常的、健全的发展；第二，既注意每个儿童心智的、道德的和身体的需要，又考虑社会的需要；第三，给儿童提供充分表现的机会，以适合他们的创造冲动；第四，举行宗教仪式活动，但不强迫儿童参加；第五，提倡合作精神；第六，在教师和学生之间建立一种友好和信任的关系。[②]

（三）贝达尔斯学校的教育实践

1900 年，贝达尔斯学校迁到朴次茅斯北部的彼得斯菲尔德附近。由于它招收 4—19 岁的男女学生，因此，贝达尔斯学校已不仅仅是所中等学校，更是一所包括了从幼儿园教育到中等教育的学校。

巴德利把学校分为三个部分：初级学校、中级学校和高级学校。初级学校招收 4—11 岁的儿童，明确规定作息时间，上午除进行 1 小时室内的知识

① 易红郡.英国教育思想史［M］.上海：华东师范大学出版社，2017：405.
② 滕大春.外国教育通史：第 5 卷［M］.济南：山东教育出版社，1993：233.

作业活动外，所有儿童都可以自由地选择自己最感兴趣的活动，下午安排为自由的户外活动。巴德利认为，要幼儿上午大部分时间从事知识作业活动实在是个错误。中级学校招收 12—16 岁的学生，给他们提供一种广阔的通识性训练，以便发展他们的基础能力，为将来的专门学习做好准备。设置的科目有英语、外国语（法语）、历史、地理、数学、科学（包括自然研究、物理、化学和生物）等，其中特别注重英语的学习，还规定每个儿童必须从绘画、手工、烹饪、刺绣等艺术和技艺中选学两种。高级学校招收 17—19 岁的学生，规定在学生 17 岁时举行考试，通过考试者可以自由选择所喜爱的科目进行深入研究，实行没有时间限制的个别教学。能力优异者可以准备升大学，不准备升大学的学生可以选学范围广泛的、以日常生活需要为依据的科目。

在贝达尔斯学校里，巴德利特别强调发展合作精神，严厉禁止竞争的方法，规定对平时作业不计分数，对学习成绩最优异者也不发任何奖品和奖章。他还提倡音乐的学习，引导学生们爱好音乐。他对学生的身体健康十分重视，规定充足的睡眠时间以及体育课时间，要求每个学生都参加学校组织的体育运动，每学期始末还对他们进行体格检查并做详细的记录。

巴德利还认为，儿童自治是学校管理的一种有效方法。因此，贝达尔斯学校的校务和日常生活管理尽可能交给年龄较大的男女学生去负责。校长、教师和学生代表组成的学校参议会每年修改校规一次，并讨论校内各个群体提出的意见或建议。但是，巴德利也认为，儿童自治主要是处理他们确实能自己解决的事情，而不能为所欲为。

总之，与阿博茨霍尔姆相比，贝达尔斯既有继承又有创新。在日常生活安排、课程设置上，两者几乎一致。但在管理方式上，巴德利比雷迪更宽容、更民主，阿博茨霍尔姆主要为上层阶级子弟服务，学校管理沿袭传统公学的做法，强调纪律和统一。贝达尔斯则更加尊重学生的各种观点，不强调思想的统一性，[①] 鼓励学生自治、参与学校治理。

---

① 易红郡. 英国教育思想史［M］. 上海：华东师范大学出版社，2017：405.

三、罗素

(一) 罗素的生平

伯特兰·罗素 (Bertrand Russell, 1872—1970), 英国哲学家、数学家、社会学家, 也是西方最著名、影响最大的学者和社会活动家。罗素的童年很孤寂, 他经常在家中荒凉失修的大花园里独自散步冥想, 是大自然、书本和数学把他从孤独和绝望中拯救出来, 特别是数学, 成为他的主要兴趣。罗素一生兼有学者和社会活动家的双重身份, 以追求真理和正义为终生志向。罗素曾于 1921 年到中国讲学, 对中国学术界有相当的影响。1927 年, 罗素和夫人布莱克在英国彼得斯菲尔德市附近创办了私立学校, 实践他的教育理论, 这是当时英国的进步主义学校之一。他一直主张 "自由教育" 和 "爱的教育", 认为教育的基本目的是品格的发展, 而 "活力、勇气、敏感和智慧" 是形成 "理想品格" 的基础; 并深信通过对儿童的身体、感情和智力上的 "恰当的处理", 可以使这些品质得到普遍的培养。[①] 罗素的主要著作有《教育与美好生活》、《幸福之路》、《西方哲学史》、《数学原理》以及《物的分析》等。

(二) 罗素的教育思想

1. 对传统教育的批判

罗素对当时的教育制度深感不满, 他认为, 传统教育的弊端主要表现在两个方面。第一是教育成为维护现有秩序的工具, 现在政府、教会和其他为它们服务的大的机关团体所办的教育, 并不是本着尊敬的精神。教育上几乎从来也没有考虑男女儿童、男女青年, 而差不多老是在研究怎样在某种形式之下, 可以保持现在的秩序。第二是传统教育制度不利于儿童个性的自由发展, 主要反映在: (1) 传统的教学目标是产生信仰而不是思维, 是强迫青年对可疑的事情持有一定的意见, 而不是使他们看到可疑之点以鼓励他们独立思考; (2) 教育者不尊重儿童的权利, 忽视儿童的心理特点; (3) 传统的教学方法是注入式的, 教师单纯灌输纯粹的书本知识, 学生被动地接受教师的智慧。学生的本性被歪曲了, 自由思想的愿望被教师残忍地加以阻遏。罗素

---

① 李慕南. 国外教育名家成长故事 [M]. 沈阳: 辽海出版社, 2011: 72.

认为，理想的人的品行应该包括活泼、勇敢、敏感、理智，它们能使人们趋向完善，是理想的品格的根据。他指出，人类的恶习是由教育带来的，因此，只有教育才能使我们获得与之相反的美德。"一个因由教育而拥有高度活泼、勇敢、敏感和理智的男女所组成的社会，将与过去存在的一切社会截然不同。不愉快的人必定极少。"[①]

2. 罗素的智力教育观

在《教育与美好生活》一书中，罗素将品性教育与智力教育区分开来。他认为某些美德是一个接受教学的儿童所需要的，而大量的知识是众多重要美德的成功实践所需要的。[②] 在处理自由与纪律的关系上，罗素认为教师要给儿童充分的自由，但是学校也不能完全没有纪律。因此，他主张把自由与纪律巧妙地结合起来。[③]

第一，关于智力教育，他认为美好的品德是智力教育的基础。如果方法得当，智力教育也可以产生美好的智力美德。这些智力美德包括好奇心、虚心、忍耐、勤勉、集中精力和对精确度的追求。进行智力教育，必须使学生懂得知识的获取必定存在一定的难度，但是任何难度的知识都可以通过忍耐、勤勉、集中精力和对精确度的追求来获得。在这些智力美德中，最重要的是好奇心。罗素认为，教学的目的就应该是部分地满足学生的好奇心，部分地给予他们需要的某种技巧，以便他们能够自己满足自己的好奇心。教师应该对一种富有成效的好奇心进行激励，即使好奇心全部是在学校课程之外，也不能使好奇心受挫。

第二，关于智力教育的内容，罗素认为，14 岁以前，在儿童身上发现特殊的天资应该是教育的目的之一，最好是让每个学生都学习各门学科的基础部分，这些学科不需要那些对它们不感兴趣的人进一步追求。算术因为具有实用的功能，因此需要熟练到一定程度；地理的学习可以减少对周围环境严峻程度的想象，因此也应该摆到重要位置上；历史课在儿童 5 岁左右就能够有效地开始教学，需要注意的是不可强迫教那些对成年人有吸引力的内容，

---

① 李慕南. 国外教育名家成长故事 [M]. 沈阳：辽海出版社，2011：74-76.
② 伯特兰·罗素. 教育与美好生活 [M]. 杨汉麟，译. 石家庄：河北人民出版社，2001：7.
③ 李慕南. 国外教育名家成长故事 [M]. 沈阳：辽海出版社，2011：77.

这些内容直到儿童成熟的时候才能教给他们。在学校的早期阶段，还应该给跳舞安排一定的时间。对于文学，罗素认为所谓文学的价值就是对一部典型的优秀文学作品精通熟识，这种精通熟识将影响人的风格，不仅是对写作的影响，也影响人的思想。对数学的理解力，罗素说数学就像对音乐的才能一样，主要是一种天赋。但是，即使那些对这门学科知识学而无益的人也应该修这门知识。

第三，关于智力教育的方法，罗素认为，完整的教育必定包括更抽象和更有智慧的教育方法。要使教学趣味横生，而不能过分简单化。脑力劳动加上一定的训练是有必要的，但是，不要扼杀了学习知识的兴趣。教育中刺激学生，是为了使学生感觉到有可能取得成就，对于聪明的孩子可以加大学习知识的难度。作为教师，应该是以朋友的身份出现，而不是作为敌人，这样儿童的学习才会突飞猛进。"一定要让学生处于积极的主动状态，而不可处于被动的消极状态，这就是使教育成为幸福快乐而不是痛苦的奥秘。"[①]

四、尼尔

(一) 尼尔的生平

亚历山大·萨瑟兰·尼尔（1883—1973），英国著名教育家、儿童心理学家。尼尔出生在苏格兰，爱丁堡大学英国语言文学硕士，大学毕业后，先在苏格兰公立学校任教 12 年，后在伦敦国王艾尔弗雷德学校任教两年。1921年，尼尔与友人合作，在德国德累斯顿的赫勒劳创办一所国际学校——达尔克劳兹学校，尼尔主持该校的外国学生部，即夏山学校的前身。这是一所小型的实验学校，学生来自英国、斯堪的纳维亚、南非、美国和加拿大等处，总人数在百人以下，师生比约 1∶10，学生年龄一般在 5—16 岁。[②]

尼尔的教育思想深受卢梭的自然主义教育观、弗洛伊德的心理分析理论、杜威及克伯屈的实验主义和设计教学法、兰恩的"小共和国"和莱西的性格结构论的影响。他认为，现代教育什么都错了，他深信儿童生来就是明智的

① 杨小梅. 论罗素的智力教育观 [J]. 教育探索，2006（8）：44-45.
② 尼尔 A S. 夏山学校 [M]. 王克难，译. 海口：南海出版公司，2010：130.

和现实主义的。"自由"是他的口号，学校的特色之处在于它实施的"律动舞蹈教学法"（Eurythmics），该教学法包含"体态律动"和"即兴训练"两部分，旨在启发学生的创造力，进而影响学生在其他学习领域的表现。在他的学校里，儿童可以从事他们感兴趣的活动，并且自己管理自己。他认为应该使学校适合儿童，而不是使儿童适合学校，学校应当放弃所有纪律和道德训练。上课是自愿的，儿童可以上课，也可以不上课，他创办的学校实际上是一所以儿童为中心的学校。在夏山学校的实践基础上，尼尔先后撰写了《问题儿童》《问题父母》《夏山——一种激进的儿童教育方法》和《谈谈夏山学校》等著作。

（二）尼尔的教育思想

1. 提出以爱为根基进行情感教育。尼尔确信"恨生恨、爱生爱"，认为快乐是生活的目的，衡量成功的标准"在于愉快地工作和积极地生活"。孩子的幸福与快乐的程度，全靠成人给他们的爱和赞许，无论家长还是教师，都一定要和孩子站在一边。这种爱是一种让孩子感觉到你爱他、也赞同他一切行为的爱。

2. 实行民主自治的管理制度。尼尔认为，一所自由的学校必须高度自治，只有当小孩能完全自由地管理他们的集体生活时，他们才能达到真正的自由。夏山学校是一所以民主的方式进行自我管理的学校，校长只在甄选新生、聘请学校工作人员以及经营学校等少数几个方面拥有决定权。其他方面，大到规章制度、学校活动，小到日常生活中鸡毛蒜皮的琐事，都要提交到"全校大会"讨论表决。"全校大会"也称自治会，是讨论学校教学与生活事务的自治机构，是夏山学校的最高权力机关。所有参会者都有投票权，学生与老师投票的效力是一样的。经由这样的自治会，孩子们可以学会如何与各种各样的人共同生活，以及如何解决发生在自己身边的问题。他们学会尊重别人的感受，接纳别人的观点，尤其重要的是学会如何不受别人的威迫利诱，而是采取民主协商的方式保护自己和集体的利益不受侵犯。

3. 重视情绪教育，摒弃宗教教育与道德说教。尼尔重视情绪教育，他的理想学校是一个充满爱的世界，这个世界里的人们喜爱自己的生命，也热爱别人的生命。学校不使用处罚的手段，没有繁文缛节的种种规定和训示，也不存在道德教条和宗教教育，教职员与学生一视同仁、平等相待。

4. 尊重儿童的兴趣。尼尔认为，人在成长过程中，某一阶段的兴趣需要在得到满足后，才能顺利进入下一阶段。兴趣是儿童成长和学习的主要动力，真正的兴趣是自发的，知识教育必须遵循儿童的兴趣，让儿童自由发展。教师没有必要也不可能培养儿童的兴趣，但也不要剥夺和压制儿童的兴趣。教师不能只是一本百科全书，不能照本宣科，教师教学时应引导、鼓励学生积极探索。

5. 注重培养创新精神。为了实现该目的，尼尔主要采取三步策略：第一步，摒弃权威，免于恐惧，解开情结，拆除樊篱，让儿童在自由的天地里自我发现、自我修复、自然生长，帮助儿童找到自我、修复自我、肯定自我。第二步，让儿童通过实际活动主动磨炼自主性。自治会的组建、游戏、运动、戏剧、音乐、美术等活动项目及各种课程的选择都由学生自己做主，教师只作为参谋予以帮助。第三步，允许学生求新求异的自由生活方式，鼓励学生求新求异的自由思维方式。夏山学校不进行宗教教育和意识形态灌输，没有统一的校服，学生可着各种服饰，正是由于多种文化的相互交融，夏山这颗另类的种子才能破土而出，长成参天大树。

（三）尼尔教育思想的价值①

1. 夏山学校尽可能与英国的教育制度保持距离，它的教育目的也是培养人，使学生按照意愿自然、快乐地成长，能够掌控自己的人生，成为不受成人压制的人。学校的标准是快乐、真诚、发展与合群，实行身、心、灵统一的教育。人应该是完整的，让人成为他（她）自己，一个完整的自己，才是教育的最高境界。为了实现这个目标，尼尔提出了一个大胆的设想并将这个想法变成现实：让学校适应学生，而不是让学生来适应学校。

尼尔的教育思想最有价值之处，就是"面对传统教育存在的严重偏颇，从人性的角度，追寻教育对人的本体发展所应承担的责任，以强调教育的生命意义和生活方式，对抗知识论和社会本位论教育哲学的误区"。尼尔试图回答教育的核心问题，即：学校究竟应当按照产业和职业的专业化要求来改造

---

① 胡晶. 教育的"桃花源"：尼尔夏山学校研究［D］. 上海：上海师范大学，2014：51-52.

人本身，还是为了儿童健康、快乐地生活和完美人格的形成而努力？夏山学校特立独行的教育目标给我们的启示是：学校在制定教育目标时不妨"自我"一点，多一点人情味，多关注人的生命体验、生命过程、生命幸福以及生命价值的实现，进而让儿童热爱生命、尊重生命、成就生命。

2. 关注"问题儿童"，支持民办"特殊学校"。"特殊"学校是指像夏山学校这样的"另类学校"，这些学校的培养目标与教学方法比较特殊，专门服务于智力发育正常、身体健康、机能健全但存在学习和交往障碍的"问题儿童"。按照尼尔的观点，没有"问题儿童"，只有"问题学校"、"问题家长"和"问题教师"。尼尔校长以最直接的方式，接纳、收留这些孩子，并以最大的热忱和耐心，对他们进行形式多样的心理辅导和治疗，唤起他们热爱生活的情感，使他们恢复应有的健康和快乐。

3. 还儿童以自由，保护儿童的天性。传统的学生观认为，学生是幼稚的、无知的、可塑的、依附的以及无个人意志的，因此，需要在成人的规划下，受到严格制约和训练。至于学生的自由，那是可有可无的事情。但在夏山学校自由环境下生长的孩子表现出完全相反的一面：他们是独立的、自主的、有个人意志的、有民主权利的、保持个性的、健康的、自信的、有理想的、会生活的个体。他们从不会感到厌倦或者无聊，因为他们总是忙于去发现更多新奇的事物，他们总是有许多想要做的事情。就像尼尔谈到的那样，自由概念可以包括两层含义：第一层是消极的自由，避免任何形式权威的影响，让儿童自然地成长，允许儿童发展自己的人格；第二层含义，是指积极的自由，也就是说自由不等于放纵，而是一种自我决定与勇于负责相统一、自律自制与彼此尊重相统一。尊重儿童的自由不是让他们放纵人性而流为无政府状态，保持儿童的天真也不是叫儿童不加思考地鲁莽蛮行，而是要让儿童在追求自由、实现自由的过程中担负起人生的责任、义务。因此，我们在提倡自由的时候，要明确自由的真正含义。自由不是任意妄为，而是在不妨碍别人自由的情形之下做自己想做的事情。

4. 重视情感教育，用爱感动学生。尼尔认为道德的基础不在理性，而在于情感，人格与情意教育是学习的基础。感性的充实和活跃对理性的发展具有积极作用，更重要的是，感性和理性的融合才能构成完整意义上的智能和人格。只有情感健康发展的人，才能感受到生活的愉快和幸福，才能体会到生活的意义，才能拥有健全的人格和创造性的生活态度。

　　四位教育家所秉持的教育思想以及实施的教育实践，与当时处于工业化背景之下的英国普遍开展的中小学教育差异很大。他们所建立的"新教育"思想和"自由主义"教育思想，强调天性、自由、好奇心、创造、合作、品德等，对于教师在教学过程中的角色提出了新的要求，要求教师与学生之间建立一种真诚的信赖关系，教学内容也不再是照本宣科。罗素在1932年发表的《教育上的竞争》一文中，对于传统的机械式教育提出了批判，并且提出教师"应该具备一些心理学知识，对教学艺术有相当的训练，必要时有一定的自由能减少课程的内容""教师应该鼓励学生发表明智的不同意见，甚至怂恿他们阅读与教师意见相反的书籍"。①

　　实施这样的教育需要什么样的教师？雷迪对于巴德利的形容也许能够充分地体现，"一个充满活力、学术卓越以及对教育理论和实践具有批判精神的人"。这样的教师在当时强调理论与理性的高等师范教育中无法被培养，理想的教师在所学教育学理论、科目知识和教育实践之上，对于儿童心理学等有所认识，具有超越所处时代背景的批判反思精神，能形成具有特色的教育思想。他们的教育实践在世界范围内产生了广泛而深远的影响，但与当时国家出台的教育政策关联性不强，这与工业化社会背景下对于教育所提出的需求有关。

本章小结

　　19世纪中期至20世纪中期，英国经历了巅峰的辉煌，也经历了惨痛的损失。工业化进程的加快使得对于受过教育的熟练工人的需求越来越大，加之民主意识的推动，大量贫困家庭的儿童得以接受较为正规的学校教育，教育规模极速扩张。但与此同时，两次世界大战导致的经济衰落、在职教师的缺失，以及长期以来教会、私人力量对于教育的掌控，使得教育质量的提升迫在眉睫。

---

　　① 瞿葆奎. 英国教育改革［M］. 北京：人民教育出版社，1993：65-66.

这个时期，可以明显看到国家意志对于教育发展的介入，这种介入主要以立法的形式呈现。虽然过程有些艰难，充斥着博弈与妥协，但对于引导教育从无序走向有序，发挥着至关重要的作用。每个法案的出台，都解决或回应了社会大环境对于教育的诉求，逐步发展形成国家、地方、大学等多方力量合作推动教育、教师教育发展的局面。可以说，教师教育迈入了制度化时期。

这个时期的教师教育开始注重理论、理性和科学，由此带来的问题就是忽视实践在教师培养过程中的作用，将教学技能的习得视为教育理论学习的必然成果，没有给予专门关注。在这个时期内，虽然初步形成了教育实习制度，但效果差强人意，只是对简单的师徒制的模仿与训练。伴随着对于教育实习作用的重新发现，在20世纪中后期，教育实习制度得到了完善。

工业化和城市化进程对人的素质提出了新要求，创造性、合作性、适应性等特质，是重视书本知识传授的传统教育所不能培养的。因此，"新教育"思想和"自由主义"教育思想应运而生，几位教育家不仅提出了自身的教育理念，而且躬身实践开办了实验学校，在英国、欧洲乃至全世界都产生了广泛且深远的影响。

第六章

现代化发展时期英国教师
教育的实践与思想

20世纪中期至21世纪初，英国教育现代化呈现以下几个特点：（1）教育法制更加完善且政策更具针对性；（2）教育民主化程度不断提高；（3）教育的国家意识增强；（4）教育结构更加完善；（5）教育内容逐渐现代化。作为教育体系重要部分的中小学教育现代化也呈现出相应的特点。工党和保守党轮流执政，虽然他们的执政理念以及方式有所不同，但是通过教育使英国经济社会全面复苏并重振雄风的信心是一致的。其中以撒切尔政府的"新自由主义"与"新保守主义"结合的执政理念最为著名，在"国家控制"与"市场化"理念的不断博弈中，一场"制衡"与"自治"的教师教育改革深远而持久。

总体来说，这段时期教师教育思想主要体现在根据不同阶段的社会背景、经济环境、人口变化以及发展需要，重塑教师专业化以提高教育质量。其主要的思想逻辑是通过"实践"与"理论"、"师范性"与"学术性"的不断博弈，寻找两者的最佳结合点与有机融合，在目标上寻求"竞争"与"公平"的平衡、在管理中实现"集权"与"分权"的相互配合，其手段是通过以一系列调查报告为依据，将政策为抓手，在实践中探索、总结、反思、调整，形成制度并逐渐完善。不同阶段的政策间既有延续，又有断裂，在继承中变革，在变革中发展，呈现出螺旋式上升的趋势。如果说从20世纪中期开始教师教育大学化思想——相比较于师范学校的教师培养——引发了学术性与师范性这一对关系之争的话，那么理论性与实践性这一对关系则始终萦绕在教师教育改革中，这在20世纪80年代后显得尤为突出。英国教师教育发展史中关于"理论"和"实践"、"师范性"与"学术性"的每一次转向表面上是"场地"的变更，背后体现的是其思想逻辑的转换，折射出不同时期政府和研究者对两对关系的不同理解，蕴藏的是教师教育知识观的转变，它们的分歧与融合都离不开教师专业化发展这个目的。总之，改革教师培养培训模式，实现了从高等教育占主导地位到"以学校为基地"的转向，这是具有重大意义、具有英国特点的标志。

在这一时期，教师教育总体上经历了三次重要的变革，也可以说是围绕这三个重要节点展开，即：《罗宾斯报告》改"师范学院"为"教育学院"，教师教育纳入高等教育发展过程；《詹姆斯报告》提出"教师教育三段论"；20 世纪 80 年代以"中小学为基地"培养模式的尝试与新型伙伴关系的构建。从二战后至 20 世纪 70 年代，英国定向和封闭的教师教育模式逐步被非定向和开放的教师教育体制取代，[①] 并且后一模式持续深化，相对应的是教师教育从注重"数量"向提升"质量"的转变。这个阶段的教师教育思想包括了教师教育大学化、教师教育一体化、重塑教师专业化以及管理体制集权化四个方面，是不断理顺教师教育管理体系、变革教师培养模式、完善教师教育内容、制定科学标准、密切合作关系、寻找优质路径、丰富教师来源的过程。20 世纪 80 年代之前可以看作传统教师教育时期，从 20 世纪 80 年代起开始进行现代教师教育改革。[②] 英国在教师专业发展方面逐渐形成了较为完善的机制。[③]

这段时期涌现出众多学者和教育家，出台了著名的教育法案，本章重点介绍知识社会学派代表人物麦克·扬，现代自由教育思想的代表人物皮特斯、赫斯特，以及《1988 年教育改革法》。麦克·扬致力于探讨学校教育知识本身，其思想对综合中学、国家课程、资格证书体系建设等产生了积极的影响，他提出的教师教育反思现代化理论重塑了教师教育伙伴关系、课程等领域的新理念。皮特斯和赫斯特作为英国现代自由教育思想的代表，从教育的概念、目的、教育方式、教育内容等方面进行了论述，为这一时期英国教育以及教师教育变革的方向提供了路径。作为英国教育史上著名的教育法案《1988 年教育改革法》，其内容渗透了强烈的"市场化"理念和中央集权的意识，总体指导教师教育改革方向。

---

① 许明. 教师教育伙伴合作模式国际比较 [M]. 北京：人民教育出版社，2012：6.
② 徐文秀，刘学智. 英国教师教育改革三十年：背景、历程与启示 [J]. 现代教育管理，2019 (8)：117-122.
③ 洪明. 英国教师教育的变革趋势 [J]. 比较教育研究，2003 (4)：58-62.

现代化发展时期教师教育改革
与发展的社会背景

20 世纪中期至 21 世纪初是英国教师教育制度完善期。在经历过一段扩张期以后，英国教师数量短缺的问题得到了一定程度的缓解，但是教师教育质量及其管理体制等也暴露出一些问题，受到社会各界的批评。这段时期英国经历的经济危机、人口变化以及科技大发展的需要使英国政府在基础教育改革上不断发力，力图走出"困境"，进而在国际竞争中脱颖而出。面对经济困境，"福利国家"政策似乎"束手无策"，"撒切尔主义"登上历史舞台，其主导的"自由市场""强大国家"理念更胜一筹。以此种种，此时英国有识之士开始对教师教育发展进行理念反思、制度重构、流程再造、标准细化，这构成教师教育制度完善期的大背景。总体来看，影响英国现代化发展时期教师教育思想与实践的主要因素包括政党及其思想意识形态、市场经济、教育改革和人口变化等。

一、英国进入教育现代化新发展时期

20 世纪 50 年代至 20 世纪末英国步入教育现代化发展时期。这一时期的教育总体上呈现以下几个方面的特点：

（一）教育法制更加完善且政策更具针对性

英国历来重视用立法的形式进行教育决策，教育立法也是保障教育政策稳定性和有效性的重要途径。这一时期英国仍然延续传统，教育政策上升为国家意志的过程需要经过一系列严密的程序，其中包括进行各种调查、建立咨询委员会、发表政策咨询报告、形成法案、提交议会审议、女王批准等程序，其中最值得参考的是前两个程序。英国教育决策趋向中央集权的过程也是凸显完善法制和专业能力的过程。其中调查研究的最终形式是向委任部门提交研究报告。研究报告有两方面内容极为重要：一是提出解决某一问题的原则，如《罗宾斯报告》是为扩大高等教育规模而提出的，其原则是"所有具备入学能力和资格并希望接受高等教育的青年都应该获得接受高等教育的机会"。二是一定要提出解决问题的具体建议和对策，即一揽子的政策方案。①

（二）教育民主化程度不断提高

教育现代化在法制化的保障下前进，民主化程度不断提升。从教育决策的程序来看，各种调查委员会接受任务后，为撰写出有质量的、能充分反映利益各方需求的研究报告，通常要进行访问、会议、调查、取证、分析和研究等一系列工作。政府在立法前发表包括绿皮书和白皮书在内的诸多政策咨询报告，这些报告是在吸收调查委员会建议基础上提出改革设想和重要政策意向的文件，同时汇集了公众、各种利益团体的意见和建议。绿皮书往往包括几种可供选择的政策选项，经过各方面咨询和磋商之后，政府通常在随后发布的白皮书中提出更确切的建议。白皮书也是政府以法案的形式向议会提出政策建议和立法建议的最后一个阶段。当白皮书发表后，教育大臣作为提出立法动议的政府部门的代表要在议会进行陈述。这个教育决策实践过程和立法过程充分地体现了决策的专业化、民主化和科学化。政府以开放的姿态充分考虑入会各方面利益相关者的需求，听取和吸收专家及专业组织的意见，建立起咨询和沟通的顺畅通道。

体现在教学过程中，教师和学生逐步形成更加平等的关系，"儿童中心主义"成为战后英国初等教育的一大特色。② 从 20 世纪 80 年代开始，英国主要致力于统一国家课程的开发和实施，以及考试制度的完善，以期全面提高基础教育质量。③《1988 年教育改革法》推行的国家课程制度，在某种意义上，较为彻底地改变了原先的学生分类学习不同课程、接受不同教育的陋规，使所有接受义务教育的适龄儿童，只要进入公立学校，都能享受到统一大纲要求、统一学业标准和统一门类的课程。④

---

① 国家教育发展研究中心. 2009 年中国教育绿皮书：中国教育政策年度分析报告［M］. 北京：教育科学出版社，2009：222.
② 祝怀新. 英国基础教育［M］. 广州：广东教育出版社，2003：24.
③ 祝怀新. 英国基础教育［M］. 广州：广东教育出版社，2003：24.
④ 祝怀新. 英国基础教育［M］. 广州：广东教育出版社，2003：72.

（三）教育的国家意识增强

在教育目标的制定上，教育国家化表现出更突出的国家目的；在价值诉求上，经济主义、科技主义、国家危机论等无不体现了强烈的国家意识；在教育权上，经过不断的博弈，确立了国家教育权的合法性。克拉克·克尔认为："在英国，政府权力甚至渗透到了各个学院。皇家委员会促进了牛津和剑桥的现代化。"他还说："无论在什么地方……最高权力都存在于'政府部门'……一般地说，权力中心已从最初的师生社群内部转移到外部。"这个"外部"是指"政府权力"。那么什么是"政府权力"呢？克尔说："政府的权力是一个包括皇帝、教皇、教育部长、拨款委员会、评议员以及皇家委员会的非常混杂的实体。"这个"政府"授权创办大学并使其合法化。"在近代，拿破仑是第一位把控大学系统的人。他彻底地重建了大学体系，并使其成为国家管理的法国教育体系的一部分，一直保持至今。"①

（四）教育结构更加完善

从这一时期英国整个教育结构的变化看，20世纪60年代，初等教育发生了一些积极的变化，到70年代后英国基本实现了人人平等接受初等教育。在中等教育方面，第二次世界大战结束前，三分制的思想在政界和社会中占据上风，20世纪60年代以后，三分制的缺陷不断暴露，成为改革的阻力。1965年，《中等教育的组织》第10号通告，提出中等教育综合化的计划，要求在一年内实行中等教育综合制，主要组织形式为一贯制的综合中学（11—18岁）；并且随着综合中学的推广，教育与科学部于1967年宣布正式废除原来为小学毕业生分流到不同中学而实行的"11岁考试"。② 中等教育的结构经过调整于20世纪70年代末逐渐定型，走向综合化。英国教育结构的完善如同教育民主化进程一样，也呈梯级递进之势，先是解决初等和中等教育结构的衔接问题、中等教育结构的调整问题，后是解决高等教育和职业技术教育结构的调整与完善问题。这样，教育的结构更加合理化、民主化、效率化。到

---

① 克拉克·克尔. 大学的功用 [M]. 陈学飞，陈恢钦，周京，等译. 南昌：江西教育出版社，1993：15-16.

② 祝怀新. 英国基础教育 [M]. 广州：广东教育出版社，2003：24.

20 世纪 70 年代末，英国现代教育结构已基本定型，充分体现出教育现代化的稳健性与渐进性的特点，为 80 年代英国教育改革的深化奠定了基础。[①] 到 20 世纪 80 年代，英国基础教育制度已经基本完善。[②]

（五）教育内容逐渐现代化

为适应工业革命和经济发展需要，英国各级各类学校教育的内容都在不断地扩充与变革。教育内容的世俗化、科技化、大众化缓慢发展，宗教教育、古典课程渐次向世俗化转变，机工、化学、物理、解剖、园艺、农学、航海学、现代外国语、数学等科学知识皆进入了学校课程。在第二次世界大战后英国这一进程明显加快，课程的变化是显著的。到 1988 年的课程改革，其对科学的重视前所未有，科学素养成为中小学生除读、写、算以外最为根本的素质要求，技术学科也被放到了基础学科之中。[③]

二、政党及其思想意识形态的影响

不同的政党有各自不同的价值观和理念。英国伦敦大学教育学院教授丹尼斯·劳顿（Denis Lawton）把影响英国政党的思想意识分成了四类，即私有化（the privatizers）、基础保障化（the mini-malists）、多元化（the pluralists）以及综合化（the comprehensive planners）。[④] 保守党主要受私有化和基础保障化的影响，工党主要受多元化和综合化的影响，当然这并非绝对，但是两个党派思想意识上的差别是显而易见的。由于思想意识的不同，他们在制定职前教师培养政策时也各有其立场和角度。在职前教师培养上，保守党的政策比较倾向于学术性和理论主义的培养模式，工党则倾向于实践性的培养模式。一般认为，影响英国两大党派制定教师教育政策的思想意识形态主要包括"社会民主观"和"新右派"。[⑤]

① 吴式颖，褚宏启. 外国教育现代化进程研究［M］. 太原：山西教育出版社，2005：120.
② 祝怀新. 英国基础教育［M］. 广州：广东教育出版社，2003：24.
③ 祝怀新. 英国基础教育［M］. 广州：广东教育出版社，2003：72.
④ LAWTON D. Education and politics in the 1990s：conflict or consensus？［M］. London：The Falmer Press，1992：17.
⑤ 黄海根. 二战后英国职前教师教育政策研究［J］. 外国教育研究，2008（11）：92-96.

（一）"社会民主观"的影响

二战后，英国保守党和工党都强烈呼吁民主和福利社会的构建，因而在教育上达成了基本一致的看法，"社会民主观"磨合了两党制定教育政策过程中意识形态的冲突。在英国，社会民主观深刻地影响了战后几十年间教育政策的制定。《罗宾斯报告》的目的及临时建议（扩大高等教育的规模，将高级技术学院升格为大学）折射出了社会民主的基本原则，其关于职前教师教育的建议也不例外。① 战后的一二十年间，两党之间的意识形态纷争并不明显，双方都致力于战后福利社会的构建，增加教师培养数量和扩大教师培养规模，提高教师质量以满足日益膨胀的受教育人口的需要，教师教育政策的制定一定程度上都围绕着福利社会这一时代主题展开。

（二）回应福利国家危机的撒切尔主义的影响

20 世纪 70 年代中期，中东石油危机引发了战后资本主义世界最严重的一次经济危机，其持续时间之长、危及程度之深远超乎人们的想象。在经济衰退的情况下，福利社会不堪重负，倡导"福利社会"的美国民主党政府和主张"福利国家"的英国工党政府均在政治上面临了前所未有的挑战，凯恩斯主义也无法应对以经济滞胀为中心的结构性经济危机。激进的福利社会政策的受挫，助长了右翼保守势力的迅速发展。美国的里根政府和英国以撒切尔夫人为首的保守党政府，就是在这种背景下上台的。"他们的上台，标志着右翼保守势力开始在西方占统治地位；他们的胜利，同样标志着传统资本主义价值观的胜利。"② 在英国，这股右翼保守势力被统称为"新右派"（the New Right），其意识形态被叫作"撒切尔主义"。撒切尔本人曾将"撒切尔主义"概括为"法律关注下的自由"。③

作为"新右派"意识形态的"撒切尔主义"实际上是强调"自由市场"的新自由主义与强调"强大国家"的新保守主义两种哲学社会思潮的"奇怪

---

① WILKIN M. Initial teacher training：the dialogue of ideology and culture ［M］. London：The Falmer Press，1996：60.

② LAWTON D. Education and politics in the 1990s：conflict or consensus？ ［M］. London：The Falmer Press，1992：8.

③ 储轩. 试论"撒切尔主义"［J］. 西欧研究，1990（3）：7-12.

混合物"。尽管"新右派"包罗了不同的政治派别与不同的哲学思想，但它有一个共同的特征，即反对已成为所谓欧美社会民主政权特征的许多理论与实践，要对战后构建起来的多重体系进行改革。

撒切尔政府的执政目的是建设市场自由和经济繁荣的强大国家。在教育领域，一方面撒切尔政府推行新保守主义文化右翼纲领，建立中央集权化教育体制，加强国家对教育事务的干涉，着力控制国家教育，即强调教育中的标准、传统、秩序、权威和等级制度。1988 年颁布的国家课程规定了英格兰和威尔士近 70% 的公立学校的核心课程及其时间分配。[①] 教育已经成为联合政府促进经济发展和提升国家竞争力的不二选择。另一方面推行新自由主义理念，强调品质，将市场机制运用于教育领域，逐步放权，实行教育私有化，加强竞争以提高活力，增强学校的自治、多样性，确保家长和学生的选择权，重视绩效责任。无论是新保守主义还是新自由主义，都是以教育质量提升为最终目的。

"新右派"对英国职前教师教育政策的影响主要有两个方面：其一，"新右派"把教师教育视为一种商品推向市场，让市场的竞争机制去调节教师教育的需求；其二，"新右派"的教师培养理念深受"从做中学"理念的影响，认为教学技能的掌握和教育理论的学习并不直接相关，大力提倡教学实践。少数极端的新右派分子甚至认为，传统理论学科——社会学、心理学、历史学、哲学对教育实践是有害的。在这种理念的指导下，英国教师教育逐步走向"以中小学为基地"。另外，各种非传统职前教师教育模式的启动，在一定程度上动摇了大学和其他高等教育机构在职前教师教育中的主导权；教师行业自治机构的设置预示着国家权力的逐步下放，这些改革都是在新自由主义的影响下展开的。国家级教师教育管理机构的设立，在一定程度上为新保守主义在教师教育中的推进提供了组织保障。国家考试与国家课程的实施，是

---

① CAMPEL C. The colonization of the primary curriculum［M］// PHILIPHS R，FURLONG J. Education reform and the state：twenty-five years of politics，policy and practice. New York：Routledge，2011：38.

新保守主义在教师教育中的直接抓手，政府对教师教育的控制进一步加强。①

三、经济发展水平和市场化竞争

毋庸置疑，资金投入的多少直接制约着教师教育的规模和数量。二战以来，英国的经济发展水平与教师教育的投入成正相关。随着战后经济的迅速恢复与发展，英国教师教育的规模也前所未有地扩大了。然而，面对20世纪70年代的经济危机，英国政府不得不对教师教育的规模进行大幅度的缩减。②

同时，市场化也给英国教师教育带来了很大的冲击，自由主义者所奉行的市场原则是促进英国职前教师教育政策转变的一个重要因素。市场的核心原则之一就是竞争，"以中小学为基地"的教师培养模式把中小学也归入教师培养机构中来，与传统的大学展开了竞争，在一定程度上冲击了大学的中心地位。市场促使学校和教育脱离地方当局的控制，更多受制于家长和学校，也就是说，如果你不喜欢当地学校的教师培养方式，你可以把你的"顾客"带到任何你认为合适的地方接受培训。③

四、教育发展的总体质量不尽如人意

二战后至20世纪60、70年代，英国政府经过努力，初步缓解了师资供求之间的矛盾，教育领域存在的突出问题转为中小学教育质量下降。如何提高中小学教育质量成为英国教育改革的热点问题。同时，20世纪70年代全球石油危机引发的英国经济衰退以及80年代紧缩型货币政策致使公共支出大幅下降、教师培养经费减少，英国政府利用教育发展促进经济增长的希望破灭。在这一阶段，教育自身并不乐观的状况与英国政府的"力不从心"共存，引发了来自官方的反思与社会各界的广泛关注、批判。这些批判引发了一场关于提高教育质量的大辩论。经过辩论，大家普遍认为中小学教学标准的提升和课程改革的实施必须有高素质教师的积极参与。师范生的选拔、教师职前

---

① 朱剑. 英国职前教师教育质量保障的指导理念探析：在新自由主义和新保守主义之间 [J]. 外国教育研究，2016，43（1）：104-114.

② 黄海根. 二战后英国职前教师教育政策研究 [J]. 外国教育研究，2008，35（11）：92-96.

③ 黄海根. 二战后英国职前教师教育政策研究 [J]. 外国教育研究，2008，35（11）：92-96.

教育课程的结构、内容以及教师教育机构、教师的素质等问题开始进入英国政府的重点关注领域，在"国家控制"与"市场化"的不断博弈中，一场"制衡"与"自治"的教师教育改革就此展开。

英国教育改革进程是影响教师教育发展的重要背景，无论是教育法的修改还是国家课程的改革都会给教师教育的规模、体制、模式、课程等方面带来重大影响。① 例如，"《1944 年教育法》中关于延长义务教育的新条款在一定程度上促进了教师需求量的上升，是《教师应急计划》制订的重要因素之一；《1988 年教育改革法》通过全国课程的引入，英格兰和威尔士的中小学面临的被政府评估其课程组织、教学方法及课堂实践等的压力增加。"②

五、人口变化影响了教师培养的规模

人口变化主要体现在出生率和在校学生数量的变化上，人口对教师教育政策的影响在战后的几十年里表现得尤为突出，在校学生数量的改变使得教师培养的规模一直波动。20 世纪 50 年代初，教育发展计划已经考虑越来越多的儿童将进入中学和大学。③ 二战后至 60 年代末期出生人口的大幅度上升影响了教师教育政策（从《战后紧急培训计划》到《罗宾斯报告》中的相关建议等）的制定，而 20 世纪 70 年代经济危机带来的人口出生率下降又直接造成了教师培养的规模缩减。④

如上四个因素错综复杂地交织在一起，共同形成了形塑英国教师教育的场域，它们并非单独地起作用。民主观、"新右派"、市场化、经济和人口状况以及教育改革之间具有非常密切的联系，它们交织成一张无形的大网制约着英国教师培养政策的制定、实施与评估等。⑤

---

① 黄海根. 二战后英国职前教师教育政策研究［J］. 外国教育研究，2008，35（11）：92-96.

② REID I，CONSTABLE H，GRIFFITHS R. Teacher education reform：current research［M］. London：Paul Chapman，1994：209.

③ LAWSON J，SILVER H. A social history of education in England［M］. London：Methuen & Co. Ltd.，1973：428.

④ GOSDEN P，GORDON P，ALDRICH R，et al. Education and policy in England in the twentieth century［M］. London：The Woburn Press，1991：240-256.

⑤ 黄海根. 二战后英国职前教师教育政策研究［J］. 外国教育研究，2008，35（11）：92-96.

第二节

现代化发展时期的英国教师教育思想

这一时期，英国教师教育思想主要是通过一系列法律、政策文本体现和实践的。教师教育政策不仅是一个推动改革的文本，更是一定历史时期经济、社会、文化、政治各种因素交织博弈的进程对教师教育产生影响的表现，其背后蕴藏了思想的力量，教师教育思想就是在回应时代变革的过程中产生并发挥作用的。

此阶段教师教育思想蕴含着极强的国家意志，以两个发展阶段呈现。20世纪60、70年代伴随着教育大众化和民主化的进程，初等教育进一步普及，人人平等接受初等教育成为现实，对教师的需求也随之增加。这一时期的教师教育强调"数量"扩张，兼顾专业性，主要体现为教师教育大学化和教师教育一体化。《罗宾斯报告》通过"升级"师范教育机构、提高师范教育学历标准等措施加强了职前教育的学术性和理论性。《詹姆斯报告》揭开了英国教师教育专业化、一体化、终身化发展的序幕，教师专业性问题进入政府和学界的视野。70年代末，英国现代教育结构已基本定型；80年代，英国基础教育制度已经基本完善。① 这为80年代后英国教育改革的深化奠定了基础。②

因此，相对于20世纪60、70年代，20世纪80年代是强调"质量"提升的时期，这一时期的一系列政策都以提高教师教育质量和教师综合素质为核心，背后蕴藏的是教育内容的现代性和知识观的转变。其中包括重视教师教育课程、重视实践知识、通过教师胜任力标准提升质量、通过评价体系和评价制度反向激励促进质量提升等。这个过程是基于中小学工作现场，通过制定标准、加强规范、加强大学与中小学伙伴关系、更加注重实践教学、正向约束与反向激励共同助力教师专业化水平提升的过程。其中以中小学为基地的校本教研中形成的集体协作关系以及研究共同体的出现渗透了教育民主、

① 祝怀新. 英国基础教育［M］. 广州：广东教育出版社，2003：24.
② 吴式颖，褚宏启. 外国教育现代化进程研究［M］. 太原：山西教育出版社，2005：120.

平等的思想，成为教育民主化发展的缩影。最后，教师教育体系在教育法制化不断加强的背景下，逐渐走向规范化、标准化，逐步纳入国家责任框架中。自80年代末以来，英国在教师教育方面的立法活动较多，颁布了一些相对重要的文件，如《1988年教育改革法》，1989年修订的《教师教育课程鉴定标准》，1989年出台的教师证书制和教师试用期制，1992年颁布的《教师职前训练改革》文件等，其中1992年的《教师职前训练改革》文件肯定了在师范生中建立"职业技能档案"的做法。[1] 由此可见，教师教育的管理更加专业、科学，制度更加完善，管理体制逐渐走向中央集权，中央政府逐步实现对教师教育的控制。

一、教师教育大学化思想酝酿发展

在英国，大学参与教师教育的历史可以追溯到19世纪90年代，当时曼彻斯特大学开教师教育之先河，开设了教育心理学课程，其逻辑起点是"了解儿童如何学习"应该成为做教师必备的知识。1893年和1894年，剑桥大学和牛津大学也分别设立了日间训练学院。自那时起，大学在教师教育中的作用不断得到强化，到20世纪中叶，教师教育大学化进程加快。

（一）教师教育大学化进一步发展的原因

1. 科学实证主义知识观的影响

经过两次科技革命的洗礼，英国工业革命已基本结束，一个相对落后的农业岛国成为世界上最先进的工业强国之一。这一深刻的变革，使英国人深切地感受到了科学和技术的强大威力，以实证主义为代表的知识观在各个领域产生广泛影响，越来越多的人开始信奉"一切课程内容都应当从学问中引申出来，唯有学问中所包含的知识才是课程的适当内容。未被学问化的知识，无论对于教授还是学习，都是不适宜的"[2]。科学实证主义的知识观对教师培训专业化、科学化和正规化起到了巨大的促进作用，并且直接推动了师范学

---

① 孙长华，秦艺书. 论教师教育 [M]. 长春：吉林教育出版社，2012：103.
② 梁忠义. 比较教育专题 [M]. 长春：东北师范大学出版社，2002：31-32.

校的发展、教师学历的提高以及教育科学的崛起和理论课程的形成。[①]

2. "教师证书"制度的地位总体不高

1960 年 9 月，《麦克奈尔报告》提出，为了适应师范生的多样化需求，也为了给学生更充分的时间进行学习、实践、反思，教师培训学院应该制订更具弹性的教学计划。由此，英格兰与威尔士将教师培训学院开设的教师证书（Teacher's Certificate）课程时长由两年延长为三年。虽然三年制的教师证书课程已经达到了学士学位课程的时长，但修完该课程的学生只能拿到教师证书，而不能被授予学位。这除了因为教师培训学院的入学要求低于大学，且其课程包含教育实习和技能培训，占用了纯学术科目的教学时间，还因为英国高等教育机构持有的一种根深蒂固的偏见，即"教师证书的地位低于学士学位"。

3. 系统的理论学习在教师教育中凸显价值

在英国传统的教育观念里，人们普遍认为，大学是知识创造和传播的最佳场所。大学教育可以使学生具备从事教师职业应具有的基本能力、知识、态度和技能。通过对科学理论知识和教育理论知识的整合学习，学生能用更加系统的思维解决教育教学实践中面临的问题，并积极应对社会与教育改革的挑战。而将学生集中起来进行职业化职前教育会使学生知识面狭窄，缺乏学术素养，导致教师培养成为狭隘的技术培训。[②] 有英国学者认为："负责儿童心智发展的教师首先要接受大学阶段高水平的心智训练，这种训练不应局限于他们将来任教的学科，还应包括与教学的目的和方法相关的学科领域，教学实践的系统改进应建立在研究（特别是心理学研究）基础之上，而后者是由大学完成的。教学作为一个专业应该成为批判传统的一个部分，而这个传统只有在追求自治的大学中才可以得到保护。"

---

① 肖甦. 转型与提升：教师教育的改革与发展 [M]. 济南：山东教育出版社，2015：417.

② 赵敏. 质量提升与体系完善：20 世纪 70 年代英国教师职前教育的转型——以英格兰与威尔士为例 [J]. 基础教育，2019，16（1）：83-92.

4. 教师队伍专业化的必然诉求

长期以来，医生、律师和工程师都由大学来培养。这些职业拥有较高的社会声望，原因之一就是从事这些职业的人受到过高层次的专业化教育。人们同样期待教师教育的大学化可以提高教学专业的地位和水平，提升教师的经济和社会地位。相对于独立的教师教育机构，人们对大学教育学院的学术性抱有更高的期待，以满足对教师队伍专业化水平的强烈诉求。

（二）《罗宾斯报告》与教师教育大学化进程

《罗宾斯报告》出现在一个公众舆论与批评扩大化的时代，也是20世纪英国最著名的报告之一。"它与20世纪初期的《济贫法报告》、20世纪中期的《贝弗里奇报告》共同以影响力之大、影响范围之广、社会关注度之高而著称。"[①] 经济的持续增长、国际竞争、民众的迫切需求都在罗宾斯报告之中得以清晰体现。报告提出将教师培训纳入高等教育范畴并"扩充包括师范教育的高等教育名额"[②] 的建议，为英国接下来20年的高等教育发展勾画了蓝图。

1961年，英国政府成立了以罗宾斯勋爵为主席的高等教育委员会，对英国高等教育进行了全面调查，以确定今后英国高等教育的发展原则和发展规划。1963年，《罗宾斯报告》正式发布。《罗宾斯报告》认为，大学与教师培训学院之间的联系还未达到它应达到的目标。教师培训学院被排除在大学教育的主流之外，几乎没有一个教师培训学院的学生在毕业时能获得大学的学位，教师培训学院的教师和学生也未能参与大学的各种活动。罗宾斯本人也表示："当你访问教师培训学院时，你会觉得正在和那些把自己作为二等学术公民的人打交道，他们受到的待遇与大学教师截然不同。"[③] 为此，报告对师范教育的形式和内容做出了如下建议：改地方"教师训练学院"为"教育学

---

① CARSWELL J. Government and the university in Britain：programme and performance 1960-1980 [M]. Cambridge：Cambridge University Press，1985：38.

② 祝怀新. 封闭与开放：教师教育政策研究 [M]. 杭州：浙江教育出版社，2007：33.

③ ELVIN L. Encounter with education [M]. London：University of London Institute of Education，1987：182.

院"；在教育学院开设师资培训学位课程，即四年制教育学士学位课程；把教育学院的学位授予权、行政和财务管理权逐步移入大学。①

在课程方面，委员会预计，在 1970 年以前，修四年制课程的学生将大幅度增加，约占培训学院学生人数的 25%。为此，委员会建议设立教育学士学位，专供完成四年制课程的教师培训学院学生获得。委员会同时提出了该学位的三种可能模式："一是在最开始就区别于传统证书制课程；二是与传统证书制课程重叠，在提供通用基础性课程的基础上，用部分课程将获得学位的学生与普通学生分流进行授课；三是与大学合作进行学位制授课，即学生在培训学院修完三年制课程后转去大学进行第四年课程的学习。"

教育部和议会采纳了罗宾斯报告的前两个建议，同意设立教育学士学位，并将训练学院改为教育学院。在政府确认教育学士学位后，各地区师资培训组织开始着手教育学士学位课程的设计工作。教育学士学位课程学制四年，课程由教育理论、教育实习、两门学术性课程和其他中小学学科教学法课程组成。教育学士学位课程的教学大纲、教学人员和教学设备须经大学学术委员会和大学教育学院认可，学位也由大学颁发。1969 年，所有附设教育学院的 21 所大学开始授予该学位。教育学士学位的采用，确立了师范教育在高等教育中的地位，标志着英国教师教育大学化政策已基本成型。② 由此，20 世纪 70 年代开始，教育学士学位成为兼容学术课程和专业课程的学位制度，教师由大学毕业生担任的格局逐步形成。

《罗宾斯报告》的出台对职前教师教育的发展有着重要影响。它首次将教师培训提高到高等教育层次，为教师教育与大学人才培养模式整合提供了路径，进一步明确了教师职前培养的定位。此外，《罗宾斯报告》掀起了 20 世纪 60 年代英国高等教育扩张的浪潮，"在英国近代高等教育转向现代高等教育，以及职前教师教育纳入高等教育的发展过程中具有里程碑式的意义"③。

---

① 诸启标. 教师教育大学化的国际比较研究 [M]. 福州：福建教育出版社，2008：63.
② 诸启标. 教师教育大学化的国际比较研究 [M]. 福州：福建教育出版社，2008：64.
③ 黄蓝紫. 二战后英国职前教师教育政策变迁研究：基于利益相关者视角 [D]. 长沙：湖南师范大学，2020：78.

二、《詹姆斯报告》与英国教师教育一体化思想的提出

《罗宾斯报告》颁布后，教师专业发展的问题得到了政府的高度重视。在其后的十余年时间里，政府开始考察有关教师教育的过程、范围、效果、运行机制等。1972 年颁布的《詹姆斯报告》把对教师教育的关注推向高潮。该报告认为教师教育作为一个系统范畴，应贯穿教师的整个职业生涯，不应该只关注职前培训。这一思想拉开了英国教师教育专业化、一体化发展的序幕，全方位奠定了此后教师教育发展的基础。因此，该报告是教师专业发展和教师教育发展历史上一座重要的里程碑。

（一）《詹姆斯报告》出台的背景

20 世纪 70 年代初，教师教育面临着来自教育系统内外双重矛盾的压力，引起了公众、政府以及业界内部的关注与批判。

从外部看，20 世纪 70 年代开始，新生人口持续下降，而师资却保持在持续增长的态势中。前文谈到过，战后师资培训一直强调提高教师数量，《麦克奈尔报告》《罗宾斯报告》的核心要义都是要扩大教师培训学院规模、紧急提升师资数量，教师培训学院和教师数量飞速增长。然而，新生人口数量锐减导致学龄人口数量降低，对中小学教师需求量相应减少，教师数量开始过剩。同时，教师数量的增加并没有随之必然提升教师质量，越来越多的批评指向教师教育质量不高。人们开始聚焦教师教育内部改革，英国教师培训体制存在的诸多弊端逐渐显露：地区培训组织已无法适应教育和教师发展的需要，教育学院在发展中也存在诸多问题，教师培训课程缺乏实效性，教师证书的质量得不到保证，培训内容与工作实践脱节。以此种种，黑皮书（Black paper）对问题的呈现引发了大众对其更强烈的批评。在批评者的心目中，"这些机构是造成专业素质不高的教师的源头"①。威尔金认为，与 20 世纪 60 年代相比，20 世纪 70 年代处于一个意识形态混乱时期。就教育总体而言，包括教师教育，在政府内外缺乏一贯的意识形态影响，在教育原则和重点上也

① THOMAS J B. British universities and teacher education [M]. London: The Falmer Press, 1990: 74.

缺乏一致的表述。① 为了解决当时存在的问题，70 年代初期，新上台的保守党政府成立了一系列"专家"委员会，其中之一就有著名的詹姆斯委员会。

（二）"师资培训三段法"思想的来源

教师培训调查委员会主席詹姆斯综合多个国家情况后，认为大致有三种不同类型的师范教育。第一种类型为"定向师范教育"，即历史悠久的传统师范学院，以专门培养教师为目标。优点是目标集中、单一、教师专业性比较强。但缺点也不容忽视，包括以下几个方面：一是学术水平较低，知识范围较窄，与复杂多变的社会实际相脱离。缺乏当代先进科技知识，与社会和科学技术的飞速发展不相适应。二是在招生和就业环节面临尴尬局面，真正有从事教育事业意愿且有才干的人才往往招不进来，无法得到专业的训练。而受过师范教育的学生在毕业以后面对不断变化的就业市场，难于改行，职业发展受阻。三是从许多发展中国家的实际情况来看，如果把发展传统的师范学院作为唯一路径，不仅难以解决师资奇缺的问题，无法满足教育事业发展的要求，还会在经济上造成沉重负担。

第二种类型为"非定向的师范教育"，由普通的综合性大学培养教师，多存在于战后的英、美等发达资本主义国家。相较于传统师范学院，拥有多样化的培养目标、广泛灵活的课程设置、优越的师资配备，可以将教学与高水平的科学研究相结合，将先进的科学技术成就引入教育之中，有利于学生获取广泛的知识，提高学术水平，赢得较多毕业出路。但这种模式目标较为模糊，对教育学科的研究和学习不够重视，很可能将之置于次要地位。

第三种类型是针对在职师范教育，主要培养对象是中学毕业以后马上从事教学的人，多见于发展中国家。优点是投资少、效果明显、影响大，看似是最好的投资方式，但存在制约教育教学质量提升的关键因素，那就是教师基础素质和知识水平低。詹姆斯认为单靠这种办法无法适应日趋现代化的社会。

不仅如此，詹姆斯还认为成为一名教师应具备三个条件：一是较高素养，

---

① 约翰·富隆，伦·巴顿. 重塑教师专业化 [M]. 牛志奎，马忠虎，等译. 北京：北京师范大学出版社，2010：21.

包括渊博的学识，先进的专业知识，较强的探索、研究和批判能力。二是教育教学的专业技能和综合素质，懂得"教什么"与"如何教"，能掌握先进的教育理论和相关的科学知识并转化为实践的指导，并且在教学实践中能初步训练、巩固和拓展所学知识，主要学习社会心理学、学习心理学、儿童心理学、教学法与技术、课程研究、计划与评定、教育社会学等一系列科目。三是较高的智力水平，具备终身学习、终身受教育的责任和持续提高自我的能力。

对成为教师所具备条件的论述以及对三种师范教育类型利弊的分析成为詹姆斯"师资三段培训法"设想的思想来源，詹姆斯主张把这三种类型的优点加以整合，实施一种密切联系三个环节的培养教师的方法，这就是所谓"师资三段培训法"（即个人教育、师范初步训练、在职继续教育三个环节）。

（三）《詹姆斯报告》的主要内容

在对理论进行反思的同时，英国政府对教师传统培养模式的实践进行了分析。报告开篇指出英国教师教育体制的失败，在肯定过去20年教师教育的扩张以及所取得成果与成就的同时，表现出对教师教育体制的担忧。报告指出，有充分证据表明，已有制度已无法满足教师教育未来的发展要求，更无法培训出合格师资。其主要原因在于对职前培训的过分依赖。未来的20年"必须做出根本性、全方位的改变"，以满足中小学和社会的需要。鉴于此，委员会提出如下建议：

首先，报告提出著名的"教师教育三段论"，这是一种连续的、从根本上重组和完善教师教育的新模式，即主张将教师教育的完整过程划分为通识、职前、在职三个不同周期，基于周期分别制订教育计划与内容。

第一个周期是为期两年的普通高等教育，学习内容为各种基础性的通识课程，在人文学科、数学和科学（包括它们在实际情况中的应用）、社会科学和艺术等领域内提供知识，以激励学生、鼓励自我教育和培养批判意识为课程目标，该内容适合中小学教师和继续教育学院所需的非专业教师。在学习此类课程的同时，获得了从专业视角提出和讨论问题的机会，为教师专业训练以及其他专业学习打下基础。两年期满成绩合格者授予高等教育文凭（Diploma in Higher Education）。这一周期的教育也可称为通识教育，其任务之一是提高未来师资的文化素养。

第二个周期是同样为期两年的职前教师教育（pre-service training）阶段，即大学教师职前培训，面向第一阶段顺利获得高等教育文凭的学生。报告指出，现存教育学院课程体系存在重大弊端，即教育专业课程与普通课程同时开设，这种结构性问题造成职前培训的有效性大打折扣。鉴于此，报告将两年的学习划分为专业学习阶段和教学实习阶段，周期各为一年，成绩合格者逐级取得"合格教师"（Licensed Teacher）资格和"注册教师"（Registered Teacher）资格，并授予教育类文学学士学位（Bachelor of Arts degree）。第一年，学生的学习场所在教育学院、大学教育系等教师教育机构，学习内容为教育、教学、课程等理论知识，成绩合格后接受中小学分派的任务，在领取工资的同时进入第二年的教学实习。第二年，学生主要在中小学进行教学实践，接受实习学校指导教师与原教育机构指导教师的共同指导，并且每周五分之一的时间回大学深化学习教育理论。

第三个周期为在职培训（in-service training）阶段。委员会特别指出："本报告的大部分论点都是为第三个周期提出建议。我们的建议中没有任何一项的重视程度高于这一项，因为它们奠定了整个报告的基调和逻辑出发点。"委员会建议所有教师在职服务 7 年后都应获得为期半年的带薪脱产学习机会，以深化发展其专业能力，增强对教育理论和技能的理解。报告提出："所有在职教师都应当有权利拓展和加深他们对教育理论和教学法的理解；也应当有权利与时俱进地理解教育技术的原理与方法；同时必须保持与教育研究的成果并进，学会使用新资料和新设备。"在此期间至少应当有四周全日制课程，课程体系、内容由教育学院与教育系地区委员会设计编排。

其次，报告讨论了教师教育管理体制方面存在的问题。第一，报告认为由大学主导的地区培训组织有着将教师教育过度引向学术化的倾向，长此以往将不利于教师教育的发展。废除原本的地区师资培训组织，并在全国范围内成立 15 个"教育学院与教育系地区委员会"（Regional Council for Colleges and Departments of Education，RCCDE），这个委员会的规模应当可以容纳大学、教育学院、中小学、地方教育当局这几个教师教育相关机构，每个机构均可派代表参加，地位彼此平等。委员会独立于大学之外，经费由教育科学部直接拨付。同时，报告提出成立全国师范教育委员会统筹全国师范教育事宜，拥有承认教师资格文凭的权力等。第二，在国家层面设立"全国教师教育委员会"（National Council for Teacher Education，NCTE），主要分担教育科学部关于教师教育的责任与权力。某种意义上它也取代前国家教师咨询与培训部的责任。RCCDE 和 NCTE 将直接负责在教师教育的第二和第三个周期内建立和维护国家认可的专业资格标准。此外，RCCDE 有权授予教育类文学学士学位和教育文科硕士学位，有权决定进入师资培训的要求。

二战后至 20 世纪 70 年代上旬，英国教师教育通过《麦克奈尔报告》《罗宾斯报告》《詹姆斯报告》的颁布与实施，逐渐由继续教育范畴走向高等教育范畴，由职业资格证的颁布演变为学科学位的授予，由简单培训上岗的师范教育发展为入职和在职教师教育的基石。①

教师教育一体化，即打破职前教育和职后培训相分离的壁垒，有机整合职前教育、入职培训和职后发展，使之成为一个连续不断、相互促进的整体机制，其目的在于打破教育理论与教学实践相脱离的藩篱和条块分割的管理体制，将教师的学历教育与非学历教育、正规学校学习与教师自我导向性学习、互助性学习等非正规学习相结合，教师的知识、技术、能力等智力因素发展与态度、情感、意志等非智力因素发展相统一。

《詹姆斯报告》出台以后，英国教师教育改革正式从注重"理论"向重视"实践"转向，通过"实践"取向串联起三个阶段，通过"实践"融通教师个人各个阶段所学，也是通过"实践"构建起培养培训机构间新型的伙伴关系。教师教育一体化思想的提出预示着其后英国教师教育重塑专业化思想和一系列措施的到来。在此之后，从某种意义来说，英国教师教育政策的完善都是围绕如何将一体化思想进行理论的深入和实践的细化进行。比如英国在《1988 年教育改革法》颁布后，接连在教师教育领域出台了一系列政策法规，使教师教育的职前、试用期和在职三个阶段的培训得以更好地整合，三者之间相互贯通，构成一个不间断的整体，在教师专业成长和终身教育中处

---

① 黄蓝紫. 二战后英国职前教师教育政策变迁研究：基于利益相关者视角 [D]. 长沙：湖南师范大学，2020：88.

于同等的重要地位。①

三、重塑教师专业化以回应质量要求

如果说英国 1944 年的《麦克奈尔报告》、1963 年的《罗宾斯报告》以及 1972 年的《詹姆斯报告》，标志着英国自 1944 年以来师范教育发展的前三个重要阶段，那么进入 20 世纪 80 年代以后，"教师培训的重点由理论转向实践成为改革的中心任务"②。

经过《詹姆斯报告》教师教育一体化思想的提出以及对原有教师教育模式的审视和反思，重塑教师专业化思想成为 20 世纪 80 年代以后的主流思想。从某种角度看，重塑教师专业化思想不仅是对教师教育质量提升要求的回应，更是对一体化思想的继承、深入和完善。在重塑教师专业化思想这个大的主题下，一系列思想汇聚、融合，共同构成重塑教师专业化思想体系。具体包括，教师教育培养机构转向教师的"工作职场"，教师素养培养中职前培养和职后培训并重，更加注重职后培训和教师的持续反思。在教学中，以课程标准的建立和课程体系的构建为主要突破口提升学生的实际教学能力。在"出口"方面，用一系列能力标准和评价制度对教师进行规范、约束和激励。在教师教育体制方面，注重培养培训机构伙伴关系的构建。这些改革最终都指向教师专业能力的提升，并且这些思想背后的关键因素，或者说思想的基础无一例外都指向在"实践"中反思、提升、建构、检验、再提升，以此螺旋上升，循环往复。

（一）质量提升阶段的总体背景

英国教师教育研究学者罗博·麦克布莱德（Rob McBride）指出："20 世纪后半期，英国教师教育变革建立在两个相互独立的因素之上。一为意识形态因素，主要源于保守党执政时期新右翼集团所推行的举措；二为专业因素，与这一时期教师教育系统内所发生的专业化运动相关。"

---

① 冯增俊. 当代比较教育学 [M]. 北京：人民教育出版社，2015：417.
② 赵中建. 以中小学为基地的师资培训：英国的师范教育改革 [J]. 高等师范教育研究，1994（2）：71-76.

1. 教师教育自身发展的需要

1966 年，联合国教科文组织和国际劳工组织《关于教师地位的建议》（*Concerning the Status of Teachers*）首次以官方文件形式对教师专业化做出了准确定义与详细说明，提出"应当把教育工作视为专门的职业，这种职业要求教师经过严格、持续的学习，获得并保持专业的知识和特别的技能"。这是国际上首次关于教师专业化的官方阐述，它标志着"教师"职业规范化和认可度的提升，也为 20 世纪 80 年代国际教师专业化浪潮的兴起奠定了基础。1980 年，《世界教育年鉴》以"教师的专业发展"为主题发表了一系列文章，提出教师专业化的目标有两个：一是争取教师专业的地位与权利，寻求向上流动；二是发展教师的教育教学知识技能以提升教师教育水平。① 教师专业化逐渐成为焦点，并成为世界各国教师教育改革的主旨。受教师专业化浪潮的影响，英国在 20 世纪后期也发起了教师专业化运动。

2. 传统教师培养模式的弊端及面临的挑战

注重数量提升的紧急培训方案在缓解供需矛盾的同时也意味着成为"教师"几乎没有什么"门槛"，所有申请者，只要具备责任心，渴望从教，通过 1—2 年的短期培训即可成为在中小学任教的正式教师。然而，仓促无计划的培训必然导致教师质量缺乏保障。20 世纪 80 年代和 90 年代，由高等教育控制教师培训的教师教育模式因其诸多弊端受到社会各界的批评，批评的重点在于理论同实践的分离与割裂，具体表现在：一方面，教师从教所需要的"必备能力"遭到忽视，缺乏充分的从教准备；另一方面，实践环节中的教学实习没有被列入教师培养计划的主要部分，没有被看作获得教学知识、技能的重要途径，而只是被当作理论的验证安排在教师培养的最后阶段。不仅如此，实习时间短，大多流于形式，学生缺乏对学校运作机制和儿童学习过程的了解。

如何真正发挥"实践"环节在教师教育中的作用？如何切实提高教师的实际教学能力？如何适应社会发展变化，在多年级或跨文化班级中开展教学？如何使处境困难的学生切实得到平等的教育？面对这些问题和挑战，在对传

---

① 教育部师范教育司. 教师专业化的理论与实践［M］. 北京：人民教育出版社，2003：27.

统的"大学主导型"的教师培养模式进行重新审视后，目光被锁定在大学与中小学之间的隔绝关系上，将改革指向"实践"，这在某种意义上昭示了英国以后教师教育改革的方向。

（二）依托职前教师教育课程改革提升质量

由"理论"转向"实践"，职前教师教育课程体系的建设是核心内容，教师和学生通过课程完成知识和技能的转移及转化，实现能力的提升。这个时期，国家对于职前教师教育的主要关注点开始从"数量和供应问题"转向"质量和课程内容"与"专业化标准的认可"，也可以理解为，职前教师教育课程的内容和质量、教师的行为和标准，都成为这一时期教师教育思想的主要内容，构成职前教师教育政策关心的主要问题。①

1983 年《教学质量》白皮书指出，现存教师职前训练（Initial Teacher Training，以下简称 ITT）课程不符合学校和社会需求，应当改变其课程结构与内容，建立统一的新的 ITT 课程标准。关于新课程标准的确立，通告从"学科课程"（subject course）和"教育与专业学习"（educational and professional studies）两个方面做出了详细规定。在学科课程方面：第一，所有 ITT 课程中，应包含至少两年的基础教育学科研究课程。第二，ITT 课程应包括所选任教学科专业的教学方法，不同教学方法对应不同任教年龄层。第三，对于小学教师的训练课程，在注重特定学科或课程领域教学法的学习之余，还需进行至少 100 小时的语言与数学的学习，以及理解跨课程学习的重要性及掌握相应方法。在教育与专业学习方面：首先，让学生熟知基础的教师专业技能成为核心要义，并能搭建对教学生涯的规划。课程学习采用课堂理论学习与实践为主的教学学习并重的方式。中小学实践课程应包含集中实习、旁听观察、小团体教学、个别指导，以及负责组织班级活动与日常工作几个阶段。其次，通过这类课程的学习，学生应当具备适当的扩展能力，即除学科教学外，与学生及家长良好沟通，发现学生最近发展区并予以激活，对不同学生的能力、行为、社会背景、种族予以理解并一视同仁。最后，课程还应包括

---

① ALEXANDER R, CRAFT M, LYNCH J. Change in teacher education：context and provision in Great Britain［M］. New York：Praeger Publishers, 1984：29.

教师工作的其他方面。例如，与同学科任课教师的合作、参与课外活动理解教育行政管理，以及定期自我反思、自我评价、自我督促。此外，通告对于培训机构与中小学之间关系的建立和 ITT 学生遴选也做出了规定。规定指出教师教育机构应当与多个中小学建立联系，在发展及实施实践课程时，可以与中小学建立合作关系，即实习学校中实践经验丰富的教师与教师教育机构中的理论导师共同承担师资培训责任。同时，对实习课程在总课时中所占比例也有了更高要求。学士学位课程不少于 20 周，学士后学位课程不少于 15 周。通告明确表示，对 ITT 课程的生源应严格把控，应基于人格素养、学识成绩、品性几大方面综合考察。通告中的内容也侧面体现出政府逐渐强调合格教师的学术水平、教学能力、实习经验以及身心发展。[①]

　　紧接着，在 1989 年，教育部颁布 24/89 通告，对教师职前培训课程标准做了更为全面和详细的界定，具体分为以下几个部分：关于培训课程开设科目的规定；关于地方政府、师资培训机构与中小学的合作；关于学生的教学实习与实践经验；关于职前教师教育受训学生的遴选。其中在培训课程开设科目的规定方面，通告明确提出，教师职前培训课程应包含学科研究、学科应用、教育与专业研究和初等教育课程研究四大类。

　　通告提出，学科研究和学科应用课程应当在高等教育水平的基础上。教育与专业研究课程旨在培养学生教育专业技巧及能力，即成为合格教师、熟练掌握及运用学科理论知识所需的教育专业知识与技能，学生通过此类课程的学习，掌握在课堂上运用教育专业知识，将教育专业知识与学科课堂实践相融合，在课堂外平等、公正、细心对待受教者，因材施教地设定学习目标和学习方法，提升受教者的学习和应试技能。初等教育课程研究这一类，内容围绕《1988 年教育改革法》中规定的国家核心课程，要求学生具备教导及评价国家核心课程的能力。其中，在数学、英文、科学课程上至少占有 100 小时，另外各有至少 60 小时需在中小学进行教学实习。此外，在中小学实习

---

　　① 黄蓝紫. 二战后英国职前教师教育政策变迁研究：基于利益相关者视角 [D]. 长沙：湖南师范大学，2020：110.

过程中，必须分配有经验的中小学教师辅助指导。[1]

从 1989 年颁布的教师职前培训新课程标准中可以发现，"能力"成为课程标准的关键词，各类课程均指向培养师范生与中小学教学实践相匹配的能力。课程主要围绕《1988 年教育改革法》中出台的中小学国家课程的学科而设定，培养学生对核心学科知识、教学方法、测验评价掌握及灵活运用的能力。[2]

1992 和 1993 年连续颁布的两份新的通告——《9/92 号 通告》和《14/93 号通告》，分别涉及中学教师培训和小学教师培训。两份通告将中小学在职前教师教育领域发挥的重要作用持续向前推进，对成为新教师培训伙伴不设"门槛"，只要有意向的公立学校和私立学校都可以向中央政府申请。与此同时，对不主动申请的中小学撤销其认证资格。通过这些做法，高等院校在职前教师教育中的垄断地位受到了更为激烈的挑战。

9/92 号通告对英国职前教师教育课程的标准和认证程序做出新的规定，明确提出聚焦"教学能力"（Teaching Competence）发展的概念，培养具备必需的知识水平和专业能力的合格教师以维持和提升学校标准。在权力分配和管理方面，一方面，教师教育认证委员会（Council for Accreditation of Teacher Education，简称 CATE）的权力范围持续扩展。另一方面，课程的规划和管理由高等教育机构和学校共担责任。同时，在适用范围和内容方面也做了规定，新认证程序适用对象为小学及中学阶段的职前教师教育课程。新课程标准主要包括培训目标、合格教师应具备的能力、培训课程要求、合作院校的规范四个部分，并且仅适用于中学阶段。新通告对"能力"要求更细致、具体，其中包括学科知识、学科应用、班级管理、评估和记录学生进步、专业发展五个方面。

1993 年，教育与就业部颁发初等职前教师教育课程标准，即 14/93 号通告。在改革原则方面，继续对伙伴学校的职责和职前教师教育的焦点予以强调。初等学校在课程设计环节应当承担较之前更大的责任，初等职前教师教

---

① 黄蓝紫. 二战后英国职前教师教育政策变迁研究：基于利益相关者视角 [D]. 长沙：湖南师范大学，2020：117.

② 黄蓝紫. 二战后英国职前教师教育政策变迁研究：基于利益相关者视角 [D]. 长沙：湖南师范大学，2020：118.

育的焦点应当是灵活运用任教学科进行实践，增强教学有效性，以及进一步提升专业发展的能力。① 此外，14/93 号通告还特别提出，应当开拓多元化师资培训途径，以满足不同背景、不同素质水平的受训者以及初等学校与日俱增的多元化的要求。

以上几个通告体现出国家对师范生"能力"要求逐步提高、标准逐渐完善的思想，开启从"学术性"向"师范性"的转向。而提高和完善的抓手是"课程"，土壤是"教学实践"，最终都指向"教学"。如何保证高质量的教学实践，加强相关培养机构之间的联系以及对责任与权力的划分、界定成为其背后的逻辑基础。伙伴学校在课程规划与实施、专业教学、管理评估方面的责任加重，职前教师教育项目在中小学的学时不断增加，专业课程与学科课程并举，师范生综合素质培养成为重点，师范生培养门槛提升，更加注重师范生个性化培养和个人可持续性成长。

（三）"实践"与"市场化"双重特征的在职教师教育

1. 强调"实践"与"反思"的在职教师教育

实践和理论之间的博弈是促使英国教师教育不断变革发展的内在动力，英国教师教育发展史中关于理论和实践的每一次转向表面上是"场域"的变更，背后体现的是思想逻辑的转换，折射出不同时期政府和研究者对实践和理论关系的不同理解，蕴藏的是教师教育知识观的转变。

《詹姆斯报告》之后，教师教育一体化思想成为英国教师教育思想史上的重要节点，自此之后教师教育开始从关注职前培养向在职培训转向。这一时期的在职培训在继续延续 20 世纪 70 年代以来思想的同时，更加强调实践、反思。理论界对转换教师角色、丰富知识的内涵，如"实践知识"和"个人知识"的作用等方面做出许多有价值的探讨。这些探讨提出要积极引导教师体验、迁移知识，使教学理论得以情景化和具体化，将教育原则普适性与个人体验的特殊性有机结合，是对教师实践智慧的唤醒，是对实践和理论的双

---

① 黄蓝紫. 二战后英国职前教师教育政策变迁研究：基于利益相关者视角 [D]. 长沙：湖南师范大学，2020：130.

重超越。① 在政策的制定方面，推行"以中小学为基地"的教师教育模式，强调实践知识的提升，培训重心下移，逐步形成教师教育职前职后一体化格局。总体来讲呈现出如下几方面的特点。

一是基于教师的"实践"场所开展在职培训。《詹姆斯报告》提出之前，教师教育是主要发生在大学进行的理论学习。1972 年《詹姆斯报告》正式指出，教师在职教育应从中小学开始，应基于教师的"工作职场"，因为"教和学正是在那儿发生的，课程和技能正是在那儿发展的，需要和不足也是在那儿显露的。每一个学校都应该把对本校教师的继续培养作为其任务中的一个重要部分，所有教职员对此都负有责任"。至此，英国教师教育开始从以理论为导向、以课程为中心的大学培训向着以"学校为焦点"（school-focused）的"实践性"的在职教育发展。随着教师教育改革的推进，中小学在学校和教师培训机构间的合作关系中起到了愈发重要的作用，大学本位的教师培训应该"充分结合课堂实践"的理念逐渐深入，提倡在研究中思考问题、在行动中解决问题。

二是在"反思"中强化教师即研究者。传统观念认为，教师培养是在师范教育阶段一次性完成的，教师仅仅是知识的传授者。自课程专家劳伦斯·斯滕豪斯首次提出"教师即研究者"，其学生艾利奥特指出教师是"行动研究者"后，人们对教师角色的认识发生了变化，对教师实践、反思的关注和研究成为理论界的焦点。实践是激活理论研究的重要源泉，"教师的教学是一个反思的过程，教师的反思使课程总是处在'形成'（becoming）的路途中"。② 反思是架通理论与实践的桥梁。有研究提出"内隐知识"的概念，认为内隐知识是一种无意识的、直觉的"实践知识"，来源于教师的经验和反思。③ 斯滕豪斯的另一个学生凯米斯提出教师即"解放性行动研究者"的观点后，"教师共同体"成为教师发展理念的重要组成部分。也就是说，教师不应把专家

---

① 杜静. 历史与现实的追问：英国教师在职教育的发展与动因研究 [M]. 北京：中国社会科学出版社，2010：175.

② ELLIOTT J. Action research for educational change [M]. Milton Keynes and Philadelphia：Open University Press，1991：10-11.

③ 杜静. 历史与现实的追问：英国教师在职教育的发展与动因研究 [M]. 北京：中国社会科学出版社，2010：175.

的思想及直接指导当成真理盲目崇拜或者效仿，而应该充分发挥教师共同体的引领作用，在教学实践中锻炼提出问题、解决问题、提出假设、验证假设和评价的能力。在此过程中，专家对共同体的形成和发展进行指导。

基于上述理念，英国教师培训的核心理念呈现出"在实践中研究，在反思中成长"的状态，改变了传统"知而后行"的培训方式，力图通过如"绩效评估""绩效管理""在职训练课程奖励""国家教学奖"等措施推动教师专业发展，突出教师的参与性、操作性和体验性。与之相应的，伴随着从"理论"向"实践"转向、从"大学"向"中小学"转移，"伙伴合作"成为英国教师在职教育的重要特色，其中两个趋势很明显：一是高校与中小学之间开始走向合作，尤其强调中小学在师资培训中的作用；二是研究人员的视角日益转向理论与实践的协调统一。①

2. 新自由主义取向下"市场化"的在职教育

基础教育的市场化运行使得英国教师在职教育呈现出市场化意味。在"竞争"理念的导向下，学校与教师在提升教师教育质量方面的诉求一致。学校为了争取更多的生源或者获得较多的"辅助学额计划"从而在竞争中获胜，就需要千方百计提高教师素质，解决学校实际问题，提高教学质量。教师如果考核不合格，就面临着随时被解聘的危机，因此，教师迸发了强烈的进修学习的意愿。在此背景下，到20世纪80年代中期，英国开设的高级教师在职进修课程已经达到了103种，吸引了大量在职教师积极参加。按照《1988年教育改革法》规定，学校管理采用"运营自主化"的原则，85%的预算经费直接下放学校。此外，部分公立学校还可以脱离地方当局的财政成为"直接拨款"学校。因而，依靠学校自身的力量开展教师在职教育能够为学校节约一定的资金。一种新自由主义理念、"教师工作非职业化"的主张逐步盛行：允许学校向市场招募没有受过任何专业化训练的人充任教师，然后将他们作为学徒在学校里"现学现教"。引入多种基于学校的、新型的教师培训模式并把培训内容越来越多地交付给中小学而非高校这一做法验证了上述观点。自由主义视野下英国教育在"一只看不见的手"的调节下，更加重视教师的在职学习，尤其强调基于教师任教学校的在职教育。

———————————

① 兰英. 英国师资培训新动向及几点启示［J］. 比较教育研究，1998（1）：26-28.

（四）基于"教师胜任力标准建设"引领质量提升

这一时期，无论是新课程标准及体系的建设、培养机构的转变、还是教师角色转变以及培养机构的转移等等，其背后都有一个统一的目标，即教师胜任力标准发生变化，要通过教师胜任力标准建设引领质量提升。20 世纪 80 年代中期，教师胜任力标准建设提上日程并不断完善。许多地方相继建立职业技能档案，要求师范生将自我记录、自我分析与他人评价相结合，逐步完善过程记录。

1992 年，英国政府明确"质量、多样、家长选择、学校自主和绩效责任"为教育的五大主题，提出在此框架内通过教学专业委员会和教育标准局等机构的合作重新构建教师专业标准框架。同年，英国教育和科学部在《教师职前训练改革》文件中提出了 27 条教师基本技能及其对各项技能的鉴定办法，具有较强的可操作性，如组织课堂的技能、口语技能、科学课（化学、物理、生物等）实验技能、组织班会技能、组织兴趣活动技能等。进入 20 世纪 90 年代后，英格兰、威尔士、苏格兰及北爱尔兰都不同程度地对师范生具备的教育胜任力提出了更为具体的要求。如英格兰和威尔士在 1992、1993 年共同发布了一系列联合通告，规定中小学教师必须具备的教育胜任力主要有学科知识、学科教学、班级管理、学生成绩的记录和评价、学校管理的参与。苏格兰教育部也于 1993 年 1 月正式颁布了《苏格兰未来教师培训计划纲要》，列举了有关学科和教学设计能力、课堂交流能力、教学策略、课堂管理能力、教学评估能力、综合管理与组织沟通能力、职业素养等方面的胜任力指标。

泰勒（Taylor）1994 年在分析当时的师范教育政策时认为，有关初等学校教师的培养条例中，"教育胜任力"是衡量培训效果的"核心标准"。[①] 1997 年《追求卓越的学校》（*Excellence in Schools*）白皮书提出，教师培养途径应多元化且更有弹性，并规划提升初任教师的专业发展标准，随后，厚达 148 页的培训标准手册《教学：高地位，高标准——教师职前培训课程要求》（*Teaching: High Status, High Standard Requirement for Courses of Initial Teacher Training*）出版，要求所有教师教育机构必须明确目前的标准水平。[②]

① 兰英. 英国师资培训新动向及几点启示 [J]. 比较教育研究，1998（1）：26-28.
② 肖甦. 转型与提升：教师教育的改革与发展 [M]. 济南：山东教育出版社，2015：173.

为了配合职前教师能力的培训，英国教育当局要求为每个师范生建立一份教师能力档案，跟踪记载师范生在能力形成过程中的进步情况。所有这些质量标准都被要求在教师资格证书中得到切实体现。[①]

（五）通过评价体系和制度改革促进质量提升

在一个完整的教师培养过程中，评价是保证质量的关键环节。自 20 世纪 80 年代以来，通过建立科学合理的教师评价制度促进质量提升成为英国教师教育发展中重要的举措。受新公共管理思潮的影响，以撒切尔夫人为首的保守党政府不断加强国家对教师的控制，在学校教育中推行绩效制和问责制，试图以此激发教师持续性学习和参与培训的积极性，进而提升社会各界对教育的满意度。在这个阶段，英国基本重塑了教师教育领域，教师培训成为一种政策层面的要求。[②] 学校对于教师的评价、教师的工资增长、职位晋升等事宜，不再与工作年限挂钩，而直接与教师教学以及学生学习效果相关。[③] 通过确立评价目标、制定评价发展阶段，持续打造评价流程、选择科学合理的评价制度，形成一套完整的评价体系，来回应质量提升的要求。

高素质的教师是高质量学校教育最重要的条件，早在 20 世纪 80 年代林达·达林-汉姆德（Linda Darling-Hammond）等人就已经提出了教师评价的四个基本目标，即"个人职业发展、个人人事判断、学校发展、学校地位判断"[④]。此后英国教师评价的问题与争议也是围绕着这四个目的，或"厚此薄彼"，或各有兼顾。

英国教师评价的发展阶段[⑤]：

（1）初期："有控制"的评价体系的引入

20 世纪 70 年代以前，为了体现公正、公平的原则和阻止个人权力的无限

① 邓涛. 大学与中小学合作：英美两国教师培养模式比较研究［D］. 长春：东北师范大学，2003：41.
② GRIEVE A M, MCGINLEY B P. Enhancing professionalism? Teachers' voices on continuing professional development in Scotland［J］. Teaching Education，2010，21（2）：171-184.
③ 郭瑞迎，牛梦虎. 英国教师持续性专业发展：背景、内涵及发展趋势［J］. 教师教育研究，2019，31（6）：108-113.
④ HOUSE E R. New directions in educational evaluation［M］. London：Routledge，1986：224.
⑤ 张瑞芳. 质量与权益：教师管理政策与实践［M］. 济南：山东教育出版社，2015：264-272.

膨胀，教师联合会已先于政府自行制定了评价教师的各种措施与奖惩标准。①
但评价大多是零星、自发和无序的。1973 年后，长达 3 年的经济危机使政府
缩紧公共事业经费开支，加之受"黑皮书"等一系列因素影响，政府及纳税
人（公众）认为对教育，尤其是教师的投入与收益不成正比。对教师工作进
行详细核查与评价被提上日程。首相詹姆斯·卡拉汉（James Callaghan）在
拉斯金学院的演讲被视为英国正式引入"有控制"的教师评价的第一步。他
在演讲中号召"教师应该对课程和公众负起责任"，构建自己的评价体系或框
架开始成为许多地方教育当局和学校的工作方向。

（2）中期：实施系统评价前的论证和试点

20 世纪 80 年代早期，政府对教师评价更加重视，把绩效的评价看作将薪
金、责任和绩效三者恰当地融为一体的"良策"。这一阶段发布了一系列白皮
书，如著名的 1983 年的《教学质量》和 1985 年的《把学校办得更好》等，
其共同的思想体现为通过管理教师的"表现或绩效"（performance）正向激
励教师，通过评价解聘一些"不达标"的教师，形成教师退出机制，在竞争
中提高学校教育的水准。此后英国教育与科学部委托萨福克等其他 6 个地方
教育当局进行一系列有关评价的论证与试点。1986 年，相关教育法案出台，
从国家层面结束了随意零散的评价行为，中央开始参与教育评价。1990 年，
时任教育部长的约翰·迈克格雷格（John MacGregor）和他的继任者凯民
斯·克拉克（Kenneth Clarke）宣布将建立一个国家评价体系，并由政府投入
第一笔资金，而后自行支付，其理由是评价将带来"高效率"的"节省资
金"的办学。

（3）评价的实施阶段

1991 年 8 月，有关学校教师评价的规定得以通过，1992 年 9 月开始第一
轮评价。保守党在整个 20 世纪 80 年代和 90 年代早期的连续执政使教师评价
制度得以顺利建立。然而，评价并未收到预期中的效果，90 年代后期，重获
政权的工党希望通过调整评价政策、提高评价标准等措施赢得支持与认可，

---

① BARTLETT S. Teacher perceptions of the purposes of staff appraisal: a response to Kyriacou [J].
Teacher Development, 1998 (3): 479-490.

并试图结合绩效评价推动教育管理。因此，1998 年 12 月工党政府提出了将绩效与薪金挂钩（performance-related pay）的教师评价国家体系①，一改原有的、温和的、更关注教师发展的评价方式。然而他们的做法并没有得到广泛的支持，而是激起了众多的反对意见。

四、教师教育管理体制的集权化取向

近代以来，英国在教师教育制度化发展的历程中，如师范学校的产生、独立高师的出现、综合性大学承办教师教育等，始终没有走在世界的前列。其中一个很重要的原因就是：英国在历史上一直是一个政府较少干预教育的国家。教师教育和培训的课程内容与结构被看作大学和高校自身的事。"政府几乎从不问津教师教育"。上述情况在 20 世纪 80 年代以后发生重大改观，英国在加强政府对教育、教师教育的控制、督导方面改革力度大大加强，力图在重实践、重业绩的教师教育思想下，通过促进教师教学实践能力的提高，实现英国建立世界一流教育和教学制度的目标。② 教师教育由原来的"专业语境重构领域"（professional re-contextualization field）转向"官方语境重构领域"（official re-contextualization field）。

1. 20 世纪 80 年代之前教师教育的自主自治

二战后中央和地方两级政府之间的关系建立在相互制约、互相依赖与彼此合作的基础之上。《1944 年教育法》建立了一种中央与地方政府之间的伙伴关系，还赋予了地方政府和地方教育当局提供中小学教育、任命教师以及负责当地教师教育的职责。③自《1944 年教育法》颁布后，看似由国家控制的学校课程因为缺乏详细具体、有操作性的课程大纲并没有实现真正的国家控制，管理只是通过地方教育当局制定所管辖地区的课程框架来实现，具体课程内容的制定权已经由地方教育当局委托给学校和教师。此外，对教师专业

---

① CUTLER T, WAINE B. Rewarding better teachers: performance related pay in schools [J]. Educational Management Administration & Leadership, 1999, 27 (1): 55-70.

② 石少岩，丁邦平. 试论英国教师专业发展的理念、现状与变革 [J]. 外国教育研究, 2007 (7): 29-32.

③ 黄蓝紫. 二战后英国职前教师教育政策变迁研究：基于利益相关者视角 [D]. 长沙：湖南师范大学, 2020: 139.

主义的重视、党派政治的影响和政府财政经费状况等方面的因素也导致中央政府在课程控制领域逐渐失去阵地。[①] 1960 年，英国开始进入教师控制中小学课程的黄金时代，课程科目、教学计划、教学方法和教科书的选择均被视为学校和教师自己的事，中央政府无权干涉。[②] 在这个过程中，教育的管理权在中央与地方之间博弈。

20 世纪 70 年代初期，工党首相卡拉汉对"教师控制课程"的理念提出质疑，在经过课程自主权的国家大辩论后，设立全国统一课程的呼声日益高涨。撒切尔政府上台后，延续"统一课程"的话题，此前主要由教师控制的学校课程成为教育改革的主要对象。从 1977 年建立统一课程的建议提出到 1988 年国家统一课程正式建立的十余年间，政府发布了一系列关于学校课程改革的报告。

2. 20 世纪 80 年代以后教师教育管理的集权化倾向

20 世纪 80 年代开始，中央与地方政府的关系日趋紧张。撒切尔领导的保守党中央政府与左翼工党政治家领导的地方当局有着明显的利益冲突。在教育方面，媒体开始关注公立学校及其教师们所谓的失败和过分举动，"中央政府开始有意识地减少地方教育当局的权力和范围"[③]。因此，20 世纪 80 年代后，英国教育的控制权呈现向两级转移的趋势，即向上转移至中央政府，向下转移至中小学。在此过程之中，"中央政府分别采取了政策控制、行政控制、财政控制的博弈手段削弱地方政府的权力，从而满足其中央集权的利益诉求"[④]。

政策控制是中央政府最合法也最有效的博弈手段之一。撒切尔政府在第二个任期开始后，逐渐通过政策控制加强对职前教师教育的干预。梅杰政府延续其思想，通过颁布一系列教育法案打破地方教育当局对公立学校的垄断，

---

① 李建民. 英国基础教育 [M]. 上海：同济大学出版社，2015：70.

② 黄蓝紫. 二战后英国职前教师教育政策变迁研究：基于利益相关者视角 [D]. 长沙：湖南师范大学，2020：112.

③ BARTON L, BARRET E, WHITTY G. Teacher education and teacher professionalism in England [J]. British Journal of Sociology of Education, 1994, 15（4）：529-543.

④ 奈杰尔·福尔曼，道格拉斯·鲍德温. 英国政治通论 [M]. 苏淑民，译. 北京：中国社会科学出版社，2015：377.

将职前教师教育的课程控制权牢牢把握在中央政府手中，重建职前教师教育全国问责制度，中央政府的权力范围扩大，教师教育集权化越来越明显。

1984 年 4 月 13 日，教育科学部发布 3/84 号通告（Circular 3/84），又名《教师职前训练：课程的核准》（*Initial Teacher Training：Approval of Courses*）。通告表示，根据之前皇家督学团及《教学质量》白皮书中有关教师职前训练改进的建议，正式宣布课程标准的确立与相关机制的建立。这也是撒切尔执政时期职前教师教育制度改革的开始，清楚地表明了撒切尔政府中央集权的立场。正如牛津大学教育学院约翰·富隆（John Furlong）教授所述："正是这份通告首次确立了中央政府在职前教师教育内容及结构制定中的话语权，进而标志着高等教育（甚至是传统大学）自治时代的终结。"[①] 随后，中央政府建立干预职前教师教育的首个委员会，即教师教育认证委员会（Council for Accreditation of Teacher Education，简称 CATE）建立。委员会成员由教育大臣任命，来源于中小学、大学教育学院、地方教育当局以及中央政府，其职责主要是代表教育大臣监督英格兰及威尔士地区的职前教师教育。3/84 号通告的出台也意味着政府控制职前教师教育课程的公开化与合法化，看似"适当"的新课程标准下实际隐藏着教师培训课程中保守党政府意识形态与控制权力的渗透。

《1988 年教育改革法》以立法的形式确立了国家课程的权威性，这也是20 世纪 70 年代以来政府不断加强对学校，尤其是对教师和课程控制的法律层面的表达，中央集权的理念开始渗透至课程领域。国务大臣拥有"前所未有的中央控制权"的另一面是地方教育当局对学校管理权的削弱。通过建立全国统一课程和统一学段考试制度，设立国家课程委员会（National Curriculum Council）和学校考试评估委员会（School Examinations and Assessment Council），从行政管理的角度增强了中央政府对课程的控制权。《1988 年教育改革法》的规定中引入除政府和学校以外的第三方力量——家长，在一定数量家长的要求下，地方教育当局管理下的所有中学和小学可以摆脱地方教育

---

① FURLONG J，BARTON L，WHITTY G. Teacher education in transition ［M］. Buckingham：Open University Press，2000：22.

当局的控制，直接获得中央政府拨款，受中央教育机构管控。这一政策被视为英国打破过去地方教育当局控制学校教育的传统，走向中央集权的关键步骤。此外，"家长择校"和"中央直接拨款学校"政策的颁布使各个中小学可以通过家长投票来选择是否独立于地方当局，独立于地方当局的学校可以直接接受国家的资助。一旦接受国家资助、成为中央直接拨款学校，就可以成立由家长代表、社区代表和教职工代表构成的管理机构管理学校运作的方方面面，这个管理机构同样不受地方教育当局的管辖。如此一来，地方政府和教育当局的权力逐渐被削弱。对教师来说，国家课程和国家考试制度的建立意味着长期以来教师在教学科目、内容、测试形式等方面自主权的终结。教师必须严格按照国家课程的标准和要求进行教学，教师教育机构的课程控制权也逐步丧失。

《1988 年教育改革法》对于中小学课程目标的规定也对教师教育提出了新的挑战，直接后果是《教师职前培训：课程的标准》的出台，并通过重组 CATE 加强中央干预。通告明确指出，重组 CATE 是为了确保课程符合新的标准。通告还提出成立 CATE 地方委员会，跟进考察各师资培训机构修订课程的细节，地方委员会成员由师资培训机构联合任命，最终由 CATE 予以确认。凡课程被认可的师资培训机构，都应有代表直接参与地方委员会，其余成员来源与 CATE 委员会一致。CATE 的重组意味着撒切尔政府对职前教师教育的干预与控制进一步加强。"增设的 CATE 地方委员会机构在当时的学者们看来就像是 CATE 的'看门狗（watch-dog）'，帮助 CATE 委员会在更多细枝末节的方面对师资培训课程进行监督和控制。"[①] 1984 年出台的通告仅有 10 页，而 1989 年出台的通告长达 26 页，篇幅的扩充也突显出 20 世纪 80 年代中央政府对职前教师教育逐渐增强的控制。重组后的教师教育认证委员会权力扩大，地方委员会有助于更仔细、全面地对教师职前培训课程进行干预，CATE 进一步成为中央政府控制职前教师教育的"代理人"[②]。

[①] WILKIN M. Initial teacher training：the dialogue of ideology and culture［M］. London：The Falmer Press，1996：157.

[②] 黄蓝紫. 二战后英国职前教师教育政策变迁研究：基于利益相关者视角［D］. 长沙：湖南师范大学，2020：118.

约翰·富隆认为，20世纪80年代教育部出台的这两个通告，对保守党执政时期职前教师教育的发展起着重要作用。从教师专业发展的角度来说，中央政府意在通过这两个通告重建教师教育的全国性问责制度，从而更好地满足通过使培训课程面向中小学（消费者）"市场"来提升质量的诉求。① 从政治层面来看，3/84号通告和24/89号通告公开却又"秘密地"将职前教师教育的控制权从高等教育机构转移至中小学。标准提高了中小学对师资培训的贡献、价值和地位，"在一定程度上削弱了理论的重要性与高校教师的权力，增强实践课时的比重和中小学教师的权力"②。而这一切改变最终指向了职前教师教育领域中中央集权的加强。有学者直言："CATE委员会运作的整个流程可以被视为增强教育中央集权政策的一部分。"③ 这在一定程度上影响了教师教育的改革方向。

约翰·梅杰（John Major）成为保守党领袖和英国首相后，英国教师教育中的利益冲突与权力对抗更加激烈。中央政府出台一系列政策、采用多种手段，渴望加强对包括课程和评估过程在内的职前教师教育进行全面且直接的控制，其中包括拓展师资供给途径、设立教师培训监督机构、出台职前课程标准等手段。梅杰执政期间出台的9/92号通告和14/93号通告就是其中两个重要的政策文本。其目的一是通过增加教师职前培训途径、建立以中小学为本的职前教师教育体系等扩大中小学的权力；二是建立"准自治非政府"组织，分散地方政府和教育当局的权力，以加强中央集权控制。例如，成立教育标准局进行监督、巡视、检查，设立教师培训管理署（Teacher Training Agency）削弱地方教育当局对教师教育的管理权和监督权，掌控职前教师教育经费，控制职前教师教育内容。事实上，相对于战后中央政府、地方政府、大学、教师之间业已形成的伙伴关系，这些改革意味着中央政府对职前教师

① 约翰·富隆，伦·巴顿. 重塑教师专业化 [M]. 牛志奎，马忠虎，等译. 北京：北京师范大学出版社，2010：26.
② WILKIN M. Initial teacher training: the dialogue of ideology and culture [M]. London: The Falmer Press, 1996: 152.
③ HUNTER G. Cut-price centralization in teacher education [J]. British Journal of Sociology of Education, 1985, 6 (1): 97-101.

教育体系"进行更直接的控制，施加更大的政治影响"①。

同时，设立中介机构也是中央政府实施财政控制的重要举措之一。地方政府主要通过参与公共服务行使权力并扩大其影响力，保守党政府借此机会公然指责一些由工党控制的地方政府存在浪费公共资金的现象。为此，保守党政府设立新的中介机构负责公共服务，在压缩地方政府职能范围的同时，削减地方政府的财政预算。据统计，1979—1997 年间，从地方政府转移至中央政府新设中介机构的开支经费达 25 亿英镑。这种转移支付极大地降低了地方政府通过公共开支施加影响的能力，加强了中央施加财政控制的程度。②

第三节

现代化发展时期的英国教师教育实践

现代化发展时期的教师教育改革实践，最主要的特征就是从问题出发，与经济、政治、社会发展对教育和教师的要求相呼应。这一时期的改革实践主要包括以下几个方面：第一，教师教育机构的改革。教师教育机构升级并趋向多样化，出现独立学院模式和多元架构模式。第二，拓宽师资供给路径。自 20 世纪 90 年代起，中央政府鼓励开发一系列新项目拓展师资供给途径。一方面，弥补传统师资培训模式的不足，吸引更多新成员加入教师行业；另一方面，深化市场化改革，提高职前教师教育的多样性和选择性，其中以签约教师计划和特许教师计划最为著名。第三，改革教师培养培训模式，实现了从高等教育占主导地位到以学校为基地的转向，这个转向必然涉及新型关系的构建，形成了伙伴合作机制，不断强化和完善教师教育伙伴合作。第四，教师薪资待遇的提升。总体而言，这段时期的改革实践充分体现了提高教师教育质量、重塑教师专业化、构建一体化教师教育新体系、提升教师地位等

① WHITTY G. Twenty years of progress? English education policy 1988 to the present [J]. Education Management Administration & Leadership, 2008, 36（2）：165-184.

② 奈杰尔·福尔曼，道格拉斯·鲍德温. 英国政治通论 [M]. 苏淑民，译. 北京：中国社会科学出版社，2015：380.

思想的延展，是对思想的回应和对政策的阐释，又是对二者的补充和完善，实现了从"师范教育"向"教师教育"的转向，从"大学"向"中小学"的转向，从"学术化"教学向"实践性"教学的转向，通过转向逐渐理顺了教师教育管理体制及实施机构之间的关系，通过各种认证制度对教师专业能力提出了更高的要求，中央政府在"集权"的同时也注重对学校的"放权"，更加注重教师教育的连续性和一体化，重视教师薪资待遇的提升。

一、教师教育机构改革

教师教育机构是为职前或在职教师提供专业培养和培训的正式机构，包括各类学校及其他培训机构。英国教师教育机构在其转型的过程中主要经历了六个阶段，即教会与私立并存、地方与大学并立、依附大学、区域联合、独立学院和多元架构并存。① 自 20 世纪 60 年代以来，教师教育机构趋向多样化，逐步进入多元架构并存的阶段。

（一）独立学院

19 世纪末期，曼彻斯特大学开设教师教育课程，开创了大学培养中小学教师的先河。此后，中小学教师的培养经由不同层次和类型的机构承担。20 世纪 60 年代，《罗宾斯报告》发表以后，短期的师资培训学院改为教育学院，提升至大学水平，与大学在财政上和管理上建立更为密切的联系，并开设四年制的教育学士学位（Bachelor of Education degree）课程培养小学教师。同一时期，综合性大学设有教育系（Department of Education），开设一年制的学士后教师教育类课程，授予毕业生"学士后教育证书"。许多大学还另设教育学院（Institute of Education），为在职教师提供各种文凭课程。② 在融入大学结构的过程中，教育学院地位得以提高，设立新的教育学士学位课程。

在 20 世纪 70 年代之前，大学的系（department）和院（institute）两种机构因教学对象不同，功能有所差别。但在 1972 年的《詹姆斯报告》发表后，

---

① 单中惠，王晓宇，王凤玉，等. 西方师范教育机构转型：以美国、英国、日本为例［M］. 济南：山东教育出版社，2012：16.
② 许明. 教师教育伙伴合作模式国际比较［M］. 北京：人民教育出版社，2012：152.

不少大学根据报告的建议，将上述两个机构合并为教育学院（School of Education 或 Faculty of Education）。独立设置的教育学院（College of Education）也进行了改制，一种改制为高等教育学院（College of Higher Education），增设了培养中学教师的课程；另一种是与大学内部的教育学院合并，承担中小学师资培养的职责。[1] 由一系列的教育学院和地区委员会取代地区师资培训组织。在其之上是一个全国性组织——国家师范教育和培训委员会（National Commission for Teacher Education and Training）[2]。

（二）多元架构并存：基于地方教育学院重大改组的教师培训机构多元化

《詹姆斯报告》指明了地区师资培训组织的处境，教育白皮书则直接加速了地区师资培训组织的消亡。地区师资培训组织被取消后，原先大学承担的监督教育学院、课程认可和学位授予等职能被替代。地方政府开始了对师范教育机构的改组与整顿，以加强对师范教育的有效控制。1975 年 8 月，地方教育学院开启了整顿和改组工作，许多教育学院被迫关闭，有的并入大学教育系，有的并入多科技术学院，大量地方教育学院与继续教育学院合并，也有一些与另一些教育学院合并。到 20 世纪 80 年代，单一的以师资训练为目标的教育学院已不存在，师范教育作为一个专业，存在于大学和继续教育实施机构之中。[3]

英国政府有关教师教育政策的变化对英国教师培训机构的重组产生了重要影响。以《1988 年教育改革法》为标志、以重塑教师专业化为主旨思想的教育改革运动是英国教师培训机构趋于多元的直接因素。[4] 重组后，英国教师培训机构的类型越发多样化，主要有大学教育学院、高等教育学院、校本教师培训机构（教育联盟、教师培训合作伙伴）等；培训体系多层次化，主要包括教育学士学位课程、研究生教育证书课程、联合学院课程、教育学士荣誉学位课程、教育硕士学位课程、教育专业的哲学硕士和博士学位课程以及

---

① 许明. 教师教育伙伴合作模式国际比较 [M]. 北京：人民教育出版社，2012：152.

② 王晓宇. 英国师范教育机构的转型：历史视野与个案研究 [M]. 上海：上海社会科学院出版社，2008：133.

③ 谌启标. 教师教育大学化的国际比较研究 [M]. 福州：福建教育出版社，2008：65.

④ 王晓宇. 英国师范教育机构的转型：历史视野与个案研究 [M]. 上海：上海社会科学院出版社，2008：181-182.

以教师就业为导向的职前教师培训课程，英国教师教育实践的创新性特征逐步凸显。

二、拓宽师资供给的路径——基于两个计划

从 1989 年起，为了给不同知识、能力、经验、背景和家庭环境的人们提供更多接受教师职前教育的选择机会，改善中小学教师尤其是自然科学等学科教师的严重短缺状况，促进师范生教育实践能力的提升，英国开始实施为期 5 年的"特许教师计划"（Licensed Teacher Scheme），开始了"以学校为基地"的教师教育的尝试。与原有的学士后教育证书不同，这种新的培养模式强调学校本位的培养，学生在中小学接受培训的时间达 80% 之多。另一个计划是"签约教师计划"（Articled Teacher Scheme），它是与特许教师计划同时实施的，该计划主要是为中小学在职教师提供的，这些在职教师基本上不具备合格教师的资格，需要通过在职培养的方式提高学历层次。从实质上看，这是一种在职本位的教师培养模式。与前者相比，这种模式更为激进，因为"它脱离了大学的参与"。[1]

（一）拓宽师资供给的背景

在新自由主义思想以及政府"自由、选择、责任"的教育主张的影响下，政府希望减少师范生的入学限制，给意欲从事教师职业的人员提供更多样化的途径，也以此提高教师职前教育的竞争性，呼应教师职前教育课程向能力本位发展的转型。受建构主义教师教育思想的影响，为了使师范生在真实的教育情境中通过亲身体验以及与外界环境互动主动建构知识，通过对自身实践过程与结果的反思形成自己的教育智慧，需要将他们更多地置于中小学教学工作环境中进行培养。20 世纪 80 年代末，合格教师资格申请者的背景已发生很大变化，政府认为必须对获得合格教师资格的非标准化途径进行改造以满足申请者新的需求。[2]

---

[1]　许明. 教师教育伙伴合作模式国际比较 [M]. 北京：人民教育出版社，2012：142-143.

[2]　赵敏. 英格兰与威尔士中小学教师职前教育政策发展研究（1944—2010）[D]. 上海：华东师范大学，2019：154.

（二）两种学校本位的教师职前教育途径

1989 年 8 月，教育与科学部发布第 18/89 号通知，即《1989 年教育（教师）条例》，推出两种学校本位的教师职前教育途径——签约教师计划和特许教师计划。这两种新的教师职前教育计划的推出不仅给申请者提供了更多样化的参加职前教育的机会，还对传统教师职前教育进行了重大改革。

签约教师计划是一种新型学校本位研究生教育课程，由于参加该计划的人员通过地方教育当局培训补助金计划（Local Education Authority Training Grants Scheme，LEATGS）领取奖学金，因此他们被称为签约教师而非学生。该方案的选拔标准与普通研究生教育证书课程相同，即学生需具有与中小学课程相关科目的学士学位，英语和数学两科在普通中等教育证书考试中获得 C 级及以上成绩或其他相当水平。签约教师计划由地方教育当局和高等教育机构联合制订，培养期限为两年。签约教师 80% 的时间在中小学度过，在有经验的中小学教师指导下边工作边接受培训。中小学指导教师也可以获得酬劳，高等教育机构则主要负责对签约教师进行理论知识教学。[①]

在特许教师计划中，特许教师指还不具备合格教师资格、但拥有一定的教学能力，经教育与科学大臣特别许可，被中小学聘用为教师的群体，这个群体同时在中小学接受培训，最终经雇主推荐而被教育与科学大臣授予合格教师资格。特许教师计划向在非欧洲共同体国家受过教师教育的申请者，以及其他具备适当知识和教育经验的申请者开放。教育与科学大臣不接受个人申请特许教师资格，只能由雇主，即地方教育当局或中小学为其雇佣的非合格教师代为申请。特许教师候选人的年龄需在 26 岁以上（在海外受过教师教育的候选人除外），英语和数学两科必须达到普通中等教育证书考试 C 级及以上水平，需具有两年全日制高等教育学习经历，在海外接受高等教育的候选人需参照国家学术认证信息中心（National Academic Recognition Information Centre，NARIC）国际教育质量指南（International Guide to Qualifications in Education）的相关规定，确定其海外教育经历是否符合特许教师申请要求。

---

① 赵敏. 英格兰与威尔士中小学教师职前教育政策发展研究（1944—2010）[D]. 上海：华东师范大学，2019：154.

此外，雇主还需考虑特许教师候选人是否具有最基本的教学能力。

　　获取特许教师资格者，需在其工作的中小学接受为期两年的培训，由地方教育当局和中小学决定具体如何实施培训，它们可以制定一套有关特许教师聘任、培训、监督、评价的一般政策。在此基础上，对每名特许教师的培养需求进行单独评估，并制定出个性化的培养和评价方案。如果地方教育当局或中小学认为特许教师没有达到培养标准，可以向教育与科学大臣申请延长最多一年的培养时间。如果认为某些特许教师表现特别优秀，也可为他们提前申请合格教师资格。但特许教师培养时间不得少于一年，教育与科学大臣授予特许教师的合格教师资格证明将注明其参加了特许教师计划，以及其适合从教的年龄阶段、学科专业。

　　特许教师计划与签约教师计划的主要差异在于，签约教师计划只是研究生教育课程的一种变通形式，入学要求与传统研究生教育一致。虽然签约教师80%的时间在中小学，但该计划仍然由高等教育机构主导。而特许教师计划只要求申请者至少具有两年高等教育经历，且主要由地方教育当局和中小学主导。实行签约教师计划和特许教师计划，使英格兰与威尔士不具备合格教师资格的教师有机会接受变通形式的教师职前教育，使教师职前教育与中小学的教师需求联系更紧密，也更有助于提升新教师的教育实践能力。① 签约教师计划和特许教师计划的实施，使申请参加教师职前教育者有了更多选择，减少了高等教育机构对教师职前教育的控制，体现了新自由主义者运用市场机制增强竞争和活力的主张。② 1990 年，这两种学校本位的教师职前教育计划开始实施③。

三、从以学校为基地的培养模式到"伙伴关系"的构建④

　　从英国教师教育的历程来看，以中小学为基地的师资培训并非全新的概

　　① 赵敏. 英格兰与威尔士中小学教师职前教育政策发展研究（1944—2010）［D］. 上海：华东师范大学，2019：157.
　　② 赵敏. 英格兰与威尔士中小学教师职前教育政策发展研究（1944—2010）［D］. 上海：华东师范大学，2019：162.
　　③ 赵敏. 英格兰与威尔士中小学教师职前教育政策发展研究（1944—2010）［D］. 上海：华东师范大学，2019：159.
　　④ 许明. 教师教育伙伴合作模式国际比较［M］. 北京：人民教育出版社，2012：139.

念，19世纪英国师范教育发展史上著名的"见习生制"可以说是其肇端。1944年著名的《麦克奈尔报告》就曾建议中小学教师在指导和管理师范生方面"应负主要责任"；而1972年的《詹姆斯报告》建议师资培训机构同中小学之间"应建立一种更密切的联系并共同来承担责任"。进入20世纪80年代，师资培训机构同中小学之间的进一步联系更加被关注，政府的报告或文件中不时出现重视中小学工作和教学实践的观点。以学校为基地的培养模式是对以高校为基地培养模式的转向，其中必然涉及高校与中小学的关系问题。在应对教育变革的过程中，越来越多的大学和中小学认识到，如果他们还保持过去那种各自独立的运作模式，是很难解决教师教育与学校改革中的诸多问题的。教育变革如想取得成效，应该是一种系统的、多方合作及参与的行为，而不是线性的、单方面的努力。① 因此，以学校为基地的模式向纵深发展，形成了以中小学为中心、其他相关机构共同构成的伙伴合作关系。这样的伙伴关系不仅表现在教师培养、评估等整个过程之中，也表现为大学、中小学和地方教育当局三方协同合作，有关权力比重、责任分配、人员配比等方面的标准更加细化和完善，多方主体共同致力于教师培养和培训质量的提升。

这段时期经历了三个重要阶段。第一阶段是1984—1991年，主要是扩大教师教育的培养主体，通过以学校为基地密切与中小学的联系，加强职前教师教育过程中理论与实践的相互融合；第二阶段是1992—1997年，以学校为基地的模式深入发展，政府进一步介入教师教育的培养过程，合作伙伴关系形成；第三阶段是1997年以来，教师教育伙伴合作的强化和完善。

（一）以学校为基地的教师教育培养模式

在英国，高校在职前教师培养过程中与中小学的合作，已经有较长的历史并积累了不少经验。早在1928年就有人主张应该让有经验的中小学教师参与新教师的培养。② 但在20世纪80年代中期以前，定向的教师教育体制和非

---

① 彭未名，赵敏，杜建华，等. 大学的边界 [M]. 广州：华南理工大学出版社，2013：49.

② GARDNER P. The early history of school-based teacher training [M] // MCINTYRE D, HAGGER H, WILKIN M. Mentoring：perspectives on school-based teacher education. London：Kogan Page，1994：32.

定向的教师教育体制，都是以高等院校培养为主，即采取以高校为基地（HEI-based）或以大学系科为基地（department-based）的培养模式。这种模式虽也强调教学实践的重要性，帮助学生用以验证所学理论，提高教学的技能和技巧，但实践只是作为理论学习的补充活动来出现。

鉴于此，20世纪80年代的教师教育改革中，一种与以往不同的"以学校为基地"（school-based）的师资培养模式开始在英国逐步流行开来。这种模式的出现是对中小学教师队伍质量提升需求的回应，也是对原有培训模式弊端进行反思后的结果。一方面，随着中小学教师队伍质量问题的不断暴露，政府和教育界逐渐认为教学本质上是一种实践技巧，无法从任何教学理论研究中获得，教师培养需要更多的教学实践能力，需要对以理论为取向的、大学本位的教师教育进行重新建构，建立一种以学校为本位的学徒制模式。[①]另一方面，英国谢菲尔德大学教育学院在大量调查研究的基础上指出，以高等院校和专门教师培训机构为中心的师资培训存在诸多弊端，教师培训课程与中小学教育教学实际存在偏差；教师培养计划中重视共性而不完全适合中小学的特殊需要；教师培训后确立的教学新思想、新方法回到学校后难以推行；教师培训脱离各学校的具体条件，即使受训时收获很大也难以在学校中充分发挥作用。[②]

1983年发表的《中小学教学：职前训练的内容》提出，必须多层次和全方面加强职前训练机构与中小学的合作关系以增强学生培训的实效。《教学素质白皮书》强调延长师范生在中小学校实习的时间并对在大学承担教师教育的教师深入中小学提出要求。此后，政府发表的文件中，开始不断强调需将教育教学实习列入所有教师教育课程中，师范毕业生的实际教学能力表现被列为获取学位证书或文凭和合格教师地位的重要条件。1984年，《职前教师培训：课程的认证》（*Initial Teacher Training：Approval of Courses*）首次对师范生在中小学实践的最低时间做了明确的规定；对教师教育课程的结构和内容做出具体要求，发挥中小学有经验的教师在职前教师教育中的作用，其明确

① 许明.教师教育伙伴合作模式国际比较［M］.北京：人民教育出版社，2012：139.
② 代蕊华.教师专业发展与校本培训［M］.北京：教育科学出版社，2011：45-46.

的目的就是加强理论与实践的联系。人们普遍认为，该文件是英国政府干预职前教师教育的重要步骤，特别是其关于教师教育伙伴合作的设想引发了职前教师教育模式的转型。

1987年，"牛津实习教师计划"（Oxford Internship Scheme）实施。该计划建立在这样的原理之上，即"所有关于良好实践的建议，无论其来源何处，应该由实习生来进行批判性的审视和质疑，这是教师教育课程的组织和实施的重点所在"①，突出师范生主体地位，强调情境知识（situational knowledge of teaching）。同时，明确大学和中学双方在教师教育中的角色和责任，共同参与制订实习教师在中学的实习计划，强调中学教师的全程参与和指导。该计划是英国最先发起的教师教育伙伴合作计划，也是英国国内最具影响力的教师教育改革模式。人们通常将此改革看作拉开了"以学校为基地"的教师教育改革的序幕，进一步强化了大学与中小学的合作。

到1989年，教育和科学部发布了第二十四号通告（Circular 24/89），对中小学教师参与职前教师教育课程的计划做出明确要求，同时要求高校列出参与师范生培养的各角色的职责，规定不同类型课程的中小学实践训练的最低时限：其中本科阶段为100天，研究生阶段为75天。但是，该文件同样没有明确提出教师教育伙伴合作的具体要求。

1991年，皇家督学团在对英国以学校为基地的教师教育进行了调查后，鼓励大学与中小学签订合同，扩大中小学教师培养课程的伙伴合作，根据评价结果为高校提供经费补助，为参与培训师范生的中小学教师提供进修机会等。从1991年1月起，英国政府开始了为期两年的"教师教育模式计划"（Model of Teacher Education），对英国教师教育的性质、成本和收益等问题进行了全面的调查。结果表明，虽然高校开始注重与中小学的合作，但中小学教师的作用基本上没有得到足够发挥，职前教师教育的培养模式没有发生太多变化。

20世纪80年代中期至90年代初期，英国政府关于教师教育政策的核心

---

① KYRIACOU C. Teacher education research in a new context: the Oxford Internship Scheme [J]. British Journal of Educational Psychology, 1998 (68): 470-471.

问题是大学与中小学的关系。尽管政府在政策方面做了引导和规定，如苏塞克斯大学、莱斯特大学、牛津大学和剑桥大学等高校率先在与中小学合作方面进行了改革和创新，但大学更多仍认为培养师范生主要由高等教育机构承担，只是开始强调师范生在大学的学习要与中小学的实践相结合。大学教师课堂教学要突出中小学教学实际，通过各种途径和形式使学生了解中小学教学实际，但是中小学教师的作用得不到发挥，最多只是起到咨询作用。① 英国教师教育培养模式基本上是所谓整合式或融合式，在此期间未建立起制度化的伙伴合作模式。

（二）教育伙伴合作关系的形成

这种情况到了 20 世纪 90 年代初期开始发生变化。1992 年 1 月，时任教育国务大臣的克拉克在北英格兰教育大会上宣布，今后英国的教师教育主要放在中小学进行。最初他提出 80% 的培训要在中小学进行，后来更改为培养中学和小学教师的学士后教育证书课程在中学和小学里的培训时间分别为 67% 和 50%。

同年 6 月，英国政府发布了第九号通告（Circular 9/92），对中学教师的培养模式提出了新的要求，要求从当年 9 月起，职前教师教育必须按照新的模式来培养未来教师。该文件明确界定了高校和中学双方的职责，提出政府期望伙伴合作学校和高等教育机构在课程的计划和管理、师范生的选拔、训练和评价等方面承担共同的责任，责任大小可以不等，学校在师范生学科教学训练中负责对学生进行评价和课堂管理，并在指导和评价师范生过程中发挥主要作用。高等教育机构负责确保教师教育课程的学术水准、提供认证课程、授予合格学生资格、为学生到多个学校实习提供安排。

1993 年，保守党政府又发布了针对小学教师培养的第十四号通告（Circular 14/93），对小学教师的培养模式做出了类似的规定。两个通告提出高校和中小学应该在下述领域进行伙伴合作：课程设计、满足认证要求、培养指导师范生的辅导教师、师范生的选拔、为师范生制定目标和计划、安排

---

① FURLONG J. Redefining partnership：revolution or reform in initial teacher education？ ［J］. Journal of Education for Teaching，1996，22（1）：39-55.

师范生实习、培养师范生从事学科教学、指导师范生了解中小学生如何学习、帮助师范生进行课堂管理和评价学生、评价师范生的专业能力、确保教师教育的质量等等。

因此，1992年被人们普遍视为英国教师教育培养模式转型的重要分水岭。① 在这之前，高校主导与中小学合作的过程，在二者的关系中占主导地位。但从这时起，高校与中小学之间的关系被正式地以伙伴合作的模式确立下来，伙伴合作成为共同开展教师教育的核心原则，如牛津大学教育研究系同牛津郡的中小学建立的"良师计划"和伦敦大学教育学院同学校所在社区的中小学合作培养师范生的实验等。② 这也意味着从以学校为基地的培训向伙伴合作的教师教育的全面转型得以实现。

为了吸引优秀人才进入教师队伍，提高教师教育的质量，进而提高中小学的办学水平，1994年9月，英国政府根据《1994年教育法》成立了教师培训管理署（Teacher Training Agency，简称TTA）。该机构有浓厚的官方色彩，成员由教育大臣指定，不包括教师教育机构、地方教育当局和中小学代表，教育大臣对教师教育的控制更为严格。该机构的成立成为英国伙伴合作教师教育发展的重要事件，标志着职前教师教育的管理从高等教育剥离。从此，教师教育的拨款和课程要求全部归教师培训管理署负责，授予合格教师身份也不再是高校的专利。

更为引人注目的是，英国政府决定从1993年9月开始实施"以学校为中心的师资职前训练"（School-Centred Initial Teacher Training，简称SCITT），分别在英格兰的西伦敦等6个地区成立培养合格教师的"签约学校联盟"，并招收150名有志于中等学校任教的大学毕业生进行培训，结业即可担任教师。此项措施涉及的培养规模虽不算大，但政府的政策意图对英国大学教育院系产生了强烈的冲击。从这一时期开始，这种不用经过高等教育机构的认可，而由中小学完全承担培养新教师职责、以中小学为中心的师资培训开始逐步推广和流行开来。

---

① KING S. Emerging models of teacher training in England [J]. International Research in Geographical and Environmental Education, 2004, 13 (2): 197-204.

② 彭未名，赵敏，杜建华，等. 大学的边界 [M]. 广州：华南理工大学出版社, 2013: 50.

（三）教师教育伙伴合作关系的强化和完善

1997 年工党上台后，基本上沿袭了保守党政府时期的教育政策，在教师教育的改革进程和方向上也是如此。1998 年 12 月，教育与就业部（Department for Education and Employment，简称 DfEE）发表绿皮书《教师：迎接变化的挑战》。在此文件中，对大学本位的教师教育传统提出了强烈质疑，认为应该通过财政拨款进一步吸引中小学的参与和合作，提出建立全国性的培训学校网络，推广教师培训的先进经验，培训中小学的指导教师，从事教育教学研究。1998 年颁布的《教学与高等教育法》更是赋予师资培训署、新成立的"教学总会"（General Teaching Council，简称 GTC）、教育标准局（Office for Standards in Education，简称 OFSTED）等机构以权限，使它们可以根据该法来介入、控制教师教育课程的形式与内容。新工党政府希望通过"教学总会"和"师资培训署"的合作来建立教师教育的专业架构。从 20 世纪 90 年代末起，英国政府加大了教师教育伙伴合作的推行力度，强化了政策的主导，加大了经费的投入，力图通过改革计划的实施来进一步拓展和深化教师教育的伙伴合作。

四、提高教师薪资待遇[①]

英国政府在教育及教师问题上的集权趋势也同样反映在对教师工资的干预上。1919 年，为国家教师工资提供保障的伯纳姆体制建立，教师代表和地方教育代表通过伯纳姆委员会这个独立的教师工资协商机构展开劳资谈判，以确定全国中小学统一的教师工资薪级。《1944 年教育法》规定中央教育当局只能同意或者反对谈判双方所达成的协议，1965 年《教师薪酬法》（*Remuneration of Teachers Act*）颁布后，国务大臣开始具有直接参与协商的权力，对陷入僵持的谈判具有仲裁权，对谈判中的判决有追溯权。进入 20 世纪 70 年代，政府对教师工资结构进行了调整，到 1974 年全国教师工资的统一等级变成 4 个等级，校长、副校长和高级教师都分别根据独立的薪级计算工资。虽然在 1974 年以及 1979 年相关部门提出过给教师增长工资的建议，也确实

---

① 相岚. 保守党政府执政时期（1979—1997）英国教师政策研究［D］. 上海：华东师范大学，2013：38-42.

有一些微薄的增长，但总体来说，因经济危机导致的教育经费削减，教师工资增长面临困境，一直持续到 80 年代。在这期间，伯纳姆体制作为一个独立协商机构的地位也在下降，直到 1986 年《教师工资和工作条件法》（*Teachers' Pay and Conditions Act*）颁布，伯纳姆协商体制被废除，60 余年教师工资协商的历史结束。

1986 年出任国务大臣的肯尼斯·贝克（Kenneth Baker）致力于建立更大差异性的工资结构。《教师工资和工作条件法》的颁布赋予国务大臣依法决定教师工资和服务条件的新权力，国务大臣可以依法做出"他认为适合"的规定。教师在劳动合同生效之后根据合同相应条款和其他规定的条件获得薪水。国务大臣在规定教师工资和就业条件方面的权力增加预示着工党控制的地方教育当局和工会的实力大幅削弱。

政府通过加强教师管理调整了教师工作和工资结构。在 1987 年法案增加教师工作时间和非教学行政工作、教师压力增大的背景下，全国统一的合格教师工资结构在 1987 年开始建立，5 种不同等级的津贴取代 1974 年的 4 个等级的规定，校长和副校长这两个层级与 20 世纪 70 年代的政策相同，分别根据独立的薪级计算工资。此外，特殊津贴包括伦敦地区津贴、临时或代理津贴、聋哑儿童教师津贴、社会优先学校教师津贴等。不合格教师必须根据独立的薪级计算工资。到了 20 世纪 90 年代，教师的工资总体上呈逐步增长态势。

综上所述，在新右派政策影响下，1987 年和 1991 年《教师工资和工作条件法》的规定反映出了国务大臣管理教师工资的权力大大增加的趋势，成为教师职业发展总体趋势的一个缩影。20 世纪 80 年代后期政府努力改革了整个公共部门的服务，并试图将工资厘定的权力下放到地方当局，以增加工资厘定中的弹性。[1] 保守党政府的目的是打击教师及其工会的力量，取消国家劳资谈判的工资体制，将工资引入学校基础上，建立起个人绩效评估工资。[2] 政府通过引入市场机制建立起更加注重个人绩效的工资制度，工资弹性增加，校长和学校管理机构的管理责任得到加强。

---

① BACH S, WINCHESTER D. Opting out of pay devolution? The prospects for local pay bargaining in UK public services [J]. British Journal of Industrial Relations, 1994, 32 (2): 263-282.

② HATCHER R. Market relationships and the management of teachers [J]. British Journal of Sociology of Education, 1994, 15 (1): 41-61.

第四节

现代化发展时期教育家思想及教育政策

这段时期涌现出众多学者、教育家以及著名教育法案，本章重点介绍知识社会学派代表人物麦克·扬，现代自由教育思想的代表人物皮特斯和赫斯特以及《1988 年教育改革法》。麦克·扬致力于探讨学校教育知识本身，其思想对综合中学、国家课程、资格证书体系建设等产生了积极的影响。皮特斯和赫斯特作为英国现代自由教育思想的代表，从教育的概念、目的、教育方式、教育内容等方面进行了论述。几位学者为这一时期英国教育以及教师教育变革的方向提供了重要参考。作为英国教育史上著名的教育法案《1988 年教育改革法》，其内容渗透了强烈的"市场化"理念和中央集权的意识，总体约束着教师教育改革方向。

一、麦克·扬

（一）麦克·扬的生平

麦克·扬，伦敦大学教育学院教育学教授，1934 年出生于英国一个典型的上中产阶层、信仰英国国教的盎格鲁家庭。在剑桥大学学习时申请的一个假期项目，让他对学习社会学产生了浓厚兴趣，并在拿到社会学学士学位后继续攻读硕士学位。在埃塞克斯大学攻读硕士学位期间他遇到了一位对他有终身影响的访问教授——理查德·J. 伯恩斯坦。伯恩斯坦是著名哲学家，在 20 世纪 50、60 年代进行了关于语言编码和学习的研究，提出了长期为人们所忽视的教师情境中的符号与意义是教育过程中最可能发生不平等的地方，进而将研究逐渐延展到各种教育过程中知识被赋予价值、分类和控制的方式。20 世纪 60 年代末，伯恩斯坦建议麦克·扬将知识与课程问题作为自己的硕士研究课题，这个建议改变了扬的一生，也改变了世界范围内教育社会学研究的格局，"新"教育社会学派由此诞生，对 20 世纪 60 年代萎靡不振的教育社会学学科的复兴发挥了重要作用。①

　　值得一提的是扬作为两个孩子家长的身份让他切身体验到了英国教育现实与理想的差距，这促使他从家长或者说教育需求者（消费者）的角度重新思考教育问题以及更基础的课程问题：为何要有学校？我们希望学校教什么？他希望女儿能接触到在家得不到的"强有力的知识"，于是他从自己当家长的经历质疑课程应反映学生文化背景的观点，认为所有孩子都有权获得强有力的知识，给低收入儿童提供围绕其文化背景专门设计的不同课程遵循的是社会建构主义的知识逻辑，是从教师导向变为学生中心主义的逻辑，会造成教育隔离。

　　20世纪60年代末到70年代，麦克·扬将教育研究推向"课程与教学"这一核心领域，在传统的教育社会学研究主题——教育阶层关系与外部社会秩序之外，提出之前被忽略的教育内部过程，如教育内容的配置、筛选，学生的分流、评价，教师的暗示、期待……都是社会权力主导的结果，都是某一阶层立场的反映，都是广义社会不平等的一个个微小缩影。扬的这一思想迅速传遍全世界，并被冠以"新"教育社会学之名，逐渐形成了一个思想流派。这一流派产生于英国，随后以多种不同的观点与形式出现在美国、澳大利亚及其他国家，与当时持有反实证知识观、马克思主义社会观、后现代发展观的教育流派一起，迅速在世界范围内形成了囊括"再生产理论""抵制理论""批判教育学"等具有相似理论诉求的新理论方向，也就是广义的"新"教育社会学。② 在很多国家，这一思想都直接或间接反映到了中小学教育与课程政策及实践中，影响时间不可谓不深远，影响范围不可谓不宽广："当时扬所赞同并推广的很多课程与知识理念，甚至直到今天仍在左右英国、南非乃至巴西的教师、校长和传媒。"③

----

　　① 许甜. 从社会建构主义到社会实在论：麦克·扬教育思想转向研究［M］. 北京：清华大学出版社，2018：53.
　　② 许甜. 从社会建构主义到社会实在论：麦克·扬教育思想转向研究［M］. 北京：清华大学出版社，2018：47.
　　③ 许甜. 从社会建构主义到社会实在论：麦克·扬教育思想转向研究［M］. 北京：清华大学出版社，2018：48.

（二）主要学术观点

麦克·扬的主要著作包括《知识与控制》《未来的课程》。他的学术观点并非一成不变。20世纪70年代，麦克·扬认为学校里传授的知识（特别是学术型的学科知识）都是以中产阶级的文化为基本内容的，传授的方式、语言、训导要求也都以中产阶级所熟悉的方式进行，中产孩子们先天具有学习这种知识的优势，因而很容易取得成功。而弱势家庭的孩子，其家庭语言与学校语言体系是冲突的（一个是限制型符码、一个是精致型符码），他们的家庭也不具有优势文化资本，所以他们很难在学校教育中取得成功。因此，早期麦克·扬批判这种学校知识，建议从学生个人及其家庭经验出发组织课程教学，以体现公平。这就是以知识的社会性为出发点来考虑课程问题的思路，也就是社会建构主义课程理论的来源——课程应是学生经验的主体性建构。经过在英国及南非等地的实践，麦克·扬发现，这种思路最终提供给弱势群体孩子的都是职业知识，或者学术知识的低智版本，导致这些孩子被剥夺了获得学术知识的机会，他们唯一可能超越自身家庭背景的通路被堵死，造成了更大的、更隐性的不公平。

麦克·扬开始反思：是不是以前由社会上的权贵阶级（比如牛顿）所生产的知识就一定只是"他们阶级的知识"？经过反复思考，扬提出了社会实在论的知识观：知识不是只有社会性（它的生产有社会背景、有特定社会阶层的贡献），它还有实在性（被生产出来并经过专家团体的验证，就成为一定时期中的客观实在），那些学术学科知识（比如牛顿定律）并不是只代表优势阶级利益的，而是一定时期全社会共享的真理。弱势群体的孩子也必须学习和掌握它，因为它具有超越性，能够使他们看到、走到自身背景以外的世界。基于此，扬开始致力于探讨学校教育知识本身，即知识的不同类型、形态与属性、传递方式，以及如何围绕知识话题构建真正强有力的、聚焦课程和教学的学校领导集体与学校文化。[①] 麦克·扬抓住了教育研究的基本问题：知识的双重属性。他的理论体系包括了教育基本理论、课程教学关系、教育公平

① 许甜. 从社会建构主义到社会实在论：麦克·扬教育思想转向研究 [M]. 北京：清华大学出版社，2018：22-23.

实践等，虽然在不同的时期其思想看似有着天壤之别（见下图），但都围绕知识的基本特性特别是知识和权力的关系特性展开。围绕着"知识"与"权力"两大主题，麦克·扬始终关注构建一种知识的社会学理论，不断思考课程中的知识与权力的表达，并持续反思不同的知识课程理论背后的教育及社会公平意涵。①

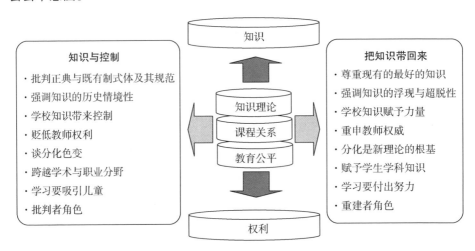

（三）教师教育主张以及对英国教育改革的影响

扬认为英国教师教育存在着四种转型，即向教育学科转型，向校本模式转型，向更为集权的教师能力认证模式转型以及中小学在教师职业形成或发展中承担更大的责任。为此，他提出了教师教育的反思现代化理论。该理论认为教师专业化转型后的教师教育应当注重发展新的学习观念，重视教师教育课程，形成中小学与大学之间新型的伙伴关系，对教师知识水平与职业技能评价体系进行反思。

从战后英国教育改革的基本走向来看，综合中学、国家课程、分轨制改革、资格证书体系建设等的背后，都有以麦克·扬为首的知识社会学派的思想。知识、学生个体与整个社会体系的复杂关系是英国课程研究者们重点关注的传统，这一传统也在麦克·扬的努力下被不断光大和发展，形成了世界

---

① 许甜. 从社会建构主义到社会实在论：麦克·扬教育思想转向研究［M］. 北京：清华大学出版社，2018：191.

课程与教育学理论森林中独树一帜的地域性特色。①

二、皮特斯和赫斯特及现代英国的自由教育思想②

（一）皮特斯和赫斯特的生平

皮特斯（R. S. Peters，1919—　）是现代英国自由教育思想的主要代表人物，他担任过伦敦大学教育学院院长，还曾是哈佛大学、英国哥伦比亚大学、澳大利亚国立大学的客座教授。他从 1962 年起任伦敦大学教育学院教育哲学系主任，直到 1983 年因病退休。皮特斯著述颇丰，其中最主要的有《伦理学和教育》《权威、责任和教育》《道德教育与心灵的发展》《教育与教师的教育》等。

与皮特斯齐名的另一位自由教育思想家是赫斯特（P. H. Hirst，1927—　）。他早年在剑桥大学三一学院攻读数学，获学士和硕士学位，曾任牛津大学教育系、伦敦大学教育学院教育哲学系讲师，1965 年到 1971 年期间在伦敦大学国王学院任教育学教授。此外，他还曾在英国、澳大利亚和南非的几所大学任客座教授。赫斯特最主要的代表作包括《知识与课程》《世俗社会的道德教育》《教育的逻辑》等。赫斯特在大学里原是主修数学，后来研究兴趣逐渐转移到课程论和知识论方面，与皮特斯共同组建了"大不列颠教育哲学学会"，共同主编了世界上最有影响的教育理论刊物《教育哲学杂志》以及教育哲学系列丛书《国际教育哲学丛书》（该丛书现在已出版了 40 多本，目前还在继续出版）。在他们周围，形成了一个从学问到作风都有鲜明特征的学术小圈子，被人称作"伦敦派"。

（二）自由教育思想的主要观点

1. 教育是"智慧"的发展

"教育是引导人们从获取信息进入到掌握知识最后达到发展智慧的完整过

---

① 许甜. 从社会建构主义到社会实在论：麦克·扬教育思想转向研究［M］. 北京：清华大学出版社，2018：190.

② 毕淑芝，王义高. 当代外国教育思想研究［M］. 北京：人民教育出版社，2002：373-381.

程，而不是对具体事实和信息的简单收集和传授。"① 教育的最终目的，是促使人的智慧得以发展，这是自由教育思想的一个主要观点。赫斯特说："只有具有智慧的人，才可以说是真正受过教育的人。"② 智慧有两种，即实践的智慧和理论的智慧。实践的智慧是指人们运用信息和知识对日常活动的思考，而理论的智慧是对事物深层内容的领悟，是对人的本质和世界的本质的理解，③ 科学家和哲学家都是具有理论智慧的人。自由教育思想家认为，理论的智慧是人的精神发展的最高境界，是人作为理性存在物的最高体现，因此教育应以发展人的理论的智慧为目的。皮特斯说："人的本质在于他是理性存在物，他的存在的最高形式在于追求理论。教育就是鼓励并促进人们通过最大限度地使用理性，成为一个充分发展的人。"④

2. 教育的目的是追求知识本身的价值

"教育的目的是追求知识本身的价值，它与任何功利的和职业的考虑都没有联系。"⑤ 这个观点是自由教育思想中最核心的内容，它集中地表达了自由教育思想的最基本的特征，也是自由教育思想家们论述最多的一个观点。皮特斯说："心灵的自由发展与为了功利的、职业的目的而追求知识是相反的。追求知识本身就是教育的目的，学习的理由是内在于学习本身的，而不是为了从中谋取什么实惠。"⑥ 赫斯特也指出："追求知识本身是人的独特的德性，自由教育对于人实现心灵的发展有价值，这种价值是与功利的或职业的考虑没有联系的。"⑦ 究其原因，赫斯特说，教育作为一种使个人得以发展的有意识、有目的的活动，必然涉及对价值问题的考虑。那么到哪儿去寻找这些价

---

① 伊里亚斯，梅里安. 成人教育的哲学基础 [M]. 高志敏，译. 北京：职工教育出版社，1990：16.

② 拉普钦斯卡娅. 现代英国普通中学 [M]. 朱立人，段为，译. 北京：人民教育出版社，1980：160.

③ 伊里亚斯，梅里安. 成人教育的哲学基础 [M]. 高志敏，译. 北京：职工教育出版社，1990：16.

④ PETERS R S. Education and the education of teachers [M]. London：Routledge & Kegen Paul，1977：49.

⑤ PETERS R S. Education and the education of teachers [M]. London：Routledge & Kegen Paul，1977：48.

⑥ PETERS R S. Education and the education of teachers [M]. London：Routledge & Kegen Paul，1977：57.

⑦ HIRST P H. Knowledge and the curriculum：a collection of philosophical papers [M]. London：Routledge & Kegen Paul，1975：32.

值呢？如何论证追求这种价值比追求那种价值更有道理呢？他说，有许多价值往往反映的是社会上少数人的利益，还有些价值带有宗教的、政治的或者功利主义的特征。总之，它们都缺乏客观性和普遍性。为了避免在考虑教育价值、教育目的的问题时经常出现的主观性和随意性问题，唯一的办法是从教育本身的性质和意义来定义和论证教育。教育的性质就是追求知识、获取知识，教育的意义也在于此，因此，追求知识本身的价值就是教育的目的，它与学生个人的偏爱，社会的、政治和经济的目的无关。

3. 主张通才教育，反对狭隘的专业训练

"教育是使人的心灵得到自由发展，它不应该使心灵仅仅限制在一个学科中或一种理解形式中。"[①] 这是自由教育思想的另一个基本观点，即主张通才教育，反对狭窄的专业训练。皮特斯说："今天，至少在学校一级，自由教育或多或少指的是通才教育而有别于专业训练。"[②] 自由教育思想家们对这个观点的论证涉及三个方面：首先，从教育对象来说，人作为宇宙万物中的最高级最精致而奇妙的存在物，其心灵先天地存在着多方面发展的可能，只是由于没能得到适时的恰当开发而永远地消失了，这是非常不幸和令人遗憾的。如果教育能够使人的心灵不受限制地得到自由发展，那么对个人来说是一种幸福，对社会来说也是大有益处的。其次，从教育的内容——知识对现实的关系来说，按照赫斯特在《知识与课程》一书中的观点，现实世界是一个互相联系的统一体，作为对现实世界反映的知识也是一个完整的体系。赫斯特在论述这个观点时提到布卢姆的教育目标分类体系，他肯定了这个分类法的价值，但是认为这个分类体系忽略了各个目标类别之间的联系。进而赫斯特以知识本质的哲学原理为出发点，提出了七个知识领域，即数学、自然科学、社会科学和历史、文学和美学、道德、宗教、哲学。他认为对这七个领域中任何一个领域知识的理解和掌握都不能离开其他领域的知识。比如学习自然科学知识就不能没有数学知识，而道德、社会科学、历史、美学、宗教和哲

---

① PETERS R S. Education and the education of teachers [M]. London：Routledge & Kegen Paul，1977：49.

② PETERS R S. Education and the education of teachers [M]. London：Routledge & Kegen Paul，1977：48.

学更是密不可分地互相联系着。这种密切联系是由现实世界的完整性、统一性决定的，因此，只有全面知识的教育才是恰当的教育。最后，从社会发展的历史趋势来说，现代社会的发展变化迅速剧烈，科学技术的进步日新月异，要使人们有足够的灵活性适应这种多变的时代，必须使学生具有广博的知识作为基础。此外，现代社会分工愈来愈细，人们所从事的工作愈来愈专，人与人之间除了天气冷暖之外几乎没有共同语言，人与人之间的冷漠和隔阂益发鲜明，实行全面知识的教育、通才教育将有利于解决这方面的问题。

4. 反对教育灌输

"教育要以理性原则为基础，以培养具有独立心灵的、自治的个人为目的，反对凭借权威的力量强制灌输各种教条。"① 这个观点是自由教育思想的一个非常重要的内容。皮特斯和赫斯特主编的《国际教育哲学丛书》中就有关于权威、关于灌输的专集。皮特斯在解释自由教育概念的含义时甚至直接把它概括为非权威性的教育（liberal education as non-authoritarian education）。按照皮特斯的论述，自由教育主张个人基于理性基础上的选择和自治，反对以权威仲裁来代替理性的思考，反对不加思考地接受或者迎合他人的意见和态度，反对个人受他人操纵和灌输，主张个人的真实性和自我导向。用通俗的话讲，就是主张"一个人的行动必须是他自己的，而不是抄袭他人或者假装成某种角色的"。② 这种观点是建立在资产阶级政治哲学——个人主义和自由主义的基础上的。该观点强调个人在各个方面的自由，特别是心灵发展的自由，认为心灵是人所特有的，心灵的自由发展是人的首要的本质要求。所谓自由教育，一方面指它是来自古希腊时期关于自由民的教育，另一方面是说它是关于心灵自由的教育。在自由教育思想家们看来，现代社会可能不存在人身是否自由的问题，但存在着心灵是否自由的问题。限制人心自由发展的最大障碍首先来自个人对权威的迷信和盲从，其次来自权威对个人的灌输。自由教育就是要使人心从盲从和迷信、权威和灌输中解放出来。

---

① PETERS R S. Education and the education of teachers［M］. London：Routledge & Kegen Paul，1977：45.

② PETERS R S. Education and the education of teachers［M］. London：Routledge & Kegen Paul，1977：79.

（三）自由教育思想对英国教育实践的影响

自由教育思想对英国教育实践有广泛的影响，主要表现在以下几个方面。

1. 对教学目标的影响

如前所述，自由教育思想家们把教育看作一个引导人们从获取信息进入到掌握知识、最后达到发展智慧的完整过程，主张教育要以促进人在智慧方面，特别是理论智慧方面的发展为目标。这种思想对教育实践的直接影响就是各级学校，特别是大学和中学，在各科教学中都强调智力的发展重于知识的获得。

2. 对课程安排和专业设置的影响

自由教育思想的一个核心内容是主张教育目的的内在性，即追求知识本身的价值，反对教育有功利的、外在的目的。受这种思想影响，英国的整个教育系统具有明显的重学术知识、轻实用知识，重理论、轻实践的倾向。一些教育家在 20 世纪 60 年代末到 70 年代初进行的专题研究表明，英国的许多中学里，按学术性和非学术性方针进行教学的比例为 2∶1。在教师和家长们的心目中，学术性课程的地位比非学术性课程的地位要高一些。所以在中学的分流中，一般是学习好的学生上专门培养学术性人才的公学或者以学术性课程为主的文法学校，而学习差的学生只能在综合中学和现代中学里学习属于应用方面的职业技术类的课程。

3. 对教学内容的影响

受自由教育思想家关于"通才教育"思想的影响，英国学校比较注重培养的是知识面宽广、能够触类旁通的"博学家"，而不主张使学生仅仅成为某个特定领域的专家。为此，英国的学校为学生提供的学习科目比较广泛，比如在一些著名的公学里，学生除了要学习语文、数学、物理、化学、历史、地理这些主要课程外，还要学习哲学、逻辑、天文、音乐、美术等课程。

4. 对教学方式的影响

如前所述，自由教育以培养具有理性的、自治的个人为目的，因此，强调教育的理性原则，反对凭借权威的力量实行各种形式的灌输。自由教育思想的这一主张已经深深贯彻到英国的教育实践中，教师们鼓励学生独立思考、大胆质疑，提倡有根据地对权威和教条进行批判和挑战，他们不喜欢那些不假思索地接受和迎合他人特别是教师和书本观点的学生。这一点在各科教学中都有体现，比如在自然科学的教学中，教师反对学生对所学知识采取教条主义态度——把知识看作无须证明就应该理所当然地加以接受的教条。

三、《1988 年教育改革法》

20 世纪 80 年代之前，基础教育发展面临困境，出现了一批质量低下的薄弱学校。20 世纪 80 年代之后，英国教育不再是"一潭死水"，社会各界强烈意识到提高教育质量的重要性，教育改革大讨论日益激烈。《1988 年教育改革法》的颁布标志着撒切尔政府激进改革的开始，透过《1988 年教育改革法》我们可以看到，这一时期撒切尔-梅杰保守党政府的主要教育改革与其倡导的"自由的经济，强大的国家"战略相关，把强调中央控制的新保守主义与倡导市场竞争的新自由主义巧妙结合。"一方面，政府根据学生有权接受共同的知识及达到某种成绩水平的原则，对课程和有关的考试服务进行集权控制；另一方面，它利用全国统一课程和考试这种中央集权化的制度，在学校之间重新采用市场竞争的原理争夺学生。"①

《1988 年教育改革法》是继《1944 年教育法》以后英国最重要的教育修正法案，在某种意义上说它也是第二次世界大战以后英国教育的一个重大转折点，是英国 60 年代以来教育改革的一个总结，汇集了政府从教育大辩论以后十几年的政策，有关公立学校基础课程、考试和评定等内容构成了该修正法案的主要内容，标志着传统英国课程开始重大的转变。

1. 主要内容

《1988 年教育改革法》共 238 条，内容包括中小学教育、高等教育与继续教育、内伦敦地区教育和其他一般性规定四大部分。有关中小学方面的条款共 119 条，仅适用于英格兰和威尔士地区。②

（1）设立全国统一课程

法案在第一部分"学校"的第一章"课程"中集中阐述了公立学校的课

---

① 瞿葆奎. 英国教育改革［M］. 北京：人民教育出版社，1993：761.
② 易红郡. 从冲突到融合：20 世纪英国中等教育政策研究［M］. 长沙：湖南教育出版社，2005：384.

程改革问题，既完善了国家课程理论，又制定了较为成熟的实施原则，基本形成了与义务教育目的和目标协调一致的课程体系。法案规定："凡在英格兰和威尔士的公立中小学都要开设三类课程：核心课程、基础课程和附加课程。核心课程包括英语、数学和科学，这类课程在小学应占绝大多数课时，在中学应占总课时的 30%—40%；基础课程包括现代外语、技术、历史、地理、美术、音乐和体育，这类课程在中学应占 45% 左右课时；附加课程包括古典文学、家政、经济学、保健知识、信息技术应用、生物、第二外语、生活指导等，约占中学总学时的 10% 左右，其中有些附加课程并不是独立的教学科目，而是通过其他科目教学实现的。此外，宗教教育仍占有特殊地位，是中小学法定的必修课，要有一定时间保障。"[①] 它的目的是"能促进在校学生在精神、道德、文化、心理和身体方面的发展，并为学生在以后的成人生活中获取机会、责任感和经验方面做准备"。

全国统一课程的设置与国家经济和科学技术发展紧密结合，课程内容广博却又彼此平衡。通过设定统一的课程，有利于缩小地区间教育质量的差异，保证儿童获得平等的受教育机会。虽然政府在法案中规定了教什么内容，但没有规定必须使用的教科书、教学辅助材料、学科相应的教学方法。"并且国家课程要在 24 000 所学校的 800 万学生和 40 万教师中具体落实，并不是一件容易的事情。"教师短缺成为阻碍一些学校推行全国统一课程的重要原因，这需要中小学教师在教育理念、教学方式、教学内容上有不小的转变，需要具备更高的教学能力以保证法案精神的实现和目标的落实。这就对师资质量和数量提出更高的要求，也意味着师范生一毕业就面临新的挑战，学习更完备的知识。总之，需要更加高质量的教师教育。

（2）设置学段与全国统一考试制度

"《1988 年教育改革法》把义务教育阶段内的学生学习阶段分为 4 段：5—7 岁、8—11 岁、12—14 岁、15—16 岁。"[②] 每一个学习阶段结束时即在7、11、14、16 岁时根据成绩目标进行全国的统一考试以配合国家课程的实

---

① 易红郡. 从冲突到融合：20 世纪英国中等教育政策研究［M］. 长沙：湖南教育出版社，2005：384-385.

② 辛爱灵. 英国 1988 年教育改革法研究［D］. 济南：山东师范大学，2009：10.

施。其测试依据是各学科的成绩目标和学习大纲，并在毕业时得到一份有关其总的学习情况的"成绩记录表"。考试的结果将向家长公布，以帮助其判断哪些是"好学校"，哪些是"差学校"。"为了克服之前两种考试制度的弊端，改革 16 岁考试制度，将原来的普通教育证书考试和中等教育证书考试合二为一，变为单一的中等教育普通证书（General Certificate of Secondary Education，简称 GCSE）。这种考试注重考察学生的实际水平，强调课堂测验并能在测试中区别学生的知识和能力。"① "除这些考试是对学生甄别和评估的主要途径外，还要辅之以教师的平时考查。"②

英国 1988 年教育改革法规定的全国性统考安排

年龄	学习阶段	年级	全国性统考或资格考试	考试科目
3—5	基础阶段	学前教育	不需考试	
5—7	第一主要阶段	1—2 年级	7 岁考试（标准评估测试）	英语和数学
7—11	第二主要阶段	3—6 年级	11 岁考试（标准评估测试）	英语、数学和科学
11—14	第三主要阶段	7—9 年级	14 岁考试（标准评估测试）	英语、数学和科学
14—16	第四主要阶段	10—11 年级	16 岁考试"普通中学教育证书"考试（GCSE）	英语、数学、科学、历史、地理、技术、音乐、美术、体育和现代外语等学科范围
16—19	非义务教育阶段	12—13 年级	① "高级水平普通教育证书"考试（A Level）② "国家普通职业资格"考试（GNVQ）	英语、数学、科学、历史、地理、技术、音乐、美术、体育和现代外语等学科范围任选三科

① 胡艳，蔡永红. 发达国家中小学教师教育［M］. 海口：海南出版社，2000：41.
② 易红郡. 从冲突到融合：20 世纪英国中等教育政策研究［M］. 长沙：湖南教育出版社，2005：385.

（3）管理体系向中央"集权式"迈进

在地方教育当局管理下，所有中学和招生在 300 人以上的小学在大多数家长要求下可以摆脱地方教育当局的控制，直接接受中央教育机构的指导，财政开支由全国统一的"公立学校基金会"负责。这一政策称为"选择脱离"（opting out），被视为英国打破过去中央、地方两级分权管理教育的传统，走向中央集权的重要一步。法案还决定 1990 年 4 月撤销内伦敦教育局，除学校的选择脱离主要取决于家长外，法案还赋予家长为子女自由选择学校的权力，它要求所有学校都公开招生，不受地区限制，直到满额为止。

（4）实施直接拨款的公立学校政策

英国自建立公共教育体系以来，中小学一直由地方教育当局管理，中央政府通过地方教育当局对学校实施间接管理。具体到教育拨款，就是中央政府将教育款项拨给地方教育当局，再由地方教育当局对公立学校的资金进行分配。1988 年教育改革打破了这个局面，实施直接拨款公立学校政策（Grant-Maintained Schools，简称 GMS），即中央政府将教育款项直接下拨给学校一级，由学校董事会管理学校，这项政策作为《1988 年教育改革法》的主要内容之一，围绕获得直接拨款公立学校资格的程序、学校董事会的组成、董事会成员的任期、直接拨款公立学校的经费、直接拨款公立学校的招生、财产和教职员工的转交、校址的变更、学校的停办、解散和财产的处置等事项做出规定，充分体现了改革法的主旨，体现了中央权力上移和学校一级权力扩大、中间层权力削弱以及强调教育消费者需求的特点。①

（5）实行"开放招生"政策

战后英国的中小学招生，一般都由地方教育当局根据计划予以保证，所以公立学校之间缺乏竞争意识，1988 年教育改革在很大程度上改变了这一状况。法案首次赋予了家长在公立学校体系内自由选择的权力，并规定家长有权获得关于被选学校情况的详细资料。法案规定，除非这些学校已人满为患或有其他充分理由拒绝，否则家长的选择一般都应该得到满足。这一政策使招生权力由地方教育当局转移到了学校，进一步扩大了家长择校的权力。伦

---

① 辛爱灵. 英国 1988 年教育改革法研究［D］. 济南：山东师范大学，2009：14-15.

敦大学教育学院劳顿教授认为："开放招生是来自私人领域巨大压力的结果，其目标是通过要求所有学校最大限度地接受学生而不仅是完成地方教育当局制订的招生计划，以此来更多地提升家长的权力。"① 另外，法案规定实行按就学人数分配教育经费，这意味着招收更多的学生就能得到更多的经费。②

（6）设立新型的中等教育机构

在英国各地设立两种新型的中等教育机构，即城市技术学院和城市工艺技术学院。这两种学校必须位于都市区，为全部或主要来自学校所在地的11—18岁间不同能力的学生提供教育。城市技术学院的课程侧重于科学和技术，城市工艺技术学院则把课程重点放在将技术应用于表现和创造性艺术方面。这两种学校的办学经费由中央提供，还可以取得工商企业的赞助，不受地方教育当局的管辖，学生免费入学。

（7）改革高等教育管理体制

在高等教育管理方面，废除已实施了 20 余年的高等教育"双重制"，多科技术学院和其他属于公共部门的高等院校将脱离地方教育当局的管辖，取得与大学同等的独立法人地位，同时成立多科技术学院和学院基金委员会对这部分高校进行管理和拨款。至于大学部分，原先的大学拨款委员会已由1989 年新成立的大学基金委员会取代。新委员会的任务是向国务大臣提供咨询，为各大学分配经费。此外，该法案的最后部分还就高校教师的聘任、大学生资助方式和内伦敦地区教育行政机构的调整等做了说明。

2. 对教师教育的影响

《1988 年教育改革法》重点在于提高基础教育质量，培养具有广博知识和适应新世纪的人才，其中贯穿着两个基本的指导原理：第一，加强中央对教育的控制；第二，在教育内部引入市场原理或者竞争原理（教育的自由化），把家长（学生）和学校（教师）分别视为教育的"消费者"和"生产者"，在赋予家长更多的选择权的同时，减少政府对学校的干预，以促进学校间的竞争，进而达到提升教育活力和质量的目的。在政府看来，竞争是提高

① LAWTON D. Education and politics in the 1990s：conflict or consensus？ ［M］. London：The Falmer Press，1992：51.

② 辛爱灵. 英国 1988 年教育改革法研究 ［D］. 济南：山东师范大学，2009：15-16.

教育标准的必要条件。作为整个教育系统的重要一环，为了达成改革目标，教师教育必须要给予回应。教师要能够胜任所承担的国家课程教学，并且能够在统一的"国家考试"过程中接受检验，"国家考试"制度成为评估学校办学水平和教师任职情况的依据。不仅如此，"国家课程"与"国家考试"制度的全面实施，也必然会推动理论的演进。

　　教育改革成败的关键在于是否有合格的教师，英国 20 世纪 80 年代末期推行的一系列教育改革都要求提高教师的素质，改革教师教育，正是在这样的背景下，英国教师教育也吹响了改革号角。[①] 中央对教师教育控制管理逐步加强，教师教育课程逐步全国统一。教师教育作为整体教育改革的一个侧面，呈现出了同样的趋势。1984 年，英国建立了教师教育课程鉴定委员会，旨在加强中央对教师教育的管理。委员会成立之后对过去的教师教育课程标准进行了审订修改，1989 年新的课程标准问世并从 1990 年 1 月 1 日起实施，在新的标准下大学教育系一年制课程和教育学院四年制课程都有了一些新的变化。此外，为了提高未来教师的英语和数学的教学能力，英国政府制定了培养初等教师的全国标准，计划从 1997 年 9 月开始实施培养初等教师的全国统一课程。这些紧锣密鼓的改革步骤，目的都是强化中央管理体制，而强化中央管理体制的重点是对教师教育课程标准进行控制，不合乎国家统一标准的取消办学资格，不准发放文凭和证书。正如苏格兰教育部 1993 年 1 月颁布的《苏格兰未来教师培训计划纲要》所规定的那样：凡不符合"纲要"要求的师范教育课程一律被鉴定为无效，学生也不被认为是经过专门培训的。[②]

　　对职前教师教育来说，《1988 年教育改革法》的颁布意味着教师原有课程自主权的削弱和中央政府对教师职前培训课程更进一步的干预与限制。对教师来说，国家课程和国家考试制度的建立意味着长期以来他们对教学科目、内容、测试形式等自主权被终结。教师必须严格按照国家课程的标准和要求进行教学。同时，四次全国统一测试也是对教师教学成果的公开考评。这种

　　① 梁忠义. 教师专业化视野下的美英日韩四国教师教育的改革与发展［M］. 长春：东北师范大学出版社，2003：97.

　　② 梁忠义. 教师专业化视野下的美英日韩四国教师教育的改革与发展［M］. 长春：东北师范大学出版社，2003：128-129.

评估制度在一定程度上加重了中小学教师的工作压力，许多老师为此感到沮丧。哈里斯（Harris）对此法案提出批评："《1988 年教育改革法》改变了传统学校教学的概念与形式，国家课程、国家考试及公开排名都致力于将控制权从教师转移至中央政府，导致教师在规划及管理学校发展上更加边缘化。"①对职前教师教育领域而言，国家课程的出台对职前教师培训的课程和标准也有着极大影响。职前教师培训的课程必须按照国家课程来设计和安排，从而削弱甚至剥夺了教师教育机构对教师教育课程的控制权。法案对于中小学课程目标的规定也对教师教育提出了新的挑战，促成了一年后 24/89 号通告《教师职前培训：课程的标准》的出台，进一步加强了职前教师教育领域的中央集权趋势。

本章小结

综上所述，这一时期的教师教育改革蕴藏着执政党富有时代特色的教师教育理念，体现了其与时俱进而又更富包容性、开放性、科学性的教师教育价值观。

这一阶段的教师教育改革从凸显大学在教师教育中的作用开始，由高等教育机构组织实施教师教育的所有课程，通过提升层次提高教师教育的专业化、职业化程度。随着社会发展，过于注重职前教师培养的教育模式暴露出它的不足，为了改善教师培养的实际效果，构建更为完善的教师教育体制，教师教育一体化思想提出。自此，仅作为职前知识储备的、一次性、终结性、单向度的学历师范教育终结。教师教育一体化思想打破了教育理论与教学实践相脱离的境况，搭建了两者之间的桥梁；改变了条块分割的管理体制，建立起统一协调、内外融通的管理网络和机构，统一规划和设计教师教育的目标和内容，重新构建起各类教师教育机构与中小学的关系，创新了教师教育体制。从教师的个人角度来看，拓展了教师学习内容，丰富了教师学习形式，将学历教育与非学历教育，正规学校学习与教师自我导向性学习、互助性学

---

① WASTON K, MOGDIL S, MOGDIL C. Educational dilemmas：debate and diversity［M］. London：Cassel, 1996：57.

习等非正规学习相结合，教师的知识、技术、能力等智力因素发展与态度、情感、意志等非智力因素发展相统一。《詹姆斯报告》出台以后，英国教师教育改革正式从注重"理论"向重视"实践"转向，通过"实践"取向串联起三个阶段，通过"实践"融通教师个人各个阶段所学，也是通过"实践"构建起培养培训机构间的新型伙伴关系。教师教育一体化思想的提出预示着其后英国教师教育重塑专业化思想和一系列措施的到来。在此之后，从某种意义来说，有关完善英国教师教育政策的倡导都是围绕如何将一体化思想进行理论的深入和实践的细化展开的。

可以说，师范生的培养体现了更加"开放"的理念，这种"开放"的理念从学生个体来看，就是更加注重学生综合素质，注重师范生的"专业性"。"实践"是培养师范生多元能力的土壤，师范生走出大学的象牙塔，走出纯理论的建构与学习，在还没有正式走上工作岗位之前就到中小学实际的教育情境中去感知真实的教育，步入由教学关系、伙伴关系、层级关系组成的"网"中，验证理论所学，并通过实践掌握教学技能和形成处理日常教育问题的能力，这对师范生来讲非常重要。师范生的教育教学思维从局限于书本知识理解变得更为发散，方式却更加"脚踏实地"，通过这个过程师范生面向未来教育生活的信心增强了。

经过《詹姆斯报告》"教师教育一体化"思想的提出以及对原有教师教育模式的审视和反思，"重塑教师专业化"思想成为20世纪80年代以后的主流思想。从某种角度看，重塑教师专业化思想不仅是对教师教育质量提升要求的回应，更是对一体化思想的继承、深入和完善。在重塑教师专业化思想这个大的主题下，一系列分支思想支撑、汇聚、融合，共同构成重塑教师专业化思想体系。具体包括，教师教育培养机构转向教师的"工作职场"；教师素养养成中职前培养和职后培训并重，更加注重职后培训和教师的持续反思；在教学中，以课程标准的建立和课程体系的构建为主要突破口提升学生的实际教学能力；在"出口"方面，通过确立评价目标、制定评价发展阶段、持续打造评价流程、选择科学合理的评价制度形成一套指标完整的评价体系来回应质量提升的要求，用一系列能力标准和评价制度对教师进行规范、约束和激励；在教师教育体制方面，注重培训机构伙伴关系的构建。这些改革与思想最终都汇聚到一起，形成合力，指向教师专业能力的提升，在"实践"中反思、提升、建构、检验、再提升，以此螺旋上升、循环往复。

从教师教育管理体制来看，不论教师教育机构如何改革，教师教育模式是以大学的"学术"或"理论"取向为中心还是以中小学"实践"取向为中心，即使后期引入了市场竞争模式，总体上都体现了在"分权"中逐渐"集权"的思想。教师教育管理中央集权化思想是这个阶段重要的思想特征，英国在加强政府对教育和教师教育的控制和督导方面改革力度大大加强，改革的目标是力图在重实践、重业绩的教师教育思想下，通过促进教师教学实践能力的提高，实现英国建立世界一流教育和教学制度的目标。[①] 教师教育由原来的"专业语境重构领域"（Professional Re-Contextualization Field）转向"官方语境重构领域"（Official Re-Contextualization Field）。

在这个阶段，配合教师教育思想的转变和发展，教师教育实践在机构改革、拓宽师资供给途径、实行以学校为基地的培养模式、"伙伴关系"的构建、提高教师薪资待遇等方面做出不同程度的努力。从师范生的来源来看，这种开放表现在师范生来源的多元化上，不再局限于高校毕业生。所有有志于从事教师职业、满足一定条件要求的人员均可以申请参加专门的师资培训。从关系角度来看，教师教育机构之间、教师与师范生之间形成"伙伴关系"。同时，对于中小学教师来说，有利于在他们中间形成一种反思性的教学文化，这种文化使他们在进行指导、评价时更深入、客观地思考自己的教学。对于大学来说，通过这种"伙伴式关系"，发现教师教育课程方面的不足，进而完善课程设置。这一时期的教师教育思想家为体制改革提供了广泛而科学的理论支撑。英国教师教育在这一阶段形成了较为完善的体制和管理制度，为后来卓越教师理念的形成奠定了重要基础。

---

① 石少岩，丁邦平. 试论英国教师专业发展的理念、现状与变革［J］. 外国教育研究，2007（7）：29-32.

第七章

现代化深化变革时期
英国教师教育的实践与思想

进入 21 世纪以来，英国进入了深化教师教育改革时期，国家层面致力于提高教育质量，社会各界围绕教育展开的讨论越来越多。聚焦国家质量标准的教师教育思想和"以学校为基地"体现的实践取向的思想逐渐成为引领这段时期教师教育改革的主要思想，政府出台一系列教育政策以期达成改革目标。

1997 年，布莱尔任首相之后实施的"教育优先"的改革思路适应了全球化与新科技革命的要求，促进了英国教育质量的整体提升，革新了教育管理体制，缓和了英国经济增长和社会发展之间的矛盾。布朗政府坚持和发展了布莱尔时期的教育公平原则，同时在中央与地方、政府和学校的权力配置上进行了新的调整。卡梅伦联合政府持续重视教育，加大了对教育领域的投入，并且更加重视教育的公平和自由。总体而言，英国的教育政策虽然在几届政府更迭中有所变化，但坚持教育公平、鼓励多样化办学、赋予学校和家长更多的权力的基本思路没有变。其在渐进式的改革中，不断地修正和反思，以适应时代发展、社会变迁的需求。

在探索如何培养高质量的教师，从而真正保障和促进儿童的发展这一立场来看，英国政府的改革有其连续性和一致性。21 世纪以来，英国教师教育改革与发展的主旨是——实现教师教育多重变革，重视以学生为中心的学校发展模式，提高教师效能，制定和修订教师专业标准，逐步完善"教与学"，构建面向未来的、有效的整体框架。为此，英国政府在十多年间出台了一系列重要的教师专业标准和教育政策，对英国教师教育以及教师专业水平的提升产生了深远的影响，教师教育实践呈现了选拔途径多样化、培训模式实践化、教学权力扩大化、教师支持体系整体化的特征。

第一节

现代化深化变革时期教师教育改革与 发展的社会背景

20 世纪末到 21 世纪初，执政党的更迭给英国教育战略和教育政策带来了变化和革新。布莱尔执政以来，将教育放在执政的优先位置，通过对"第三条道路"在教育领域的实践探索，促进了英国教育质量和效益的整体提升。布朗政府沿袭布莱尔政府的基本教育思想和理念，更加注重教育的机会公平，对教育管理体制进行了改革，重视激发地方和学校的活力。卡梅伦联合政府坚持自由与责任、公平与效率的教育理念，注重教育质量的提升，2010 年出台的教育白皮书《教学的重要性》（*The Importance of Teaching*），认为教学和教师质量是决定教育质量的核心要素，要求采取多种措施提升教学质量和教师领导能力。也是在这十多年间，英国的教育质量得到了很大的提高。2018年特蕾莎执政以来，英国政府忙于"脱欧"，要应对教师质量和数量的挑战，启动招聘海外优秀教师人才的计划，积极扩展海外教育项目。英国政府执政党的更迭形塑了英国教育改革和发展的政策情境，也是开展教师教育研究必然要了解的背景。

一、托尼·布莱尔政府

（一）布莱尔政府时期教育发展的背景

20 世纪末，全球化浪潮进入新的阶段，世界经济一体化的程度进一步提高，国与国之间的合作更加频繁，竞争也更加激烈。英国作为老牌工业国家，曾长期在世界上处于领先地位，在全球化与新科技革命的推动下，英国与其他发达资本主义国家一样进入了知识经济时代，知识和教育的重要性凸显，国家对新技术人才的需求不断增加。

布莱尔就任首相后，采纳了其"精神导师"——安东尼·吉登斯的"第三条道路"思想，将之奉为工党的政党政治哲学，并按照这一观念逐步塑造工党新形象，推进社会经济改革。布莱尔及其领导的新工党试图在传统工党的民主社会主义与新右翼的撒切尔主义两者之间寻找一条中间性的治国方略，以适应当代科技、经济、社会、阶级等在知识经济时代的变化，其核心在于寻找传统左翼政党的国家干预主义和传统右翼政党主张的自由竞争思想这二者之间的结合点和平衡点，因此"第三条道路"思想的核心就是四个平衡，即经济发展与社会公正之间的平衡、政府调控与市场经济之间的平衡、权利与责任之间的平衡以及国家利益与国际合作之间的平衡。[①]

正是在"第三条道路"思想的指引下，新工党执政伊始就把教育视作人力资本投资的最根本手段，将"教育优先"定为面向 21 世纪英国教育的总体战略。与撒切尔时代以紧缩财政支出为主的教育政策相比，布莱尔政府加大教育投入主要是为解决当时英国基础教育中存在的一些突出问题——校舍老化、教学设备不足、办学条件参差不齐、师资短缺等。在加大基础教育财政投入的同时，基础教育质量标准的提高和教育公平的推进也是两个重要的改革主题。布莱尔上台后仅两个月便出台教育白皮书《追求卓越的学校教育》(*Excellence in Schools*)，明确了"基于特色进行选择"的价值追求。这与 20 世纪 50、60 年代的中等学校综合化改革的方向并不相同。白皮书认为，对教育机会的追求在一些情况下会导致某种形式的整齐划一，有关儿童在提升自身能力方面具有相同权利的观点很容易忽视儿童的个性，因此，白皮书拟定在 2000 年 9 月前开设 500 所特色学校的发展目标。同时，白皮书还建议将文法学校入学政策调整的决策权交到地方学生家长手中，赋予家长更多的参与权。

为推进英国基础教育的均衡发展，1997 年教育白皮书将教育改革着眼于大多数学生的发展，将学生学业不良的教育薄弱地区和薄弱学校作为改革的突破口，"教育行动区计划"(Education Action Zone) 应运而生。1998 年秋，第一批"教育行动区"获批成立，到 2001 年增加到 73 个。此外，教育信息化建设也是布莱尔政府推进教育发展的重要着力点之一，在建设国家层面网络资源的同时大力支持学校发展信息教育，并将国家课程中的 IT（Information

---

① 李娜. 英国布莱尔执政时期的重要教育政策研究 [D]. 上海：华东师范大学，2008：15.

Technology）课程更名为 ICT（Information and Communication Technology）课程，深化 ICT 理念在教育领域中的传播和应用。① 总体来看，教育需求一般具有双重性，需要在教育公平与教育效益之间不断地进行平衡。20 世纪 90 年代，英国在面临全球化和国际竞争激烈的外部环境的同时，国内经济发展迟滞和社会矛盾集中爆发②。对此，布莱尔政府教育改革始终注重教育质量和效益的提升，重视教育服务于国家和社会发展需求，注重政府干预与市场经济共同发挥作用，强调教育必须适应全球化和技术变革，坚持教育公平，推进教育民主化，重视教育培训和终身教育。

（二）布莱尔政府时期教师教育的改革与发展

自 20 世纪 80 年代开始，伴随着世界范围内兴起的教师专业化运动，提高教师质量、促进教师专业化成为各发达国家的改革方向。英国政府把教师的专业发展提升到了一定的战略高度，为保证教师质量，制定了一系列有关教师标准和教师专业技能的政策。英国教师教育逐渐由关注"能力"提升转向"标准"制定，更加关注教师专业效能的提高。

以布莱尔为首的新工党将教育置于特别优先的地位，其"第三条路"的执政思想对英国教师教育产生了一定程度的影响，其中较为明显的就是提高了基础教育标准。"为所有人提供均等的教育机会并提高教育标准"是其在教育中的施政理念，对师范生提出一系列的"标准"要求，是新工党政府"提高教育标准"的总体目标在教师教育领域中的反映。③ 随之，新工党政府确立了严格的教师考核形式，确立了全国教师职前教育课程大纲，并把原来的能力一览表细化为获得执教资格的具体"标准"，对职前教师由"能力"的要求转向了"标准"的要求，表明了政府以标准建设提高教师质量的态度。

1998 年，英国教育与就业部（DfEE）颁布了《教学高地位、高标准——教师职前培训课程要求》（*High Status and High Standards for Teaching—Pre-service Teacher Training Course Requirements*），其中的《教师资格证书授予标

---

① 李建民. 英国基础教育 [M]. 上海：同济大学出版社，2015：20-22.
② 王影影. 布莱尔执政时期英国教育政策改革研究 [D]. 济南：山东大学，2016：3.
③ 徐美娟. 英国教师专业标准研究 [D]. 上海：上海师范大学，2007：22.

准》（*Standards for the Awarding of Teacher Certificates*）对所有受训教师在获得教师资格证书时必须达到的学科知识、技能和教学实践能力标准进行了规定，包括"知识与理解""计划、教学与管理""监控、评估、记录和报告""其他职业要求"等 4 个方面近 70 条标准。[①] 标准对受训教师在知识和能力方面的要求是较高的，其中"知识与理解"分别针对中学和小学具体规定了证书申请人在接受考核时展示出的对即将从事的专业领域及相关学科知识的完备把握、对相关年级学生特点及教学大纲的准确理解，[②] 对师范生在教学实践能力方面的要求更高、更明确，规则更加详尽，这在一定程度上形成了一种导向，即教师有效教学能力的提升是教师教育的核心诉求。

这一时期英国制定了大量的标准，强化"标准"建设，对教师所应具备的知识和技能的要求更为充实、细化和具有操作性，表达上也更为明确、简洁，对师德要求也有了相关规定，这些都为教师教育机构制定教师教育培养方案提供了一定的依据，也为专业机构评价教师教育的效果提供了参考。[③]

十年间，布莱尔及其工党政府将教育放在执政的优先位置，适应了全球化与新科技革命的要求，促进了英国教育质量和效益的整体提升，革新了英国的教育管理体系，缓和了英国经济增长和社会之间的矛盾，探索了"第三条道路"理论在教育领域的实践路径。客观地讲，布莱尔执政时期英国教育政策改革的确卓有成效，取得了一系列突出成果。同时，在以标准为提升教师专业水准的框架下，注重绩效考核、激励奖惩等外在的评价，虽然提升了教师的专业素养，但是也在一定程度上降低了教师的批判性反思的水平。

二、戈登·布朗政府

（一）布朗政府时期的教育发展背景

新工党特别注重社会公平，并以"机会平等"取代了老工党的"结果平

---

① 教育部师范教育司. 教师专业化的理论与实践（修订版）[M]. 北京：人民教育出版社，2003：220-230.

② 魏永红. 重视职前教师综合素质的培养：英国 DfEE1988（4）号文件及其对提高我国师范教育质量的启示 [J]. 河南师范大学学报（哲学社会科学版），2001（3）：104-106.

③ 郭清芬. 英国合格教师专业标准研究 [D]. 重庆：西南大学，2010：12.

等"，"机会平等"是理解布朗执政思路的关键词之一。布莱尔首相曾在竞选宣言中指出："我坚决认为我们国家的现代化改革必须惠及每一个勤奋工作的家庭，要让所有的孩子，无论他们生活在哪里或有什么样的家庭背景，都能够平等地受益于国家为他们提供的机会，分享国家的财富，要让机会惠及所有人。"布朗更是大力倡导机会平等，他表示新工党将一如既往地坚持对社会平等的承诺，"平等的本质是机会的平等，而不是老工党不现实的结果平等，也不是狭义的机会平等，而是最广义上的机会平等"。① 对新工党而言，"公平"就是政府有责任为所有人提供平等的机会，每个人都有接受和把握政府所提供机会的义务。对于没有能力者，政府有责任通过提供教育、培训等手段，提高个人把握机会的能力；只有对那些真正失去自我生存能力的人，政府才有责任提供保护。新工党的目标是：扫除人们进步的各种障碍，创造真正的向上流动机会，建立一个开放的、真正以个人才能和平等价值为基础的社会。②

布朗的教育理念主要体现在 2009 年 1 月颁布的《新机遇：迎接未来的公平机会》（*New Opportunities*：*Fair Chances for the Future*）白皮书之中。该白皮书是在国际金融危机困扰下，布朗政府为了在新的世界格局中抢占先机而在教育领域推出的一项战略举措，其目标是通过促进社会流动与保障社会公平推动英国政治上的进步，开启国家发展的新时代。具体内容包括：每一代人都能获得更好的就业机会，每一个人都有机会实现自己的潜能并能获得公平的就业机会；希望英国的基础设施能为企业的成功提供适当支持，希望英国政府能提供良好的环境以培育新的企业和创新机会；确保处于弱势地位的儿童能与其他同龄人具有相同的发展机会；学校能够拥有较高的教学质量、优良的教学环境、优质的教学设备以及优秀的教师。同时，政府通过为公众提供优质、个性化的服务，确保建立公平的税收机制，确保政府对市场经济进行高效管理等，为政策目标的顺利实现提供条件保障。

---

① BROWN G. Equality the past and now ［M］// LEONARD D. Crossland and New Labor. Basingstoke：Macmilan，2009：35.

② 缪学超. 布朗执政时期英国教育政策研究（2007.06—2010.05）［D］. 长沙：湖南师范大学，2013：13.

2007—2010 年布朗执政期间，英国政府在继续努力提高教育水平的同时，也十分注重对贫困家庭儿童的关照，这些努力集中体现在三个标志性政策文本中，分别是《儿童计划：构建美好的未来》（*The Children's Plan：Building Brighter Futures*，2007）、《国家挑战：提高标准，支持学校发展》（*The National Challenge：Raising Standards，Supporting Schools*，2008）、《你的孩子，你的学校，我们的未来：建立 21 世纪的学校制度》（*Your Child，Your Schools，Our Future：Building a 21st Century Schools System*，2009）。[①] 三个政策文本分别对儿童成长环境、教育均衡发展以及现代学校制度做出了较为具体的规定，为英国下一阶段的基础教育发展奠定了政策基础。

（二）布朗政府时期教师教育的改革与发展

布朗政府时期，随着教师质量的逐步提高，教师专业化程度的提升，英国学校教育开始转向对学生学业的关注，以学业成就来评价教学有效性，强调课堂教学效能。这些做法促使教师教育机构开始思考如何使教师教育更好地为学生学习服务。

2007 年 6 月 28 日，布朗政府将 2001 年成立的教育与技能部一分为二，分别成立了儿童、学校与家庭部和创新、大学与技能部，同时宣布成立国家卓越教育委员会。这是英国历史上通过教育管理体制和组织结构变革推进教育改革较为重要的举措，对于重建政府教育公共管理体系、转变政府决策机制具有深远的影响。

儿童、学校与家庭部，创新、大学与技能部和国家卓越教育委员会伴随布朗首相的执政生涯存在了三年之久。在这三年时间里，这三个部门较好地实现了布朗改革的初衷，即它们使中央政府较好地应对了当时英国面临的"非同一般的最新挑战"。一分为二后的儿童、学校与家庭部和创新、大学与技能部主要通过立法、拨款、信息服务、政策指导等政策手段对各自负责的事务进行宏观管理。与这个改革相呼应的，此时各国的教育管理体制改革都逐渐表现出"新公共管理"的特征，比如强调"基于现场的管理"、学校拥有更大的自主权、学校管理日益市场化等，关注政府对自身角色的合理定位。

---

① 李建民. 英国基础教育 ［M］. 上海：同济大学出版社，2015：22-23.

　　从 2007 年的《儿童计划》、2008 年的《教育和技能法》、2009 年的《教育白皮书》和教育部 2009 年的年度报告来看，布朗政府的教育政策基调基本没有离开布莱尔政府的变革轨道，继续强化对课程与评价的统筹管理，继续推行学校自主管理、多样化办学等政策，继续按既定计划推动特色学校建设，学园以及信托学校数量增加。在英国教育部 2009 年的年度报告中，明确将包括私营机构在内的"第三部门"作为教育管理体制中的一个主体来看待。①不过，布朗政府对于第三部门的介入跟布莱尔政府的态度略有不同。例如，与布莱尔大力倡导校外私营机构介入学校管理不同，布朗政府更主张依靠学校内部的力量来改善办学质量，即主张通过优质学校及其优秀校长与另一所学校结对或与若干所学校结盟的方式，解决低绩效学校的质量提升问题。教育大臣鲍尔斯甚至在 2009 年《教育白皮书》的前言中说："我们将更好地利用最佳校长的资源，使他们能够管理一所以上的学校，得到更丰厚的报酬，并且可以开发更多的联盟学校。"② 就布朗政府的这一政策转向，《卫报》发表了题为《工党抛弃布莱尔的学校改革旗舰项目》的署名文章，认为 2009 年《教育白皮书》以及鲍尔斯的表态意味着布朗政府对布莱尔最为得意的私营机构介入学校管理改革政策的抛弃，中央集权化的政策也不再覆盖学校教师的课程教学，这意味着政府将赋予专业人士以及校长更大的权力，将更多地寄希望于新一代非营利性的学校联盟接管失败学校。该文指出，政府为建立学校与外部私营机构的伙伴合作关系，每年要支出 10 亿英镑，现在，政府的这笔资金可以用来建设学校联盟，也可以直接发给学校，由学校自己决定聘用哪些专家来改善学校办学质量。该文甚至称布朗政府的这一政策调整带来了一个"地方主义的新时代"。③

　　出于执政理念、经济预算、改革实效等多方面原因，布朗政府在执政两年后，开始对布莱尔新工党的教育政策做出部分修正，但布朗政府只是进行了小幅度的谨慎变革，因为毕竟布莱尔执政 10 年，在改进学校教育质量方面

　　① DCSF. Departmental annual report 2009 ［R］. London：The Stationery Office Limited, 2009：143.

　　② DCSF. Your child, your schools, our future：building a 21st century schools system ［R］. London：The Stationery Office Limited, 2009：3.

　　③ CURTIS P. Labour to junk Tony Blair's flagship school reform ［N］. The Guardian, 2009-06-25.

也取得了一定的成绩，过大的改变既没有充分的理由，也难以预料结果，更何况，布朗仅执政 3 年，就于 2010 年 5 月 11 日宣布辞职，工党也在大选中失败，丢掉了持续 13 年的执政党地位。①

2001 年《学校：实现成功》（*Schools：Achieving Success*）白皮书以学习与教学的重要性为切入点，把教师专业发展置于学校改进的中心地位；2005 年《为了全体学生的更高标准和更好学校：家长和学生的更多选择》（*Higher Standards，Better Schools for All：More Choice for Parents and Pupils*）白皮书在提倡一致性、标准更高的教师认证制度的同时，将学生学业成就与教师教学成效作为教师教育评价的重要指标。2009 年英国儿童、学校与家庭发展部在教育白皮书中提出，从教师的专业性和学生的学业进步方面判断教师的教学能力与水平。

总体来说，在布朗政府执政时期，英国教师教育思想继续秉承布莱尔政府时期的基本思路，注重教师质量的提升，不断更新和完善教师专业标准。这一时期教师教育的发展更加强调专业能力的拓展，关注教师专业态度、专业价值观等职业素养。随着教师标准的不断完善，教师专业能力的不断提升，对于教育教学的关注也越来越以学生的表现为中心，更加关注"教"与"学"中的学生主体地位，更加注重教师队伍的整体素质。教师职业许可制度随之更新，不仅设置了严格的准入门槛，而且强调了淘汰机制，形成具有严格标准的职业许可制度，这一时期的教师质量极大提高。

三、卡梅伦-克莱格联合政府

（一）卡梅伦联合政府教育改革的背景

在新工党执政的前十年里，布莱尔政府采取了大刀阔斧的改革，使英国经济得以持续稳定地增长。但随着布朗的上台，英国政府统治不断出现问题，受到美国次贷危机和全球性经济危机的影响，英国经济增长速度减缓并受到严重冲击，社会失业率上升，人民生活水平有所下降。面对国内日益恶化的经济情况，为了摆脱政府财政赤字的困境，工党政府减少政府对公共事业的

---

① 冯大鸣. 西方六国政府学校关系变革［M］. 上海：上海教育出版社，2011：68.

补贴，不断增加税收，这极大侵犯了人们的生存权利，导致社会民众怨声载道，不满情绪日益高涨。[1]

在 2010 年 5 月的英国大选中，保守党与工党以及作为第三大党的自由民主党在议会选举中势均力敌，都未能以绝对优势获得组阁权。随着工党领袖布朗的辞职，工党正式下台。后经议会授权，保守党与自由民主党组成了英国历史上非常少见的联合政府，两党在一定程度上都摒弃了在政见中的差异和隔阂，做出相应的妥协，寻求互补与合作，并在 2010 年 5 月组成联合政府，保守党领袖戴维·卡梅伦（David Cameron）出任首相，自由民主党领袖尼克·克莱格（Nick Clegg）任副首相。

在 2006 年的国际学生评估项目测试中，英国的科学素养排名自 2000 年的世界第 4 位降至第 14 位，阅读素养由第 7 位降至第 17 位，数学素养由第 8 位降至第 14 位。如此大的落差，使联合政府不得不对其教育领域的各项政策进行反思和改革。2010 年 11 月，英国联合政府教育部颁布了上台后的第一个白皮书《教学的重要性》（*The Importance of Teaching*），联合政府认为："我们应该改革现存教育制度，以改变不断扩大的教育不平等，应该赋予家长和学生更多的权力选择一所好的学校，我们期待建立严格、稳定的课堂标准和高质量的教学，我们也相信政府将联合父母、社区及社会其他力量，通过建立新式学校改善我们的教育系统。"同时，教育公平问题是保守党和自由民主党人一直以来关注的问题，两党在这一问题上的观点从根本看来并无出入，且具有良好的互补效果。自由民主党党魁尼克·克莱格在竞选宣言中就表示，应为所有的孩子提供接受教育的机会，通过建立一个平等的教育系统使那些贫困家庭的孩子可以进入学校学习。在保证"公平"的同时，保守党人提出应提高教育效率，严格标准，强化纪律，提高学校的办学水平和教学效果。[2]

卡梅伦联合政府在借鉴世界其他国家教育改革发展经验的基础上，提出了一系列提高教育效率的改革措施。在 2010 年 5 月 20 日发布的《我们的联合施政纲领》（*The Coalition：Our Programme for Government*）中，新一届联

① 邢晓峰. 卡梅伦联合政府教育主张及走向研究［D］. 上海：华东师范大学，2013：26-27.
② 邢晓峰. 卡梅伦联合政府教育主张及走向研究［D］. 上海：华东师范大学，2013：28.

合政府分别阐述了关于基础教育、高等教育与继续教育的政见，表明了联合政府执政时期推动教育改革的基本框架。同年 11 月 24 日，联合政府出台了基础教育白皮书《教学的重要性》，时任英国教育部大臣迈克尔·戈夫（Michael Gove）在前言中说明了该白皮书的核心内容以及出台原因："我们计划的核心是将教师视为我们的社会最有价值的资产。我们都知道，没有什么比让每个儿童都得到最好的教学更能提高教学水准了，没有什么号召是比教学更为高贵的，没有什么职业是比教学更为必要的，没有什么服务是比教学更为重要的。"随后，为推进课程改革，联合政府委托相关团队出台了专家组报告《国家课程框架：专家组报告》（*The Framework for the National Curriculum*：*A Report by the Expert Panel*），提出国家课程改革的相关建议，2013 年 11 月新的国家课程方案公布，并从 2014 年起开始实施。新的国家课程提出四个主要改革措施，即：缩减国家课程内容，给教师更多教学自主权；改革考试和评价制度；加强基础知识学习，给学校自主设计学生评价的自由；改革 GCSE 和 A Level 资格考试。①

卡梅伦政府认为，教育有能力改变生活，这是一个社会正义的问题——要给英国的每个孩子提供机会，不管他们住在哪里，也不论他们的家庭背景如何。好的学校和受过良好教育的人口使英国更加强大、富有、公平和安全，而更高的课堂教学标准意味着每个人有机会获得更好的生活。投资教育体系是对英国未来的投资，为此，2016 年卡梅伦政府先后发布《卓越教育无处不在》（*Educational Excellence Everywhere*）白皮书和《教师专业发展标准》（*Teacher's Professional Development Standard*）。②

（二）卡梅伦政府时期教师教育的改革与发展

由于保守党和自由民主党在意识形态及教育主张上存在不少分歧，卡梅伦-克莱格联合政府的教育政策并未完全代表其中一党的立场，而是两党执政思想的折中与调和。卡梅伦政府时期的主要改革包括严格教师职业准入标准，拓展师资培训渠道，增加政府师资培训经费支持，赋予学校及教师更多办学

① 李建民. 英国基础教育 [M]. 上海：同济大学出版社，2015：22-23.
② 崔秀兰. 二战后英国卓越教师政策发展研究 [D]. 哈尔滨：哈尔滨师范大学，2019：51.

自主权。卡梅伦联合政府试图改变前工党政府对教师和学校的严重束缚，给予其更多的"自由"，这也体现了联合政府施政纲领的精神。

首先，政府决定下放权力，提高教师地位。2010年底，卡梅伦政府提出，给学校和教师更多的自由是提高教师行业地位的最佳途径。教育部在2016年发布的白皮书中做出了重要决定，鼓励创办"学院式"学校，提高学校办学自主权，学校可以接受慈善组织、志愿者团体捐赠，不受地方教育行政部门掌控。权力下放体现在薪资、有效性及班级管理上，政府改革了教师的薪酬体制，引入绩效机制，以调动教师的积极性，吸引了优秀毕业生进入教师行业。鼓励成立互助组共享优质资源，出版精良的教科书缩短教师有效吸收最新研究成果的时间。① 为提高教师地位吸引力和留住人才，更采取了两大措施，其一是为有意愿从教的优秀毕业生提供高额免税奖学金，其二是扩大2002年实施的"教学第一计划"，增加有意向从教的顶尖大学毕业生数量，进一步提高优秀毕业生进入弱势学校教学的比例，这两个计划都取得了不错的效果。②

其次，加强培训，提高教师队伍的整体质量。英国政府为教师的入职培训和在职研修提供了更多的途径和专业发展机会，并通过完善培训机制提高教师的整体水平。新教师入职培训主要是参加学校自主项目，由最优秀教师群体基于整个职业生涯发展的传帮带帮助新教师快速成长，并不是所有学校都设立这种项目，只有由英国教育标准办公室认定为"良好"或"优秀"的学校才可以。它提供两种类型的培训：其一是开放给所有有意向从教的毕业生，国家教学与领导力学院（National College for Teaching and Leadership，简称NCTL）开放培训机会并提供奖学金支付学费；其二是为至少有三年工作经验、在学校实习但并未通过合格认证的教师提供的，国家教学与领导力学院补贴他们的薪水并提供培训。课程通常持续一年，成功完成学校自主课程的实习教师将获得合格教师资格证（Qualified Teacher Status，简称QTS）。

---

① 赵芳，高光. 英国政府多管齐下 打造卓越教师团队：卡梅伦在位期间教师教育改革研究［J］.浙江教育科学，2016（6）：11-15.

② 赵芳，高光. 英国政府多管齐下 打造卓越教师团队：卡梅伦在位期间教师教育改革研究［J］.浙江教育科学，2016（6）：11-15.

卡梅伦执政时期极其重视教师教育，不仅注重教师教育质量的提升，还注重提升新加入教师队伍的初任教师素质，增加项目经费，刺激、吸引更多紧缺专业的最优秀大学毕业生加入教师队伍中来，使更多有才华的其他行业的职场人员转行成为教师，更加注重引进和培养优秀的毕业生从教。围绕职前培养和在职教师培训出台具体的政策和标准，满足了中小学教师专业持续发展的需求，使教师教育过程更具有统一性和连贯性。对初任教师培训进行改革，提高课堂实践的时间比例，强调核心教学技能的培养，特别重视早期阅读与数学教学能力、学生行为管理能力和对学生特殊教育需求回应能力等重要技能的培训。这一时期中小学教师专业标准逐步体系化，对教师专业发展的认识更加深入，强调教师专业知识和课堂教学技能对教师专业发展的重要性，关注教师的专业品质和价值观，重视教师的职业信念和使命感。这一时期的教师教育充分体现了卡梅伦政府自由与责任的教育理念。

四、特蕾莎·梅保守党政府

（一）特蕾莎·梅时期教育发展的背景

在英国，下院占多数席位的政党领袖担任首相，2010 年卡梅伦以领先工党约 50 个席位的优势与自由民主党联合执政，结束了 1997 年以来工党执政的历史。但由于不慎重地举行全民脱欧公投，结果却违背了卡梅伦政府的意志，他不得不辞职，2016 年 7 月 13 日，特蕾莎·梅出任首相。[①]

特蕾莎·梅与前任一样在内心里有着希望英国留欧的诉求，但作为民选首相，特蕾莎·梅又不能不顺从民众脱欧的意向，于是有序脱欧成为梅首相最核心的立场坚守。一般来讲，首相执政治国，无不将主要精力倾注在经济与社会发展事务中，但特蕾莎·梅不是，准确地说是无暇顾及，因为她一直在为脱欧协议能否得到欧盟的认可与本国议会的支持来回奔波，可以说梅的首相生涯绝大部分时间都用在了英国脱欧上。

因为脱欧一直没有结果，英国的社会治安和经济都发生了一些动荡。特蕾莎·梅上台的第二年，英伦三岛遭遇了 4 次恐怖袭击，成为英国历史上恐

---

① 孙婉璐. 特蕾莎·梅为何没能完成脱欧使命［N］. 学习时报，2019-07-19（2）.

怖事件发生最多的一年。同样，这一时期英国经济也如履薄冰。数据显示，特蕾莎·梅执政以来，英国经济可谓每况愈下，2016 年和 2017 年 GDP 增速为 1.8%，而 2018 年仅为 1.4%，创下 6 年来最小增幅。据美国非营利性研究机构世界大型企业联合会的研究报告，英国在 2000—2007 年间的生产增长率为 2.2%，但在 2010—2017 年间降至仅为 0.5%，而 2017—2018 年只有 0.2%①，脱欧带来的社会治安的不稳定和经济的滑落成为特蕾莎·梅政府不得不面对的现实和挑战。

特蕾莎·梅政府艰难烦琐的"脱欧"进程，给英国的教育政策带来很多不利影响。英国与欧盟一直有广泛深入的跨国学术联系，英国学校里有许多教师员工来自欧洲其他国家，其中不乏卓越的人才，欧洲高素质人才的流失影响了英国教育、教学和科研水平。"脱欧"以后，欧盟体制下英国原先享有的权益发生重大变化，给英国人的生活、工作和教育带来了极大不便，因此脱欧以后，英国如何留住顶尖人才和卓越教师、如何继续吸引欧盟的高素质人才和卓越教师，成为英国政府与教育界必须解决的问题。

（二）特蕾莎·梅政府时期教师教育的改革与发展

自英国 2016 年公投"脱欧"以来，因为政策极大的不确定性，前往英国留学的欧盟学生人数有明显的下降。为把握机遇，应对挑战，英国出台了《国际教育战略：全球潜力、全球增长》（*International Education Strategy：Global Potential，Global Growth*），以下简称《战略》。

《战略》阐述了英国在国际教育领域已取得的成绩，分析了机遇和挑战后，在任命国际教育引领者等四个方面制定相应行动，为目标的达成奠定坚实的基础。

（1）任命专门的国际教育领导者。为了能继续促进英国教育事业的发展，挖掘其满足世界日益复杂的教育需求的潜力，英国政府任命一名专门负责国际教育的领导者来推动海外活动，与国际政府、海外利益相关者建立长期关系。

① 张锐.特蕾莎·梅：成也脱欧，败也脱欧！[N].证券时报，2019-05-30（A3）.

（2）促进教育的广度和多样性。2015 年，英国理事会和"伟大教育"计划开始了一项运动来促进高等教育的发展，该运动在中国、土耳其、马来西亚、泰国、印度尼西亚、印度等超过 65 个国家开展。《战略》提出需要丰富相关教育内容的多样性，不仅限于高等教育，而是提供从早期教育直到高等教育的全面服务；扩大英国教育普及的地理范围，包括英国、苏格兰、威尔士和北爱尔兰。

（3）推出保障国际学生权益的政策。英国政府为吸引国际学生，通过《战略》推出了一系列具体措施，其中包括延长国际学生毕业后的签证有效期，进一步完善签证流程，支持国际学生在英就业等。

（4）制定全政府政策。英国政府认识到，教育是一个国家综合实力的重要组成部分，必须以一种极具凝聚力和意义的方式将各有关部门的力量汇聚在一起。

因此，《战略》提出将采取一整套政府层面的国际教育方法，以确保教育出口、国际研究与创新等具体领域相互支持，形成对英国整体以及国际合作伙伴的效益。因此，在国家政府、各级行政管理部门、地方合作伙伴与私营、第三方部门之间建立强有力的伙伴关系是十分必要的。

同时，英国确定了全球化目标，优先发展高价值区域，《战略》针对早期教育、独立学校、英语语言培训学校、职业技术教育与技能培训学院等领域也都提出了不同的行动。①

特蕾莎·梅执政时期，英国朝野一直未能在脱欧问题上达成共识，也并没有带领英国离开欧盟。面对莫衷一是的民众以及英国面临的种种难题，梅的继任者无论持留欧还是脱欧立场，都会是挑战，同时因为首相的关注焦点过度集中于"脱欧"，英国教育政策和教育体制的改革处于一个缓慢变革和深度调整的时期。

特蕾莎·梅保守党政府执政时期，社会经济发展都因"脱欧"而受到影响，同时，教育也因为"脱欧"而发展缓慢，之前教育政策的持续性在一定

---

① 李轶凡，丁欣昀，李军.英国《国际教育战略：全球潜力、全球增长》述评［J］.世界教育信息，2019（14）：39-45.

程度上受到了影响，英国必须加强教育国际化战略的发展，扩大优质教师的来源。因此，发展国际化战略、吸引更多的优质教师前往英国执教是这一时期的主要诉求。

<h1 style="text-align:center">第二节</h1>

<h2 style="text-align:center">世纪之交教师教育思想及实践变革</h2>

20 世纪末、21 世纪初，知识经济日益凸显，信息技术革命深刻改变社会及生活，也改变了多个领域的权力配置形态。在教育领域，国家与民间、政府与市场的博弈日趋明显。前文谈到过，撒切尔政府坚持将市场机制引入公共教育体系，以此来激发教育活力，通过市场调节形成的教育体系并未能建立真的教育民主。在这样的背景下，学校的精力主要集中在如何提高家长重视的学业成绩上，为获得更大的市场，教师需要承担学校管理、市场和筹措资金等方面并不擅长的责任，导致教师没有精力完成教育教学这份本职工作，最终造成学校教育质量的下降，带来了短视、功利主义以及公平问题。1997年工党政府上台后，力图寻找"第三条道路"，平衡政府与市场的关系，在保守党政府以学校为本的教师教育政策基础上进行重大改革，实施了以中小学校为中心的教师培训计划和以就业为本的教师培训计划，开设全国统一的教师教育培训课程，完善教师的专业标准。"师资培训的专业知识受到普遍关注和重视，集中在三个方面：一是教师需要什么知识；二是教师具有什么知识；三是教师怎样发展他们的知识。"[1] 伴随着一系列改革，教师教育质量逐步提升。

在这个时期，文化价值观领域的变化强烈地影响了教师教育的主流思想，并在一定程度上推动了教师教育实践改革。

---

[1] 范良火. 教师教学知识发展研究 [M]. 上海：华东师范大学出版社，2003：14-18.

一、文化价值观对教师教育思想的影响

后现代主义作为一股崛起于 20 世纪后期的哲学思潮，对西方教育改革与发展产生了重要影响。其包容差异、尊重多元、倡导开放的基本主张，为英国教师教育思想的发展和变化提供了直接的思想来源。后现代主义是对"现代性"或"现代主义"的反思、批判和超越，它对现代社会一些不言自明的主流观念提出了质疑，其所关注的思想主题，诸如人的主体性、知识与真理、文化与权力、科学技术与意识形态、精神回归与价值重建等，均同教育有着千丝万缕的联系。后现代主义为学校教育的理论研究和实践发展提供了一个崭新的视角及路径。[①] 基于对现代教育的颠覆，后现代主义者提出了有关教育本质的主张：一是拒斥现代教育中的统一标准和绝对权威，倡导维护个体多样性和差异性，反对从单一理念出发阐释世界，将教育从附属于其他社会力量的工具地位上解放出来，成为独立自主的社会力量，致力于发展学生的批判性思维和自由个性。二是教育是社会生产关系在文化领域中的反映和再生产，不平等的教育无法实现人类的自我解放和社会公正，必须破除等级观念，倡导教育世俗化、民主化和大众化，采用适应大众需求的教育方式，无条件地为每个适龄儿童提供符合其兴趣、需要、个性特征和能力水平的教育，促进师生之间的尊重和平等，将知识传授与实践参与融合于课堂教学。三是后现代主义教育本质观抵制"科学至上"，认为仅仅围绕科学知识编制课程，必然导致课程自身也沦为维护现存社会秩序的意识形态，因此，必须以"解放性知识"（emancipatory knowledge）来编制课程，实施"开放式教学"（open-ended teaching）。后现代主义者有关教师角色和师生关系的论述颇具特色，利奥塔认为，教师不再掌握信息的控制权，曾经处于教学"中心"地位的教师，应抛弃独白式的宏大叙述，转向与学生进行对话式的平等互动。师生在教学过程中围绕具体的问题从不同的立场做出各自的思考，二者共同对求知的过程负责，通过交流、沟通达成"和解"而非"一致"。[②] 吉鲁指出，教师的任

---

① 邱琳. 英国学校价值教育研究 [D]. 武汉：武汉大学，2010：80.
② 王治河. 后现代主义辞典 [Z]. 北京：中央编译出版社，2004：223.

务不仅是传递知识，还要帮助学生认清各种价值观念、意识形态及知识与权力的关系，借以培养一种批判能力，最终实现自我解放。① 多尔认为，教师在教学共同体中的角色是"平等中的首席"，应致力于重建教师的权威和作用，使教师从外在于学习情境的专制者转向与之共存的领导者。②

后现代主义的价值观念和思维方式对整个西方的教育思想、教育实践和教育研究都产生了不容忽视的影响。诸多学者基于后现代语境，对现代教育进行了深入的剖析和批判，提出了具有建设性和超越性的教育主张，形成了一股后现代主义教育思潮，其对多元和差异的倡导、对理性和权威的反思、对平等对话的强调、对和谐共存的追求、对意识形态的批判、对科学主义的拒斥及对边缘和弱者的关注等，无不对英国学校的价值教育产生了广泛而深刻的影响。

二、多元文化对教师教育思想的影响

20 世纪 70 年代，英国发起了一场多元文化运动，由过去关注的通过教育达到同化和整合移民的目的转向文化多样性的建设。随之，价值多元论形成了一系列主张，在某种意义上为英国教师教育思想的多元化发展奠定了理论基础。

现代社会中，虽然价值主体从各自需要和立场出发显示出较大的差异性，但企图用单一标准统摄人们价值观念的想法似乎并没有随着近代"神圣秩序"的崩溃而消亡，因此，尊重人们生活方式、价值观念的不同，允许所有群体在社会中发挥作用的机会均等，仍然是需要被关切的问题，也是文化多元论的主张。

多元文化背景下，英国政府不仅强调尊重基本人权和社会民主，还通过立法保障不同民族文化传统的继承和发展，进一步促进文化繁荣和社会公平。教师教育改革也回应了这一诉求。英国出台的《合格教师资格标准》对教师在认知、情感等方面应该达到的水平提出了明确而具体的要求：教师必须对

---

① 黄志成. 西方教育思想的轨迹：国际教育思想纵览 [M]. 上海：华东师范大学出版社，2008：487.
② 威廉姆 E 多尔. 构建一种新的课程观：上 [J]. 王红宇，译. 外国教育资料，1996（6）：24-29.

学生具有较高的期望值，尊重学生的社会、文化、语言、宗教和种族背景，并致力于提高学生的教育成就；教师应该考虑学生的文化需求，使每个学生都能获得最好的发展。①

进入 20 世纪 80 年代以后，教师教育逐渐发生转向。知识观念上不再仅仅是"权威"和"科学"，而是向"实践"和"多元"转型。教师教育课程尤为突出地显示了这一转向，无论显性课程还是隐性课程，都强调多元观念的影响，综合考虑意识形态、历史等多种元素，承担着越来越复杂的职能，课程内容越来越丰富。比如，伦敦大学教育学院教育学士荣誉学位课程内容有 16 个模块，其中有 6 大模块包含多元文化背景下的教育内容。这 6 大模块为发展中国家教育、教育中的伦理学和社会问题的哲学思考、人权与教育、教育性别与种族、人文科学的教学、宗教教育，这些课程几乎涵盖了多元文化教育中的哲学伦理、社会思考、种族问题、人文精神等，为教师教育对多元文化的认识和理解打下良好基础。同时，在英国的教育文凭课程中，基本也都覆盖了人权教育、公民教育和宗教教育。②

当代社会是一个多元社会，多样性成为内在属性。这不仅意味着存在不同的利益集团，更意味着多个利益集团在充分分化后，能够彼此包容、和谐共处。从这个意义上讲，多元社会作为一个现代概念，强调非排他性，强调所有成员身份的平等和利益诉求表达的充分性，强调成员间以理性的精神和态度按照规则彼此协商和交流。

三、教师教育思想演变下的实践改革

受后现代主义和多元文化的思想影响，英国学校教育不仅注重依托教师质量提升教学质量，还加强了对学生学业表现的关注，以学业成就来评价教学有效性，更加关注"教"与"学"的关系，强调师生共同体的概念和课堂教学效能。进入 21 世纪以后，教师教育机构开始思考如何更好地为学生学习服务。2001 年，《学校：实现成功》白皮书以学习与教学的重要性为切入点，

---

① 吕耀中. 英国学校多元文化教育研究 [D]. 上海：华东师范大学，2008：60.
② 朱盈盈. 多元文化背景下英国教师教育研究及启示 [D]. 兰州：兰州大学，2016：23.

把教师专业发展置于学校改进的中心地位；2005 年，《为了全体学生的更高标准和更好学校：家长和学生的更多选择》白皮书在提倡"一致性更强、标准更高"的教师认证制度的同时，将学生学业成就与教师教学成效作为教师教育评价的重要指标；2009 年，英国儿童、学校与家庭发展部在教育白皮书中提出从教师的专业特性和学生的学业进步层面判断教师的教学能力与水平；2010 年底，英国新政府颁布了《教学的重要性》学校白皮书，拉开了新一轮教师教育变革的序幕。可以说，近 10 年英国教师教育的改革是一个持续完善的过程，变革的重心和方向是基于学校变革的需求，构建一个有效的、面向未来的、整体的教师教育框架。[①]

（一）提升教师专业效能

20 世纪 90 年代，英国政府开展了一系列重构有效学校的运动，如更为集权化的国家课程，财政管理权下放给学校，引入准市场机制，通过公布考试成绩给学校加压，给予家长教育选择权利等等。由学校影响至教师教育、专业发展和教学质量，都以这种"有效性"来衡量，由此产生了"有效教师"的提法。

布莱尔政府执政后，政府通过设立标准，如初任标准、实习标准等，以教师质量保障标准化进程确保教育目标达成，通过外在标准厘定教师素质，实现教育质量的不断提高。2000 年 6 月，《教师效能研究：教师效能的模范》提到了对教师效能的全方位要求，教师追求高效教学成为这一时期的特征。21 世纪伊始，改革聚焦在把教师专业发展置于学校改进的中心地位，《教学与学习：专业发展战略》白皮书明确提出把教师专业发展作为学校改进的核心，通过专业发展提高教师的知识水平、技能和理解力以及他们在学校中的效率，教师的专业效能被广泛关注。

1996 年，教师培训管理署制定了学校领导和首席教师的标准和资格；1997 年，《追求卓越的学校》白皮书提出教师培养途径应多元化且更有弹性，并规划提升初任教师的专业发展标准；其后，厚达 148 页的培训标准手册

---

① 王艺霖. 21 世纪初期英国教师教育发展研究：基于学校变革的视角 [D]. 郑州：河南大学，2013：2.

《教学：高地位，高标准——教师职前培训课程要求》出版，要求所有教师教育机构必须明确目前已达到的标准水平；2002 年，英国政府放弃了教师教育的国家课程，转向规定所有受训教师需要达成的标准，勾画这些标准的文件《胜任教学——教师资格的专业标准与初级教师培训的要求》详细列出了教师教育的最低要求，具体规定受训教师必须知道、理解和能够做什么。教育标准局与教师培训管理署还专门颁发了入职教师标准与在职教师训练标准，主要包括受训教师在获得合格教师资格之前必须要达到的标准以及对教师职前培训机构提出的要求。这是英格兰地区职前教师培养的基本框架，注重教师入职的门槛。①

由于英国在传统上对教师的评价更关注共性而非个体表现，校长和教师比其他专业团体更疏于分辨教师的个体表现，因此教师缺乏改进工作的动力，这影响了教师工作的实效性。为解决这一问题，2001 年英国政府颁布了新条例，提出了新的教师评价制度——绩效管理。该制度的核心是通过建立教师评价制度化和规范化的架构，为教师提供各种必要的支持和帮助，改进教师的教学能力，进而提高学校办学效率，最终提高学生学业成就。同时提出，要根据教师绩效表现实施新的教师薪酬制度。

2003 年，英国教育与技能部出台的《每个孩子都重要》提出了一系列改善学校的原则，"专业学习共同体"作为教师发展及学校改善的一种实践模式应运而生。在专业学习共同体中，教师围绕共同目标一起质询、探索学校改进的途径，在教学实践活动中与其他教师一起协作设计课程，丰富知识和提高技能，分担决策的责任。在专业学习共同体中，教师把教育目标、意义与自身课堂实践、学生及科目相关联，通过与专业学习共同体内的其他教师和管理者的讨论，帮助教师建立共同的教学对话语言，创设教师分析与反思自身教学的机会，进而带来教学实践的改进。在这样一个社会场景中，教师和管理者在其中不断探询和分享，共同进行学习，以提高教学效率，达到学生、教师、学校的共同发展。②

---

① 王艺霖. 21 世纪初期英国教师教育发展研究：基于学校变革的视角 [D]. 郑州：河南大学，2013：19.

② 王艺霖. 21 世纪初期英国教师教育发展研究：基于学校变革的视角 [D]. 郑州：河南大学，2013：20.

（二）强化以学生为中心

在多元文化背景下，现代人也很难满足于单向、唯一的选择，多样性与人的真实需求在本质上是统一的。体现在学校中，多样性尊重差异，这并不是要求削峰填谷，而是真正尊重学生个体发展、风格、诉求的差异性。

英国学校变革理念从"个性化学习"（Personalized Learning）到"适应性学习"（Adaptive Learning）的转变已深入人心，强调教师责任"从配合每位学生的需要、个性与期望施教，到使每个孩子在学校所得到的教育方式符合他们的需求，并且给予他们所需的支持和协助"。教师要为每个学生量身定制学习，就必须具有开放互动的课程、专业的学科知识和大量不同的教学实践等来支持个性化学习。2006 年，由英国政府委托的专家组发布了《2020 愿景：2020 年教与学评议组的报告》（以下简称《2020 愿景》），提出要高度关注每个儿童的进步，加强使用促进学生进步的评估手段，力争没有掉队的学生。报告认为，为了实现每所学校的每个儿童不断取得显著进步，政府也需要接受挑战，实施新的教师职业发展模式，尤其要关注给予教师在课堂上和学校里的反思时间。同时，在教育系统内实施整体战略，促进教师职业群体的创新。《2020 愿景》提出了一种新的专业精神，即教师的专业发展应该基于学生学习；提高教师的质量，就必须促进教师的课程教学，而这要以学生学习作为立足点和落脚点。

随着教师教育改革的推进，英国的教师专业标准也不断修订和完善。为了使这些标准具有一致性和连贯性，2005 年教育与发展署就着手修订标准。2006 年英国学校与培训发展署出台的《英国教师专业标准框架》覆盖了教师职业发展不同阶段的教师标准，由合格教师专业标准、普通教师专业标准、熟练教师专业标准、优秀教师专业标准和卓越教师专业标准五类教师专业标准构成，并与教师的评价和薪酬标准相挂钩。同时，从专业品质、专业知识与理解、专业技能三个方面对每一类标准做具体规定，内容主要有：（1）专业品质。从师生关系、框架、沟通与合作、个人专业发展四个方面阐述，与2001 年的合格教师资格标准相比，这一指标中增加了教师的个人专业发展，体现出教师标准的专业性。（2）专业知识与理解。从教与学、评价与监控、学科与课程、读写算与信息技术运用、成绩与多样性、健康与福利六个方面进行解释，在这一指标体系中，教师需要掌握评价方法，并通过学生的学习成绩来评价自身的教学成果。（3）专业技能。从计划、教学、评价监督与反馈、总结教学、学习环境和集体协作六个方面介绍，不仅包括课堂教学能力方面，还有教师团队协作、外在环境等方面的能力，与之前标准相比，对教师的要求更加严格，更关注教师的专业发展。

《英国教师专业标准框架》整合贯通了教师职业生涯的不同发展阶段，描绘了较完整的发展图景，体现了持续性专业发展理念，表明英国开始关注教师专业发展研究。在专业价值判断上，开始强化"发展"价值取向，这一改革对吸引优秀年轻人选择教师行业、激发教师职业信心、降低离职率、长远规划职业生涯、促进教师专业有序发展产生了积极效应。① 2009 年 6 月 30 日英国儿童、学校与家庭部（Department for Children, Schools and Families, DCSF）官方网站消息，英国教育大臣埃德·鲍尔斯（Ed Balls）公布了《你的孩子，你的学校，我们的未来：构建 21 世纪学校体系》（*Your Child, Your Schools, Our Future：Building a 21st Century Schools System*）的白皮书指出："将继续加大投入招募最优秀的毕业生到学校任教，并为其入职培训及在职专业发展提供高质量的服务。"为贯彻这一目标采取的一项主要措施就是实施新的"教师职业许可制度"，这一制度规定今后英国的中小学教师将每 5 年进行一次重新认证，合格者继续获得从业执照，不合格者将被开除。所有取得资格的教师和校长都必须展示出高标准的教学与管理水平，并在持续不断的专业发展的辅助下，保持自己的从业资格，否则将面临失去执照的可能。教学方式和方法不断改进，教师就必须不断更新知识结构、改进教学。② 英国全英校长和女教师工会主席克里斯·基茨认为，这么做也有好处，会让教师职业更加受人尊重、含金量更高。

（三）完善"教与学"的互动

教师数量的逐步饱和并没有必然带来质量的提升，为了进一步提高教师

---

① 崔秀兰，姜君. 英国教师专业标准评价指标及价值取向的变迁［J］. 黑龙江高教研究，2019（4）：63-69.

② 王艺霖. 21 世纪初期英国教师教育发展研究：基于学校变革的视角［D］. 郑州：河南大学，2013：22.

质量，教师教育改革逐步走向深入。英国政府首先确立了教学优先理念，通过增强职前教师教育督导，组建"教学学校"联盟，修改完善教师专业标准等改革措施，教师教育的发展逐步实现职前职后一体化，教师教育体制改革逐渐深入。

1. 教学理念优先

2010 年，英国联合政府成立后，马上又把"儿童、学校与家庭部"重新还原为"教育部"，这一回归表明英国政府"让教育做教育应该做的事"的决心。正如教育大臣迈克尔·戈夫所言，"当前的学校变革过度重视组织结构、测验与绩效，虽然这些也很重要，但对改革而言，统一的课程和标准化的测试可以帮助我们了解学生的学习状况，但是不能显示出教学的全貌。同样，教师效能测量可以告诉我们教师的特征和现状，但是无法全面了解课程发展、班级管理等更加细致的脉络。我们期望了解的是教学，而它被忽略了。英国政府需要旗帜鲜明地扭转、澄清、强调学校教育的重心，将之放在为教与学提供支持这个核心目标上"。

2. 提升职前教师教育质量

2010 年 11 月，英国联合政府发布了《教学的重要性：学校白皮书2010》，其核心思想就是"教师是改进和提高学校质量的核心。任何教育体制的质量，都好不过其教师的质量"，指出应该提高职前教师教育质量，使优质学校在培训中发挥更大作用。一直以来，大学和高等教育机构所提供的职前教师教育都处于国家教育督导制度的监督之下，学校培训与发展署是负责全国教师教育的专门机构，教育标准局是政府管理教师教育的机构，负责对教师教育机构进行定期视察与评估。两个机构互相协调与合作，在职前教师教育质量保证中发挥着关键作用。而在新的机制下，职前教师教育机构以竞标的方式获取学生名额。学校培训与发展署根据教育标准局对职前教师教育机构的督导结果以及各机构学员的入职率等，决定每个培训机构的学生名额分配与培养经费划拨。为配合新的教师教育政策的实施，教育标准局从 2012 年9 月开始实行新的"职前教师教育督导框架"，重点督导培训机构选拔高质量学员的程序，在框架的作用下，教师教育机构不断提高自身的办学水平和教师培训的质量和规格，着力提高教师教育质量。

同时，为提升职前教师教育质量，英国政府提出在全国范围内建立"全国教学学校联盟"（National Network of Teaching Schools），成为协助学校与教师专业发展的主要力量。"全国教学学校联盟"是专门用于培训教师的中小学学校，与培训医生的实习医院功能相似。这一策略主要倡导由学校引领职前教师专业成长，主要内容有：第一，由一些优秀学校带头，为所在地区学校的职前教师培养提供优质资源；第二，鼓励学校之间进行合作，优秀学校发挥优势帮助薄弱学校；第三，鼓励优秀学校提高职前教师的教学技能，并派最优秀的教师为其他教师进行指导；第四，为职前教师提供在优秀学校更多的教学实践机会。英国教育部期望以学校为核心关注新任教师培训，在一定程度上解决了教师教育中理论与实践相脱节的问题，促进了教师专业水平的提高。

3. 持续完善教师专业标准

2011 年英国教育部颁布了新的《教师标准》，替代了 2006 年英国学校培训与发展署颁布的《合格教师专业标准》《核心职业标准》，评价指标较 2006年变化较大，如把职前教师培养标准和新教师入职培训标准二合一；虽然维持原来 3 个一级指标的结构，但评价维度变化大，改为"价值观与行为""教学""个人与专业操守"。其中，明确规定教师不许破坏英国传统、基本、主流的价值观——民主、法制、自由、宽容和互相尊重[①]。这主要是为了应对当时英国中小学生不良行为激增等问题。重新列为一级指标的"教学"，是把2006 年《合格教师资格标准》的"专业知识与理解""专业技能"整合，强调对应的二、三级评价指标是对合格教师的"底线"（baseline）要求，是入职"门槛"；新增的"个人与专业操守"，虽然不存在程度问题，但内容具体，是刚性规定。[②] 同时，还围绕教师整体行为以及教师职业制定规范。新标准由导言、第一部分和第二部分构成，导言部分开宗明义，提出了教师必须把学生的教育作为第一职责，同时在工作和行为上有责任尽可能达到最高标准。在第一部分对教学的各个方面进行了阐述，包括关爱学生、教师知识技

① 许明. 英国教师专业新标准述评 [J]. 福建师范大学学报（哲学社会科学版），2012 (4)：150-155.
② 崔秀兰，姜君. 英国教师专业标准评价指标及价值取向的变迁 [J]. 黑龙江高教研究，2019 (4)：63-69.

能、课堂管理和教师职责等方面。新标准以"指导教师专业发展"为价值取向，旨在促进教师不断更新知识和技能，重视提升实践教学能力，善于自我批判；新标准对全体教师应具备的技能进行了清晰、可操作性强的规定，满足不同学生的多元需求，为不同阶段教师树立起清晰、明确的标杆；新标准将职前教师培养标准与新教师入职培训标准融为一体，将原先相互独立的教师教学标准与教师个人和专业操守进行了整合。

四、深化改革时期英国教师教育思想的总体发展

伴随着社会的变迁与学校教育的变革，教师教育不断寻求新的定位和改革方向。从布莱尔政府的"新自由主义"教育改革思路到卡梅伦政府的"大社会"思路，英国政府对于教师教育的改革有其连续性和一致性，始终在探索高质量教师的培养，以此促进儿童的发展。

（一）从源头上拓展优秀教师来源

教师队伍的来源直接影响教师队伍的质量。在英国，取得"合格教师资格"证书通常主要有三种途径：（1）通过本科课程学习获得教育学士学位，主要实施机构为大学和高等教育学院，这类学生占总申请人数的20%。（2）研究生课程途径，即在3年本科毕业后再读1年的研究生教师资格课程，这是最受学生欢迎的途径，占申请人数的66%，这一途径一般由大学提供，但与中小学合作，采取校本培养模式。（3）在职人员学习途径[①]，一些教学水平高的国家选择优秀毕业生从事教学工作的机制较为完善，比如韩国选拔前5%的优秀大学毕业生从教，芬兰选拔前10%的大学毕业生从教。而在英国，选拔优秀大学毕业生从教的机制不够成熟。

近年来，为了进一步提高教师的质量，吸引更多优秀的大学生进入教师队伍，英国拓展优秀教师的来源，从各行业选拔最有潜力的优秀人才来建设高质量的教师队伍，增加了新的人才选拔途径。[②]

---

① 王璐. 提升职业吸引力、提高职前教育质量：英国教师教育改革最新趋势 [J]. 比较教育研究，2012，34（8）：20-24.

② 王璐. 提升职业吸引力、提高职前教育质量：英国教师教育改革最新趋势 [J]. 比较教育研究，2012，34（8）：20-24.

首先是"毕业生教师证书培训项目"（Graduate Teacher Programme，GTP）。这一项目主要针对还没有拿到合格教师证书但已开始任教的大学毕业生，这些学生作为"准教师"，在学校工作一年的同时，通过学习获得合格教师资格，这是一种边工作边参加大学教师教育课程学习的模式，培训由"以就业为基础的职前教师培训机构"负责提供，与中小学建立了被广泛认可的伙伴关系，大学来领导或参与合作。政府加大投入，扩大项目的范围，吸引优秀人才加入教师行业，并为边工作边培训的"准教师"提供工资。

其次是"教学优先计划"（Teach First）。该计划是一项吸引优秀大学毕业生从事教学的教师职前培养计划，这些学生在大学毕业后的前两年从事教学，两年教学培训结束后，或继续担任中学教师，或转向其他工作岗位。该计划的目的是吸引优秀大学毕业生到城市中学从事两年教学工作，一方面帮助城市中学解决"教育劣势"问题，另一方面把这些大学毕业生培养成优秀的教师或其他行业的领导者，两者相辅相成。[1] 这一项目是目前英国教师职前培训方式中最能培养出优秀教师的方式，据2003—2008年的统计，有50%的教师达到了"教学优先"项目的卓越标准。

同时，英国政府还实施了"未来教师"培训计划、"军人转教师"培训计划等。选拔标准不仅是学术性的，还强调教师的基本技能，从实践中总结教师教学实效性提升的原因。根据2008—2009年间的统计数据，英国申请接受教师职前培养的人数比以往增长27%，但每年约有13%的候选人放弃培训，虽然有一部分坚持完成培训，在入职教学后也表现出不适应，在任职一两年内离职。英国自2009年9月起在英格兰师范院校中引进"诊断性人格测验"，淘汰不适合的申请者。这个措施不仅可以及早鉴别出不适合担任教职的人选，还可以帮助提供者挑选出合适的候选人，为他们提供良好的训练，此后，测验题目不断完善。

（二）重视职前教师培训实践性的提升

英国的教师教育有重视实践的传统，随着市场机制引入教育领域，这一

---

① 倪娜，洪明. 英国职前教师教育的变革与创新："教学优先方案"的历程、模式和功过探析 [J]. 外国教育研究，2009，36（11）：71-76.

观点愈加受到重视。市场机制的引入增强了学校和教师的竞争意识，而实践模式更可复制、容易观测。

这一阶段，英国的职前教育培养模式有两种：一是以大学为主导的培养计划，例如"教育学士计划"和"研究生教育证书计划"；二是以学校为主导的培养计划，例如"毕业生教师计划"、"以中小学为中心的教师职前培训"和"教学优先计划"。但是无论哪种培养模式，都要求大学与中小学在教师培养中建立很好的合作伙伴关系，许多以大学为主导接受培训的学员认为，他们直接从大学学习的课程没有与中小学校的教学实践很好地衔接，并没有将所学理论在实践中得以运用。学校作为教师实践场域，应该在教师培训中承担更大的责任。因此，2011年《培训下一代优秀教师》白皮书提出应该吸引和鼓励更多的优质学校加入教师培训，具体措施包括：一所学校或几所学校共同申请成为培训学校，得到认证后可以公开招聘学员。根据学员情况，政府将资金拨给学校管理，学校也可以向学员收取一定的学费。根据与合作大学达成的协议，大学可以向学校提供一定的费用，用于招聘、遴选和培训。只要学员完成培训获得合格教师资格，学校就可以雇用该学员。对于大学，白皮书强调，政府希望大学与学校建立更加紧密的关系，并且以伙伴关系的质量作为学额分配的依据，伙伴关系质量高的大学将获得最多的学额。政府鼓励最好的大学借鉴芬兰模式，建立自己的大学培训学校（University Training Schools），大学培训学校既是中小学教学单位，又是教师培训和科研的基地。[①]

2012年，英国教育部启动一项"学校主导"（the School Direct）教师培训方案，明确规定中小学可申请认证成为培训机构，与其他学校一起和一所大学共同合作，鼓励中小学成为教师培训的领导者。截止到这一年，学校主导项目（School-led）取代毕业生培训项目，成为英国职前教师教育的主要途径之一。到2015—2016年度，学校主导项目的招生名额占中学职前教师教育总学额的40%以上。

---

① 王璐. 提升职业吸引力、提高职前教育质量：英国教师教育改革最新趋势［J］. 比较教育研究，2012，34（8）：20-24.

正如教育大臣迈克尔·戈夫所言，"这一想法很简单，最优秀的学校已经在不断帮助其他学校完善，还要将它们置于整个体系的教师培训和专业发展的主导地位"。这一举措是将更多培训师资的任务与责任赋予学校一级。据一份由英国学校培训与发展司进行的关于英国教师培训供给与需求的分析研究发现，有78%及75%分别在中小学培训（School-based Training）及采用雇佣方式（Employment-based Route）的教师在取得教师资格后能继续留在中小学任教；而由院校机构培养（University-based Training）的教师中，却只有70%的合格师资留校任教。①② 这一研究表明，以中小学为基地的培养模式培训的教师获得了更为专业的教学理念和技能，促使他们愿意长期从事教师行业。

（三）赋予教师更多教育教学自主权

赋予教师更多教育教学自主权可以充分激发教师的活力和创造力，提高教学质量。2009年，剑桥大学在经过3年的研究后，出版了一份名为《儿童、他们的世界、他们的教育》的报告书，这份报告书指出，已有的改革最初可能是着眼于课堂教学的支持性条件而不是课堂教学本身，而当它们确实着眼于教学时，更多关注的是总体的结构、整体理念和教学方法以及一般性的建议和指导。报告呼吁当局，"现在是把学校推到改革前沿的时候了，学校应该对课程改革承担更多的责任，教师应该对课堂具有更多的权力"。③

这样的呼吁针对的是哪些问题呢？早在2002年，英国学校质量司宣布了32所试点学校开始实施为期一年的"教师减负"工程，目的是使教师能更好地专注于教学工作和提高课堂质量。2005年，因为攻击教师的学生数量不断上升，不受约束的孩子恐吓或打扰其他学生给课堂带来不利影响，影响教师的教学质量，英国政府为了改善中小学的课堂纪律，组建了一个工作组，专门提出一些处理学生违规行为的解决措施，并提出赋予教师可以武力制止学生打架行为的权力。2007年，有将近1.8万名学生因为攻击教师而被驱逐出

① 段晓明. 英国教师教育政策变革走向：基于《教学的重要性》报告分析 [J]. 比较教育研究，2012，34（12）：35-39.

② 段晓明. 英国教师教育政策变革走向：基于《教学的重要性》报告分析 [J]. 比较教育研究，2012，34（12）：35-39.

③ DRUMMOND M. Children, their world, their education: final report and recommendations of the Cambridge primary review [R]. Abingdon: Routledge, 2010: 8-9.

校园或接受处罚。英国教师与讲师协会进行的调查也显示，有56.5%的学生行为表现不佳，课堂中面对教师表现出带有攻击性的动作和言语。因此，恢复校长和教师的权威是至关重要的。① 要赋予教师权力，以保证课堂教学安全顺利进行。另外，当教师被学生指控时，需要通过立法赋予教师匿名保护权。对于学生指控教师事件的调查要及时、公正、高效，以便更好地保护教师免受错误指控，避免影响教师的职业发展。除此之外，还赋予校长开除学生的最终决定权，这些措施解除了教师的后顾之忧，提高了教师的权威性，有助于提高教学质量，更有效推动了学校的改革。英国政府还发布了"教师保障计划"（Teacher Protection Scheme）等，明确赋予教师在特定情况下对难以管制的学生采取强制性措施的权力。

同时，英国联合政府为了促进教育均衡，借鉴瑞典自由学校和美国特许学校的经验创建了具有自身特色的学校，即自由学校，政府鼓励家长以及其他各式商业或慈善机构申请建立自由学校，享受更大的自治权，其中包括学校教学管理与财政收入不受当地政府控制，可以自由解聘不称职的教师，有权决定学期长短和教学时间，可以不按照英国的中小学课程标准来安排课程等。这项政策的主旨在于，通过扩大学校办学自主权实现教师课堂控制权和课程自主权，进而提高教学水平和教学质量，为不同的学生提供不同的教育，使贫困生也有机会享受优质的教育。随着计划的实施，学校、教师都获得了更多的自主权，包括教什么、怎么教等，调动了教师教学的积极性。②

另外，英国政府加大了对教师教育的资金投入，启动诸如读写算战略计划、卓越的城市和教育行动区计划、示范及特色学校校长培训计划等计划，提供更多的奖学金吸引学生进入教师队伍。政府鼓励多元主体参与学校改革，例如，在2005年《为了全体学生：更高的标准，更好的学校》白皮书中强调了学区和家长参与学校改革的重要性，家长可以对教师进行评价、提出建议，对教师教育教学起到督促作用，也提高了教学质量。

---

① 王艺霖. 21世纪初期英国教师教育发展研究：基于学校变革的视角 [D]. 郑州：河南大学，2013：30.

② 王艺霖. 21世纪初期英国教师教育发展研究：基于学校变革的视角 [D]. 郑州：河南大学，2013：31.

第三节

现代化深化变革时期教师教育思想的新动向
——基于教育政策的解读

自 1997 年布莱尔任首相后，政党间更替频繁，不同理念实现碰撞、反思、继承与创新，英国教育思想日益丰富，教师教育也以和缓渐进的英国方式持续变革。

一、强化"职前职后一体化"的教师专业标准体系建设

进入 20 世纪 80 年代，世界范围内教师专业化进入内涵式发展阶段，关注教师个体可持续的专业发展，将教师的职前教育、入职教育和在职培训作为一个整体的职前职后一体化思想影响力越来越大。英国过去的教师教育标准只包括"教师职前培训要求"和"合格教师资格标准",[①] 2006 年重新对教师专业发展进行全程规划后，形成了一体化的教师专业标准框架。新的标准以合格教师为起点向上延伸，对学生职前教师教育阶段、入职阶段，再到在职培训阶段应达到的标准进行了详细的规定，以适应一体化发展的需求。

（一）21 世纪初英国教师专业标准的变迁

英国政府从 1988 年开始制定教师标准，此后大致每 5 年修订一次，借此撬动教师队伍整体质量的提升。经过制定→实施→评价→修订→精简→完善→发展一个完整的流程，构成了较完善的框架，对英国教师职前教育、入职教育和在职教育，以及教师专业化水平的提升、教师教育政策的发展，都产生了深远的影响。[②]

2006 年 11 月，英国学校培训与发展司（TDA，由 TTA 改组而来）颁布了新的《合格教师标准资格修订案》，该标准沿用了 3 个一级指标的编排结构，名称是专业素质（Professional Attributes）、专业知识与理解（Professional

---

① 许明. 英国教师教育专业新标准述评 [J]. 比较教育研究, 2007 (9): 73-77.
② 崔秀兰. 二战后英国卓越教师政策发展研究 [D]. 哈尔滨: 哈尔滨师范大学, 2019: 88.

Knowledge and Understanding）及专业技能（Professional Skills），3 个一级指标以下涉及了 16 项二级指标和 33 项三级指标，分别用以解释一级指标涉及的领域和每一领域所涵盖的范围，形成标准体系。通过对教师职业不同阶段的特点和预期的描述，更清楚勾勒出教师职业的整体样态，表明英国开始关注教师专业发展研究，对吸引优秀年轻人选择教师行业、激发教师职业信心、降低离职率、长远规划职业生涯、促进教师专业有序发展，产生积极效应。[①] 2006 年英国教师标准在 2007 年、2012 年、2016 年分别经历了几次重要的修订，但主导思想一直贯穿始终。

（二）《英国教师专业标准框架》（2007）

2007 年 9 月，英国学校培训与发展司发布了《英国教师专业标准框架》，这个"一体化"的教师专业标准框架提出了教师专业标准的 5 个层级，分别是入职前的合格教师（Qualified Teachers）专业标准；入职后的普通教师专业评价标准（Teachers on the Main Scale），此部分最为重要，属于核心部分（core），因为英国政府要求教师均必须首先达到入职后的教师专业基准才能升级；资深教师（Post-Threshold Teachers）专业标准；优秀教师（Excellent Teachers）专业标准和卓越教师（Advanced Skilled Teachers）专业标准，是英国教师中的最高级别。[②]

英国政府规定，普通教师专业评价标准是教师入职以后的最低核心标准，是后续各级专业标准的共同核心，在教师职业生涯的所有阶段均有效力。也就是说，它同时也是资深教师、优秀教师和卓越教师专业标准的一部分。资深教师是英国普通教师的第二阶段，成为资深教师既要满足普通教师的标准又要满足资深教师的标准。优秀教师专业评价标准是在资深教师专业标准基础上的提升，强调创新性的教学实践，并且能够在分析研究学生学习结果和横向比较的基础上，将自己的经验与同事分享。

合格教师专业标准在教师专业标准中具有基础性地位，是入职前需要达

① 崔秀兰，姜君. 英国教师专业标准评价指标及价值取向的变迁 [J]. 黑龙江高教研究，2019（4）：63-69.

② 孙河川，郝玲玲. 中国特级教师与英国大师级教师评价标准之比较研究 [J]. 中国教师，2011（20）：20-23.

到的标准。现以此为例介绍教师专业标准的主要内容。

1. 专业品性（professional attributes）是一个合格教师所应具备的专业理想、情操和个性等特质，主要侧重于教师的非智力因素方面。专业品性的要求包括：其一，能够与儿童和青少年建立平等、相互尊重、信任、支持和建设性的人际关系，要对儿童和青少年有较高的期望，努力使他们充分发展自己的潜能；以身作则，不但对儿童保持高期望，自己也表现出积极的价值观、态度和行为。其二，具有法律和政策素质，能够意识到教师所承担的专业责任以及与工作有关的法律、法规、政策和惯例，并为执行法律和政策承担责任。其三，能够与他人交流和合作，能够与儿童、青少年、同事、家长和监护人有效交流，能够认识到并尊重同事、家长和监护人为促进儿童和青少年的发展和福利做出的贡献，能够努力与他人进行合作以提高学生成就的水平。其四，能够实现个人专业发展，能够反思和改进自己的实践、意识到并想办法满足自己的专业发展需要，在入职教育阶段能够意识到其早期专业发展的重点；能够进行创新，并在必要时及时调整自己的行为；能够积极对待建议和反馈，并乐于接受教导和监督。

2. 专业知识和理解（professional knowledge and understanding）主要指教师在专业知识方面的素质，既包括文化知识，又包括学科知识、教学法知识和个人实践知识。其一是教学知识，要求教师了解一系列教学和行为管理策略，能设计个性化的学习方案，并可提供机会使所有的学习者都能充分发挥自己的潜能。其二是评价与监督知识，要求教师了解自己所教学科或课程的评价要求和程序，了解一系列的评价方式以及如何使用地方和国家统计信息来评价其教学的有效性和进步情况。其三是学科与课程知识，要求教师充分了解他们所教的学科或课程以及相应的教学方法，使他们能够有效地对相应年龄和能力的学生进行教学。其四是文字、计算和信息与交流技术的知识，要求教师必须通过相应专业技能考试，知道如何使用这些技能来支持他们的教学和专业活动。其五是学生成就和多样性的知识，要求教师了解儿童和青少年的发展和影响因素，包括发展性因素、社会、宗教、种族、文化和语言因素；知道如何为所教的学生设计有效的个性化教育方案，包括那些英语为外语的学生和具有特殊教育需要或残疾的学生；了解如何处理多样性的问题，如何在教学中促进平等和全纳；了解承担不同责任的同事的特殊角色，包括那些负责教导具有特殊教育需求、残障和其他个人教育需求的学生的同事。其六是学生的健康与福利知识，要求教师意识到当前有关保护和促进儿童和青少年福利的法律要求和国家政策，如果有儿童和青少年的进步、发展和福利被个人生活中的变化或困难影响，要知道如何鉴别和帮助这些儿童，以及何时应将其转给相关同事以获取专业帮助。

3. 专业技能（professional skills）包括一般能力和与教学有关的特殊能力。其一是规划技能，要求教师能够根据所教学生的年龄和能力做出循序渐进的教育安排规划，准确地传授学科或课程知识，设计家庭作业或其他班级外的工作。其二是教学技能，要求教师能够针对其所教学生的年龄和能力进行授课；运用各种教学策略和资源，促进课堂中的平等和全纳。其三是评价、监督和反馈技能，要求教师能有效地使用一系列评价、监督和记录策略；能够评价所教学生的学习需要，为其设定有挑战性的学习目标，针对学习者的成就、进步和发展领域，给出及时、准确和建设性的反馈；帮助和指导学习者反思自己的学习，指出他们取得的进步并及时发现他们新的学习需要。其四是教学评价技能，要求教师评价其教学是否使学生取得了进步，并在必要时调整其教育计划和课堂行为。其五是学习环境营造技能，要求教师有目的地营造有利于学习者的、安全的学习环境，善于发现学习者的学习机会，制定清晰的课堂纪律规范，建设性地管理学习者行为，培养其自控能力和独立人格。其六是团队工作和合作技能，要求教师能够作为团队成员与他人合作，善于发现与同事合作的机会，并且能够与同事分享好的实践经验，了解他们期望扮演的角色。

（三）新的《教师标准》（2012）①

新的《教师标准》于 2012 年 9 月开始正式生效，新标准简化了对教师的要求，重点关注两个方面，即教学质量和教师个人与职业行为，呼应了 2012 年白皮书《教学的重要性》所提出的观点。

新标准由三方面内容组成：前言、第一部分和第二部分。前言就所有教师在自己的专业生涯各个阶段应该具备的价值观和行为进行概括，第一部分对教师的教学标准进行界定，第二部分规定了教师的专业和个人操守标准。

①　许明. 英国教师教育专业新标准述评 [J]. 比较教育研究，2007 (9)：73-77.

在前言中，新标准明确指出："教师要将教育学生当作自己的首要职责，并在工作和操守方面达到尽可能高的水准。教师要做到诚实和正直，具有较丰富的学科知识，不断更新作为一名教师应具备的知识和技能，善于自我批判，能够建立积极的专业关系，并与家长密切配合，使学生获得最大利益。"这些表述体现了对教师的总体要求。

在教学标准方面，一是对学生具有较高的期望，不断鼓励和激励学生，为学生建立一种基于相互尊重的安全、愉快的环境；激励各种不同背景、能力和倾向的学生；具备鼓励学习的积极态度、价值观和行为。二是对学生的学业成绩、进步和结果负责，根据学生的能力和已有知识组织教学，知晓学生学习的方式方法，鼓励学生对自己的表现和学习采取负责的态度。三是具备良好的学科和课程知识，具备扎实的相关学科和课程领域方面的知识，能激发和维持学生对学科的兴趣，具有批判性的理解，提倡学术观念；促进学生读写和表达能力的不断提高。四是计划并有效组织课堂教学。培养学生理解能力，激发学生求知欲；科学安排家庭作业和其他课外活动，以巩固和扩展学生所学的知识和理解；对授课的效果和教学方法进行系统反思。五是根据学生的能力和需要来组织教学，知晓何时以及如何运用个别化的教学方法进行有效教学。六是准确有效地应用评价，知晓如何对相关学科和课程领域进行评价；使用形成性和终结性评价，确保学生不断进步；运用口头和书面准确评价的方式给予学生经常性的反馈，鼓励学生对反馈进行回应。七是对学生的行为进行有效的管理，确保良好和安全的学习环境，在课堂上具有明确的行为规则和常规做法；严格规范学生的行为，经常使用表扬、惩罚、奖励等各种方法来维持纪律；与学生保持良好的关系，行使适当的权威，必要时采取果断的行动。八是承担广泛的专业责任，为更广泛的生活和学校的校风做出积极贡献；与同事建立有效的专业关系，有效地调配教辅人员；对同事的建议和反馈做出回应；就学生的学业成绩和福祉与家长进行有效的沟通。

个人与专业操守（Personal and Professional Conduct）部分的标准对教师在其职业生涯中所要具备的个人和专业操守做了明确的规定。具体包括以下三个方面：

一是教师要维护公众对专业的信任，在校内外保持良好的道德规范和行为。具体要做到以下五点：尊重学生，建立基于相互尊重基础之上的师生关系，始终做到不超越教师专业身份的边界；根据有关法律条文的规定，保障学生的利益；包容和尊重他人；不破坏基本的英国价值观，包括民主、法治、个人自由和相互尊重，对持不同信仰和信念的人的宽容；在表达自己的个人信仰时不得利用学生年幼的特点，避免导致他们触犯法律的行为。二是教师必须遵守所在学校的校风、规定和行为准则，要保持高出勤率，做到守时。三是教师必须了解规范他们专业职责的法定要求，并始终据此开展工作。

在新的标准中，由于第一部分的标准只是作为评价的基础和依据，反映在不同专业发展阶段的教师身上可以有不同的程度，因此，该标准只是提出了所有教师的"底线"（baseline）要求。而第二部分的标准是刚性的要求，不存在程度的问题，因此，对教师行为和操守的要求既严格又严谨。从资格授予的角度看，上述标准是为所有教师提供的一种期望基础，可以作为所有职前教师教育机构评价受训对象是否达到合格教师资格的标准，也可以用来评价新任合格教师在入职培训结束时所达到的水平。

2012《教师标准》的出台不仅表明英国对教师专业标准的认识有了新的变化，更意味着英国对教师队伍素质的关注达到了新的高度，更加强化政府的主导地位、注重职前职后标准的衔接、强调教师教学能力的培养。总的来说，新标准的体系和内容由繁至简，对指标的描述也从法条式的刻板规定转变为以"教师"为主体的描述式风格，突出"教师"的主体地位，语言清晰易懂，便于执行和落实。同时，新标准对原有标准进行了有价值的整合，涵盖内容从分化走向统一，增强了标准的适应性。

（四）《教师专业发展标准》（2016）①

2016 年 7 月《教师专业发展标准》颁布，与以往明显不同，此前都是让教师明确自己应该达到的标准"是什么"，这次不仅明确"是什么"，还进一步提出三位一体的"应该怎么做"来支持教师更好地达成标准，即同时针对学校领导者、教师和教师专业发展的提供者提出支持的要求与标准。②

《教师专业发展标准》的主要内容包括：一是教师专业发展应着眼于提高和评价学生的学业成绩；二是教师专业发展应以坚实的理论和专业知识为基

---

① 崔秀兰. 二战后英国卓越教师政策发展研究［D］. 哈尔滨：哈尔滨师范大学，2019：85.
② 崔秀兰，姜君. 英国教师专业标准评价指标及价值取向的变迁［J］. 黑龙江高教研究，2019（4）：63-69.

础；三是教师专业发展应包括专家合作及其建议；四是教师专业发展规划应具有长远性和延续性；五是学校领导必须优先考虑教师专业发展。

旨在帮助标准使用者更好理解和操作该标准的"应用指南"同时发布。"应用指南"指出，使用新标准者如果想详细地了解、有效实施标准的具体内容和要求，必须细致认真地研读"应用指南"——包括在学校工作及与学校协同工作的、期望得到专业发展的所有相关人员，都要认真研究《教师专业发展标准》和"应用指南"，指南明确告知全体相关人员，最大化地提高学生的学业成绩才是标准的重点，要通过教师的高效专业发展，使英国教师得以长远发展。

《教师专业发展标准》评价指标的主体性框架如下表所示：

2016 年英国《教师专业发展标准》的三位一体式评价指标概览①

评价对象	一级指标	二级指标
1. 学校领导者	1. 教师专业发展应该着眼于改善和评价学生的学业成绩	共 9 条，具体化一级指标，操作性强。教师员工最大化提高学生学业成绩，使教师发展成为受社会尊敬的一员
2. 教师	2. 教师专业发展以坚实的理论和专业知识为基础 3. 教师专业发展包括专家合作	共 9 条，首次制定了"教师专业发展提供者"标准，例如：建设性挑战现有信念；独立评估，展示活动项目对预期结果的具体影响 共 9 条，核心是基于解决问题而引入专家参与机制，合作与挑战，专家的科学原理解答、指导、评价；名师榜样等
3. 教师专业发展的提供者	4. 教师专业发展规划的长远性和延续性 5. 学校领导者优先考虑和积极支持教师专业发展	共 8 条，重点要求有关计划项目应持续开展超过两个学期；要达到最佳效能必须有实验、反思、反馈、监督、评价和激励过程 共 9 条，学校领导做榜样，积极支持教师发展愿望，确保时间和资源，培养教师职业信任感，优先支持教师专业发展

此次标准实施，体现了"整体效能"和"三位一体"的理念。该标准是对此前教师标准的一次大超越，与以往明显不同，新标准重在明确使得优秀教师获得专业成长的相关要素，同时针对"学校领导者"、"教师"和"教师专业发展提供者"三方，提出五个方面的相互关联的标准。政策指出，唯有如此"三位一体"支持教师专业发展，才能高效地帮助更多教师走向卓越，进而帮助更多学生走向卓越，实现英国教育的卓越发展。新标准受到好评，通过持续的资源投入实现高质量的教师培训和专业发展。政府和学校也逐步意识到，要为教师持续的专业发展提供时间和条件。

总之，教育要满足社会发展对人才素质需求的变化，必然要求高质量的教师队伍、强有力的职前教育和持续的职后专业成长，这给教师教育带来了不断变革的压力和动力。英国教师教育改革变迁的特点是稳中有变，稳定追求卓越教育目标，与时俱进地精准定位，不断调适优化。其中，2006 年标准明确了教师的"专业发展阶段"（合格—普通—资深—优秀—卓越），2012 年标准重在对教师发展进行"指导"，2016 年标准凸显校长等相关者对教师专业发展具体提供怎样的"支持"。这种变化表明了对教师教育和教师专业发展认识的不断深化，核心内容更加明确精准，更符合教师专业发展的规律，有利于培养优秀教师，实施卓越教育。

二、新教师专业主义思想的发展与成熟

（一）新教师专业主义（New Professionalism）

新教师专业主义是对教师专业主义的深化与发展。教师专业主义也被称为教师专业精神，指教师通过运用自身的专业知识和专业能力，对教育工作产生认同与承诺，并在工作中表现出认真敬业、主动负责、热诚服务、开展研究的精神。[①] 关涉教师专业主义的核心要素包括教师的知识、能力、认同感、敬业精神、承诺和权力。1983 年英国教育与科学部的文件《教学品质》中指出，教师专业主义除鼓励教师生涯发展外，还应清楚界定教师在学校中

[①] 朱益明，秦卫东，张俐蓉. 中小学教师素质及其评价［M］. 南宁：广西教育出版社，2000：24.

的工作，以及对家长与其他利益相关者的绩效责任。① 时任教育大臣克拉克指出："如果我们希望有一支高质量的中小学教师队伍，我们就必须鼓励和促进教师的专业主义，并赋予第一线优秀教师培训他们队伍的新成员的职责。"②

1998 年，英国教育与就业部在《教师：迎接变革的挑战》中首次提出"新专业主义"，突出"专业发展国家框架""绩效奖励""持续专业发展"的导向。③ 英国学者认为，新专业主义理论更加突出教师教育者的专业性，侧重教师教育者的专业发展要求和质量，有助于教师教育者专业身份的重塑。自新专业主义理论兴起以来，它已经成为主导英国政府专业发展政策和教师教育者专业发展的重要理论依据，由此，教师及教师教育者专业发展被赋予新的视角和意义。④ 2003 年，英国采取了一系列提升教师专业标准的措施，同时开展了教师队伍的改革。涵盖教师专业标准、教师及校长绩效管理的举措引领了新教师专业主义的扩展，这与教师在日常工作中的专业发展形成了不可分割的有机整体。以教师的知识、能力、认同感、敬业精神、承诺、权力为核心要素的教师专业主义逐步深化，新教师专业主义为英国教师教育改革奠定了理论基础，包含于教师专业标准之中的卓越教师岗位旨在使优秀教师提升教学能力、协助学校全方位改善整体教学质量、广泛传播优质教学实践，并助力教师开展持续专业发展。

（二）培养卓越教师的价值取向

英国的贵族精神和精英教育思想深深地影响着英国人的教育观。第二次世界大战后，"大英帝国"的政治地位急剧下降，为应对激烈的国际竞争，英国在出台教育法、教育战略规划、教育白皮书，研制相关教师专业标准等过程中，积极探索实现好教育的途径，推进渐进式的教师教育改革。

1997 年，"卓越"一词最早出现在布莱尔工党政府颁布的第一个教育白

---

① 周淑卿. 课程发展与教师专业 [M]. 兰州：甘肃文化出版社，2005：38.

② 张维仪. 教师教育：改革与发展热点问题透视 [M]. 南京：南京师范大学出版社，2000：123.

③ Department for Education and Employment. Teachers：meeting the challenge of change [M]. London：The Stationery Office，1998：10.

④ MURRAY J. Teacher educators' constructions of professionalism：a case study [J]. Asia-Pacific Journal of Teacher Education，2014，42（1）：7-21.

皮书《追求卓越的学校》中，这是英国的教育政策中首次出现"Excellence"。布莱尔政府发布的白皮书，旨在通过改进学校来改善当时英国教育过于两极分化的情况，努力促进教育公平，实现美好愿景。政府以此大力扶植英国那些处于劣势的薄弱学校，努力改革之前撒切尔政府在教育改革中引入自由市场竞争机制后导致的不良竞争、破坏教育生态的弊端，全面提升教学质量。其中，白皮书还特别指出优秀教师的培养途径应当是多元化的。1998 年 8 月，教育与就业部的就业研究所发布了调查报告《卓越学校研究》，再次重申卓越教育的重要性。该调查报告以卓越教育为主题，对促进英国卓越教育目标实现的方向、组织、实施、质量、效果、影响等进行分析研究，为学校的良性发展提出合理化建议。英国的教师教育受到追求卓越的教育理念的影响，积极探索卓越教师的培养路径。

2010 年联合政府上台后，教育大臣迈克尔·戈夫采取了一系列措施改革教师教育，出台了学校教育白皮书《教学的重要性》，认为教学和教师质量是决定教育质量的核心要素，要求采取多种措施提升教学质量和教师能力。2011 年，英国教育部制定了教师职前培训的改革方案——《培训下一代优秀教师：行动计划》，指出学校要更为直接地参与教师职前培训。在倡导改革职前教师教育的同时，英国重新调整了教育部的机构设置，2012 年 4 月将原负责教育培训的"培训与发展署"改组为"教学司"（Teaching Agency），一年后的 2013 年 4 月又将其与原国家教育领导学院合并，成立新的国家教学与领导学院（National College for Teaching and Leadership，NCTL），统管英国职前、职后教师培训，以及教师职业管理、学校领导培训等。

（三）《培养下一代卓越教师计划》（2011）

2011 年 6 月、11 月英国教育部相继发布了《培养下一代卓越教师：咨询报告》、《培养下一代卓越教师：策略提升探索》和《培养下一代卓越教师：实施计划》3 份针对初任教师培训（Initial Teacher Training，ITT）的系列报告，其目的是实施卡梅伦政府吸引最优秀毕业生从教的计划、增强职业吸引力，通过对英国初任教师培训的投入优化教师队伍，不断提升教师素质，提高教育质量。

《培养下一代卓越教师计划》始终坚持这一理念：教育能够改变人生，教育应帮助学生为在成年后拥有成功的工作生活做准备，而教师质量是影响学生成绩最关键的因素。为打造世界一流的教育体系，英国政府从初任教师开始实施了系列提升教育质量的规划：第一，扩大"以教为先"项目（Teach First）的规模，该项目在吸引最优秀毕业生从教进而提升教师地位方面成就显著，为薄弱学校输送了更多优秀教师；第二，通过"复员军人支教计划"（Troops to Teachers）鼓励退伍军人从教，为他们设置适合的领导岗位以便能够帮助有被开除风险或者有反社会行为的学生；第三，严格初任教师的遴选程序，提升对准教师学业成绩的要求，对核心学科如文学、数学的考试要求更加严格，新增对初任教师心理和性格方面人际交往技能的测试，保证只有那些拥有卓越学科技能和良好专业性向的人才能从教；第四，提高参与初任教师课程培训的准入标准，为初任教师增设专业技能考试，而且只有两次补考机会；第五，赋予学校招聘有特殊专业技能合格教师的自主权。

在《培养下一代卓越教师计划》中，同时制订了师资培训资助计划和师资培训以校为本的改革计划。至此可以看出英国师资培训改革的未来走向，即支持中小学主导的校本教师培训和资助，同时鼓励更多的大学参与到最优大学——中小学教师培训合作中来等等，在初任教师培训中给中小学更大的自主权。该计划重视增加教师工资薪酬，强调吸引优秀毕业生从教，加强在职教师的校本培训，努力把优秀毕业生培训成能力杰出的教师。

（四）《卓越教育无处不在》政策（2016）

2015 年 5 月，在英国新一届大选中保守党获胜，开始一党执政，宣称"教育是此届政府议程的核心"。2016 年 3 月，新一届卡梅伦政府发布《卓越教育无处不在》白皮书，这是一项促进全国教育公平与卓越的改革政策。白皮书的目的在于缩小地区差距、经济差异，改变"强校越来越强、弱校越来越弱"的情况，力图让优质教育惠及每个地方，每个孩子无论家庭背景如何、受教育的地点在哪里、特殊教育需求怎样，在学校都能取得最好的成绩，都可以有机会获得卓越教育，为未来更好地生活、工作做准备。强调以学校为主导，给予卓越教师和领导者自主与信任；深化以知识为基础的课程改革，注重品格培养和高期望值；高度自主与公平问责并重。

《卓越教育无处不在》白皮书突出了公平与卓越并行的特点，将卓越教育尽可能普及到所有儿童身上，为此，白皮书提出了七个方面的措施：配备优秀师资队伍、培养卓越的教育领导者、建立学园式的教育体系、支持薄弱学校的改进、提供世界一流的课程、建立公平有效的问责制、提高资源利用效率。

第四节

当代教育家的教师教育思想

一、彼得斯

（一）彼得斯的生平

彼得斯（1919—2011）是英国当代著名教育理论家，分析教育哲学的主要代表人物之一。他 1919 年 10 月出生于印度，中学时就读于布里斯托的克里夫顿公学，1938 年进入牛津大学王后学院学习古典文学，并获得文学学士学位。第二次世界大战期间，彼得斯加入基督教公宜会，从事慈善活动和社会救助工作。1944—1946 年，他一边在萨默塞特郡的西德克特公学任教，一边在伦敦大学伯克贝克学院学习哲学。1946 年获得哲学博士学位后，彼得斯在伯克贝克学院执教，担任哲学和心理学讲师。他的研究兴趣主要集中于伦理学、政治学、历史和心理学。1961 年彼得斯应邀赴哈佛大学访学，师从谢弗勒，学习教育哲学，1962 年彼得斯的研究兴趣转向教育哲学，并成为伦敦大学教育学院的教育哲学教授，直至 1988 年因病退休。

彼得斯殚精竭虑地致力于把教育哲学发展成为哲学的一门分支学科。1964 年，彼得斯在赫尔召开的一次教育研讨会上发表了关于教育哲学研究方法的演说，掀起了教育哲学研究的高潮。同年，彼得斯和同事赫斯特发起成立了英国教育哲学学会，并从 1964 至 1975 年一直担任英国教育哲学学会的主席。英国教育哲学学会的成立，标志着分析教育哲学"伦敦学派"的崛起，彼得斯和赫斯特成为这一学派的主要代表人物。以伦敦大学教育学院为研究基地的"学派"，对英国教育哲学的发展产生了重要影响，并培养了大量的教育哲学研究人员。

（二）彼得斯的教育思想

彼得斯认为教育哲学家应关注价值判断的问题，"坚持教育活动必须追求价值，注重教育分析的伦理学内容，是彼得斯的一贯立场"①。彼得斯公开放弃价值中立的立场，他在《伦理与教育》中指出，必须把伦理原则运用于教育情境，因为教育就是追求有价值的活动。他说："许许多多有关教育情境的论述往往被一种意见困扰，即认为教育情境近似于教师与学生的冲突。一种有爱的情感把那些拥有一个共同追求的人联结起来。教师自身作为教育事业的指导者，将被这种感染性的情感影响。但他也会对自己班级的成员给予特别的关注，这种关注源于他引导学生的专门职责。"②

彼得斯认为，教育哲学研究的起点应该是各种教育问题，应该运用伦理学、社会学、知识论及心理学的研究成果分析教育。分析教育哲学家只有搞清楚什么是有价值的活动，才能澄清各种教育概念的含义，这也是他撰写《伦理学与教育》的主要出发点。因此，侧重从伦理学和社会哲学的角度对教育问题进行分析，是彼得斯的显著特点。

彼得斯指出："教育是指以一种道德上可接受的方式，有意识地正在或已经传授某些有价值的东西。"③ "教育不是一个区分任何特定的训练过程或讲课活动的概念，而是提出训练过程必须遵循的标准，其中一个标准是应该传递有价值的东西。"④ 因此，彼得斯强调：（1）教育是一种有目的、有意识的活动，而不是那种自然成熟或自发生长的生物过程；（2）教育者有意识地使受教育者的心灵状态产生变化，这种变化必须是朝着更好的目标发展；（3）受教育者必须拥有知识和理解力，以及某些具有活力的"认知视角"；（4）传授知识或技能的方式在道德上可以接受，也就是说，受教育者的教育必须是自主自愿的，而不是强制灌输。彼得斯指出："所有教育可以被看作一种'社会化'形式，到目前为止，它涉及进入公共传统的语言和思想形式。但这种

① 单中惠. 西方教育思想史 [M]. 太原：山西人民出版社，1996：911.
② 任钟印，吴式颖，孙绵涛，等. 世界教育名著通览 [M]. 武汉：湖北教育出版社，1994：1 688.
③ 任钟印，吴式颖，孙绵涛，等. 世界教育名著通览 [M]. 武汉：湖北教育出版社，1994：1 679.
④ PETERS R. Authority, responsibility and education [M]. London：George Allen & Unwin Ltd.，1959：86-87.

描述过于笼统，因为它没有表明教育和其他社会化形式之间的差异。"①

　　彼得斯认为，教育是培养一种"受过教育的人"的一系列过程。"教育本身不能没有目的，它的价值源于隐含其中的原则和标准。受教育不是要达到某种目的，而是与不同的观点相伴而行。"② 彼得斯指出，一个"受过教育的人"所拥有的知识还必须满足更多的要求。首先，在观察事物的方式上必须形成自己独特的风格，这意味着一个人的观点要根据他业已知道的知识加以改造。其次，必须包括来自思维形式和意识内部的某种评价，思维和意识的各种形式都有它们内在的评价标准。要进入思维的深处，就要理解和关注其内在的评价标准。没有这种评价，思维和意识就失去其意义。因此，"受过教育的人，是一个获得了这样一种心智状态的人，其特征是掌握和关心所传授的有价值的东西，并用某种认知眼力进行观察"③。

　　彼得斯区分了"教育"与"训练"、"教学"的不同。"训练"的概念具有应用性，它与具体的目的或作用相联系，根据发展某一具体思维和实践的准则进行练习，从而获得某一技巧或能力。"教育"的概念则截然不同，它是指有意识地传递有价值的东西，它意味着一个人对有价值的东西感兴趣并且理解和掌握这些东西。彼得斯认为，"受过训练"表明特定技能或思维方式方面的能力发展，"受过教育"则说明与更广泛的信念体系相联系。"教育"与"教学"也是不同义的，"教学"是一种复杂的活动，它把讲授和训练等过程结合起来，不仅让学生获得知识、技巧和行为规范，而且它是通过理解和评价方式获得的。"教育"意味着促使人们学习和掌握能反映教育本质的那些有价值的东西，而且一旦掌握了这些东西就能予以继承和发扬。

　　彼得斯试图通过对"教育""教学""训练"等概念的分析，澄清传统教育哲学的一些模糊认识或解释，其特点在于始终认为教育哲学不仅要澄清概念，而且要提出规范性和有价值的判断，同时教育哲学应对教育实践有所帮

---

　　① PETERS R. Authority, responsibility and education [M]. London：George Allen & Unwin Ltd.，1959：84.

　　② PETERS R. Authority, responsibility and education [M]. London：George Allen & Unwin Ltd.，1959：107.

　　③ 任钟印，吴式颖，孙绵涛，等. 世界教育名著通览 [M]. 武汉：湖北教育出版社，1994：1 687.

助。他曾明确指出，不能死守那种通过考察名词的用法对概念进行分析的方法，而应找出教育中的问题，以避免空洞的概念分析。但彼得斯的分析基本上是着眼于教育与个人的关系，而未能从人的社会本质以及教育与社会的关系方面加以阐释；另外，他只强调人的认知能力，而忽视情绪、情感、意志、性格等因素。因而有些人对彼得斯的分析提出了反对意见。即使这样，经过彼得斯等人的努力，分析教育哲学已经改变了把伦理价值全盘否定的态度，纠正了为分析而分析的形式主义倾向，促进了分析教育哲学向传统教育哲学的复归。尽管受到一些哲学家的批评，但彼得斯被视为二战后期把分析教育哲学的成果应用到诸多教育问题上的开创者，也被认为是活跃在 20 世纪后半叶的英国教育哲学之父。[①]

在英国哲学界，人们通常认为彼得斯创立了一个新的教育哲学分支，他是分析教育哲学最具影响力的代表人物。正如有学者指出："彼得斯高瞻远瞩地提出了教育哲学的任务和特征。他成功地使教育哲学具备了自己独特的性质，既是当代哲学一个生机勃勃的领域，又是教育研究一个主要的和独立的领域。他把教育哲学看成发展中的学科，将概念分析的方法和成就应用到其传统问题的研究中来。他还清晰地看到，教育哲学具体地研究教育问题，由此对教育目的内容和过程的理解产生深刻影响。"[②] 随着彼得斯的影响和魅力不断提升，20 世纪 60 年代末，英国教育哲学已经成为一个独立的、有着清晰身份特征的哲学研究领域，并以强有力的分析方法著称于世。

（三）彼得斯的教师教育思想

彼得斯从教育哲学的视角，对权威以及教师的形式权威、实际权威做了深入的分析。他在《伦理学与教育》一书中明确表示："教师具有上述两种意思的权威。他在权威的岗位为社会做特定的工作，工作时他需要维持学校中的社会控制。同时，他也必须是他奉命传递的社会文化某个方面的权威。在某种程度上，人们也期待他是儿童行为和发展方面的专家，是儿童的权威，

---

① 雷尧珠，王佩雄. 教育学文集第 2 卷：教育与人的发展 [M]. 北京：人民教育出版社，1989：627.
② 帕特里夏·怀特，保罗·赫斯特，石中英. 分析传统与教育哲学：历史的分析 [J]. 教育研究，2003（9）：18-25.

掌握教育儿童的方法。"① 为什么呢？按照彼得斯的逻辑，教育即引导，作为引导者的教师没有权威的话是无法胜任其使命的，因为在引导过程中，无论知识和技能的传递、行为方式的塑造，还是信念或信仰的培育，以及有价值活动的引导，都是以权威为后盾的。教师不能仅仅依靠形式权威，而应该获得实际权威。在他看来，教师要获得实际权威应该在以下七个方面有所作为。

教师应当成为任教学科的权威。彼得斯告诉教师，要想顺利完成任务，"对于教师而言，一个比较妥帖的方法就是成为某学科方面的权威"②。他以科学教师为例做了说明："作为教师，他的任务不仅要表达出科学的重要性和令人激动之处，而且要逐渐展示在科学理论探照灯光照耀下世界是怎么变化的，他的任务还包括引导其他人进入这个程序，通过这个程序使包括他自己提出的假设在内的所有假设得到检验。"③

教师要了解和学会运用教育学和心理学方法。彼得斯发现，教师承担的双重任务需要特别的专业技能才能完成，"因为简单的技能是否能够被传授，或者，知识和意识的形式是否能够被传递，问题都在于教学方法。学科权威不一定都是好教师，也不一定通晓教学方法。在引导别人时，有技能的人常常不善辞令。所以，教师需要掌握特别的技能，无论他充当什么角色"④。这种专门技能就是教育学和心理学方法。他强调："人们越来越清晰地认识到，如果教师不是儿童心理学和儿童发展及某个学科方面的权威，他是不可能很好完成任务的。"正因为这一道理，"所有教师都要在某种程度上既成为某一学科的权威也成为教学法和儿童专家，人们也越来越清楚地认识到，应当在教师的权威与教师对课程和儿童的理解之间建立日趋理性的联系"⑤。而且，彼得斯确信，有了学识并懂得教育学、心理学原理和教学方法的教师也能够很好地维持教育教学的秩序。

教师对教学工作要有满腔的热情。彼得斯认为，作为权威的教师要满腔

① 彼得斯. 伦理学与教育［M］. 朱镜人，译. 北京：商务印书馆，2019：294.
② 彼得斯. 伦理学与教育［M］. 朱镜人，译. 北京：商务印书馆，2019：303.
③ 彼得斯. 伦理学与教育［M］. 朱镜人，译. 北京：商务印书馆，2019：318.
④ 彼得斯. 伦理学与教育［M］. 朱镜人，译. 北京：商务印书馆，2019：321.
⑤ 彼得斯. 伦理学与教育［M］. 朱镜人，译. 北京：商务印书馆，2019：310.

热情地从事自己的工作。他告诉教师：“真正的权威会全身心地投入工作。他对他自己选择的活动的热情，以及他对错综复杂事物的精通会对其他人产生吸引力，从而能引导他们去探究不可思议的事物。”① 教师对工作的热情会感染学生，进而使他更受学生的尊重和信服。

教师应当获得学生的认同感。彼得斯认为，只有学生和教师之间产生相互认同感，学生才会接受教师价值。他告诫教师，认同感的获得是不能采取强硬措施的，“因此，采用强制的手段是不可能成功的，因为这种手段会使遭受痛苦的人疏远惩罚他们的人。如果这样，要求别人认同是不大可能的”②。他建议教师要循循善诱，对活动和意识形式的内在价值的阐述应当采取娓娓道来的方法，“使人乐意接受，而不能给人一种傲慢感”③。他认为，一旦学生接受了教师的价值观，认同感便会产生。

教师应当学会借助仪式的力量。彼得斯认为，教师要学会借助仪式的力量增强权威感。他告诉教师，各种事业都需要合适的仪式，仪式的主要意义在于营造氛围，将历史与现实连接在一起，表明所传承东西的价值。比如：“按照传统，师生相见庄重氛围的标志是教师身着长袍。在这种场合发放书本让学生产生可以永久拥有它们的感觉。其他仪式也可以标志心智发展具有特别重要的意义。对于这些外在符号需要特别强调的是，它们悄然地表明所传递东西的重要性，会对引导的进程产生帮助。”④

教师应当为学生提供行为范式。彼得斯认为，年轻人会自然地产生反对传统的非理性表述或产生非理性的行为，因此教师除了进行道德规劝之外，还得借助权威规范学生的行为。不过，在他看来，这样的外部控制应当随着学生年龄的增长而逐步减弱。但是，当外部的限制没有内化为自我限制和形成自我约束意志力之前，外部的强制还是需要的，因为“如果没有之前的外部强制，内化绝不可能发生……所以，那些处于儿童的权威地位的人必须为

---

① 彼得斯. 伦理学与教育 [M]. 朱镜人，译. 北京：商务印书馆，2019：313.
② 彼得斯. 伦理学与教育 [M]. 朱镜人，译. 北京：商务印书馆，2019：315.
③ 彼得斯. 伦理学与教育 [M]. 朱镜人，译. 北京：商务印书馆，2019：318.
④ 彼得斯. 伦理学与教育 [M]. 朱镜人，译. 北京：商务印书馆，2019：317.

儿童提供一个行为范式，儿童在其中可以形成其独特的自我调整的风格"①。不过，他提醒教师，在这方面应当注意学会行使权威而又不至于成为权力主义者。

教师要有自己的个性特征，但要防止学生盲目跟从。彼得斯认为，教师的个性品质特征，如内驱力和能力强、谦虚、情感强烈、观察力敏锐等，对其实际权威的形成有帮助，但是，教师的个性特征过于突出会吸引学生盲目跟从，从而导致教师可能利用自己的优势变成教条主义者或者自以为是。他认为，如果出现这种现象，"教师成为教条主义者或集权主义者的危险便会增加"②。彼得斯提醒教师注意到这一点，学会在教育教学过程中正确地利用自己的个性特征，因为教师个性特征对学生产生的影响既可能是有益的也可能是有害的。对此，彼得斯特别地说了一句耐人寻味的话："他们是灾星还是恩惠，取决于他们在这一领域的能力，取决于他们利用自己个人品质实现正确的目的的倾向性。"③

二、约翰·怀特

（一）约翰·怀特生平

约翰·怀特（1934—　）是英国当代分析教育哲学的代表人物，伦敦学派的第二代传人，曾担任伦敦大学教育学院教育哲学系主任、英国教育哲学学会会长。20 世纪 60 年代末，约翰·怀特进入彼得斯的教育哲学家团体，他主张把分析哲学应用于教育问题，并且很快成为伦敦学派的一名主将。约翰·怀特的研究兴趣极其广泛，他也是一位多产的作家。他在教育目的与学校课程方面发表了大量论著探讨各种教育目的之间的关系以及教育目的在学校课程中的应用。主要代表作有《论必修课程》（1973）、《作为教育改革家的哲学家》（1979）、《再论教育目的》（1982）、《教育与美好生活：超越国家课程》（1990）、《面向所有人的国家课程：为成功奠定基础》（1991）等。

---

① 彼得斯. 伦理学与教育 ［M］. 朱镜人，译. 北京：商务印书馆，2019：318.
② 彼得斯. 伦理学与教育 ［M］. 朱镜人，译. 北京：商务印书馆，2019：319.
③ 彼得斯. 伦理学与教育 ［M］. 朱镜人，译. 北京：商务印书馆，2019：325-326.

20世纪70年代，当约翰·怀特出任伦敦大学教育学院教育哲学系主任时，分析教育哲学的地位已明显衰落，当时的分析教育哲学家纷纷转向各种具体教育问题的研究，如儿童权利、机会均等、国家对教育的控制、道德教育和政治教育等。但约翰·怀特紧紧抓住"教育目的"这一教育哲学的核心问题，对它进行了广泛深入的历史探究及现实考察。早在1929年怀特海就出版了《教育的目的》一书，对英国的教育理论与实践产生了深远影响。约翰·怀特试图突破分析教育哲学研究方法的限制，在历史与现实考察中深化对教育目的的研究，他把自己的著作命名为《再论教育目的》，以表明该书与怀特海《教育的目的》之间的承袭关系。约翰·怀特写道："当本书最初问世之时，从某种方面讲它是独具一格的，因为在这以前的西方教育哲学中还不曾有过任何一部类似的大纲式的著作：尽管前人已对特定的教育目的进行了大量的翔实的研究，但是没有任何人大规模地探究它们之间可能存在的内在联系。这本书试图勾勒出教育目的的全貌、其中的重点及其内在联系，其主旨不是表述现实的教育是怎样的，而在于探究教育应该是怎样的。"

（二）约翰·怀特的教育思想

约翰·怀特指出，教育是一种有所指向的有目的的事业，教育者需要教育目的是不言自明的，在过去的二三十年中，教育理论被分解成各种不同的学科，如教育心理学、教育社会学、教育史学、教育哲学等，但这些学科都没有被赋予考察"教育目的应该是什么"的任务，尽管教育哲学家们从他们的零碎研究中提供了一些帮助，但从总体上看这种帮助几乎为零。在约翰·怀特看来，教育目的之多几乎无穷无尽，除非教育工作者对这些目的一清二楚，否则他们培养的人才肯定会遭受损失。他重点考察了以学生为中心的教育目的、以社会为指向的教育目的，以及实现教育目的的条件。

约翰·怀特认为，教育首先要满足学生的基本需求，如食品、饮料、住房、衣服、医疗等。一般来说，基本需求本身并没有被看作一种目的，而是被视为获取更为广泛意义上的幸福的必要手段。个人幸福不能只局限于获取基本需求，也必须拥有自身的目的，约翰·怀特称之为内在需求，但我们很难确定内在需求包括什么，因为这个领域存在各种争议。"总的说来，学生必须懂得他的幸福由什么组成。他必须把自己视为具有各种自然欲望的动物，并知晓这些欲望表现出的不同形式是由文化影响和从它们中产生出来的各种新的欲望造成的。"约翰·怀特指出，如果教育工作者以增进学生的利益为教育目的，那么他们的工作具有双重目标：一是增强学生的理解力；二是塑造学生的气质，使他们的行为按照某种方式进行。"从实用的观点来看，这两个目标在许多方面是密不可分的。在二者之中，气质的重要性占首位，因为我们所描述的以学生为中心的教育目的旨在把孩子培养成某一类人。掌握知识和理解力本身不是教育目的，但是若没有它，我们便不能够形成必要的气质"①。

约翰·怀特认为，教育除了应以学生的利益为导向外，还应当考虑经济目标、社会利益或学生的道德义务。以经济为中心的教育目的扩展了学生的用武之地，试图使他们成为自己命运的主人；但这种教育目的可能限制学生的前程、磨平他们的棱角，使之最大限度地适应某种职业。经济目的在许多方面与以学生为中心的目的相冲突，它表现在所要求的知识和理解能力所提倡的气质等方面的对立。面对这两种目的之间的冲突，约翰·怀特提出了两种解决方案：一是在表述时就避免这种矛盾，教育被定义为仅仅具有内在目的的东西，教育的目的是追求知识本身，因而经济目的不在此列。二是妥协，这是许多教师采取的一种方案。例如，将一部分注意力集中于教授基本技能，而把其余时间用于促进孩子的个性发展，让他更多地参加各种活动，尤其是创造性活动。但妥协的方法并不能消除这两种教育目的之间的分歧，因为它从未引导学生向社会经济现状发起挑战。

约翰·怀特反对纯粹以学生为中心的教育目的，认为把孩子培养成一个彻底的非道德主义者是不可取的。如果教育者只以增进孩子的幸福为目的，那么孩子在成长过程中可能始终认为幸福便是一切，他可能成长为一个完全的非道德主义者，既缺乏对道德义务的任何理解，又不愿去履行这些道德义务。那么，怎样把道德的目的与以学生为中心的目的联系起来呢？约翰·怀特认为这个问题的任何解决方法在逻辑上都是行不通的，实际上这两种目的是相互吻合的，既然道德的重要性在于增进人们的幸福，那么实现道德目的的最佳方式便是给每个人充分的空间，让他去追求自己的目的。只有当我们

---

① 约翰·怀特. 再论教育目的［M］. 李永宏，等译. 北京：教育科学出版社，1997：66.

认为教育应该促进学生自主地追求个人幸福时，我们才能理解扩展意义上的"幸福"，即个人的幸福可以包含在过一种道德高尚的生活之中。

约翰·怀特还探讨了如何把道德自律引入社会经济及政治目的，如何在教育目的中寻找社会经济与道德目的之结合点，如何在教育目的中实现社会需要与学生利益的统一，以及实现教育目的之社会经济条件和教育系统内部所需要的条件。他说："我一直坚持认为，教育目的的中心内容应该是使学生成为一个具有道德自主性的人，这个目的的实现依赖于各种必要条件。首要的和最明显的是，学生必须具备某种能力、理解力和气质。但也必须有其他素质。只有在一个生活水平高于温饱层次的，具有丰富的物质产品、充分的卫生和教育设施，良好的工作条件和所有人都能享受闲暇的社会中这一点才是可能实现的。"① 具备了足够的社会经济条件后，还需要通过社会的文化精神、校园文化与课程、其他教育机构（如学校后教育机构、师范教育机构和家庭）来促进这些目标的实现。

（三）约翰·怀特的教师教育观点②

约翰·怀特认为教师教育无论目的为何，它都包括以下三个方面：第一，获得所要教授的专业知识；第二，学校经验，即观察其他教师，学习如何准备课堂活动，如何令课堂充满活力，如何成为学校教师队伍的一员；第三，了解和学习其他对教师角色更广泛的要求。这里就涉及了教育学中不同的学科，比如教育社会学和教育心理学、教育哲学，后者能够帮助老师们思考何为有价值的东西，并将一些事物的价值性与其他做比较。重要的是，哲学不提供、也不能提供无可置疑的答案。不过，它倒是能够给出各种迥异的观点，鼓励每位教师去思考并做出自己的回答。

约翰·怀特指出，倘若老师们想在一些重大问题上做出自己独立的判断，那么他们就需要这种批判能力。这些重要问题包括：学校应当在何种程度上帮助学生成为能主宰其自我生活的自主个体？考试应在多大程度上控制学校课程？教育的核心要义就是获取知识吗？对艺术的热爱在其中又有着怎样的

① 约翰·怀特. 再论教育目的 [M]. 李永宏，等译. 北京：教育科学出版社，1997：158.
② 赵显通. 教师教育与教育哲学：访约翰·怀特教授 [J]. 全球教育展望，2018，47（1）：3-10.

地位？政府在多大程度上决定学校课程，教师应当发挥什么样的作用？学校应该协助创造一个平等的社会吗？在想要学什么的问题上，学生应当有多少选择？在教育学界那些流行的观念，比如多元智能、正念、快乐课程、学会学习等等，到底有多合理？像这样的话题立刻会把人引入哲学探究中，思考伦理学、知识理论、政治哲学、心灵哲学以及其他分支学科的问题。然而并不是所有的老师都会达到这样的深度，因为这样做很耗费时间，并且不是每个人都对此有兴趣。对于那些想要比较彻底地探究这些问题的教师来说，如果有一些长期的大学层次在职课程就再好不过了。哲学能够帮助我们理解人性的本质和儿童心灵，理解什么是概念，以及欲望、情感、思考和想象的本质是什么。同样，哲学也可以阐明与学校教育非学术性的一面有关的概念性和伦理性问题。约翰·怀特认为在教师的职前培训时，可以安排这类哲学性的课程。不过，这样做也会遇到问题，因为每位新进教师的时间都花在了实际事务培训上，而较少考虑哲学性的问题。一旦教师的职业步入正轨之后，完全有理由开设一些在职课程去鼓励尽可能多的教师进行哲学思考，尽管只有少数人会想进行更加深入的思考。

约翰·怀特认为自 20 世纪 80 年代晚期以来，英国的教育哲学研究者并不关注跟教师教育直接相关的东西。这是由于政府的政策自那时起大大削减了教师教育中的理论部分，而对学校事务十分关注。从国家层面来说，要想把更多的理论引入教师教育，政府的政策要有大的变革。

总之，约翰·怀特对于民主社会中"教育目的应该是什么"这一问题进行了提纲挈领的阐述，并对影响教育目的之相关因素，如学生利益、社会利益、经济目的、政治目的、道德义务等进行了探讨。作为伦敦学派的一名主将，约翰·怀特的教育目的观显然带有浓厚的英国自由主义政治及伦理色彩。他摆脱了彼得斯时期英国分析传统的许多束缚，使用抽象的伦理和政治原则去理解教育目的，反映了道德和政治哲学中的革命性发展。正如他在《再论教育目的》中文版前言中指出的："我的研究方法是哲学性的，吸收了英美哲学中近期来的伦理传统和政治传统。"①

---

① 约翰·怀特. 再论教育目的 ［M］. 李永宏，等译. 北京：教育科学出版社，1997：5.

本章小结

进入 21 世纪以来，伴随着政党更迭，英国的教育思想趋向于更加开放、更加注重公平。受后现代主义和价值多元论教育思想的影响，教师教育的发展由提升教师效能逐渐走向以学生为中心，关注学生学业发展。之后，围绕教与学的关系进行变革，提高教学质量，从而实现英国建立世界一流教育体系的目标。英国教师教育的发展呈现出的特点：以标准为导向，关注教与学；以学校为中心，聚焦教学实践；以赋权为保障，改善教学环境；赋予教师更多的权力，提高教师的专业地位和权威。具体而言，英国教师教育的改革主要是在两条主线上展开的：一是构建英国教师教育一体化的专业标准；二是聚焦新教师专业主义下卓越教师的培养。教师教育变革目标不再满足于应对社会危机、教育问题等现实挑战，而开始转向对未来态势的把握，在战略规划下和在系统运思中形成面向未来、统筹规划、与时俱进的变革态势。

　　行文至此，随着现代化进程的推进，英国教师教育的产生与发展如一幅画卷已经徐徐展开，教师教育思想就如同穿插其中的轴线，引领并牵引发展。

　　中世纪的英国开始孕育现代性的萌芽。随着传教士的教育和教化，英格兰上层圈子逐渐开辟理智生活，学术活动日益繁荣。当时的智识阶层，包括教士、贵族等开始利用理性思维来论证上帝的存在。这种论证不仅捍卫了天主教，在一定程度上还启迪了民众的怀疑精神，启发了人文主义者对世俗生活的关注。随着英国城市以及行会的出现，市民阶层大量涌现，市民阶层的出现对现代国家的形成具有直接的促进作用。此时，有组织的教育是天主教会组织实施的。世俗教育仅仅限于一部分领域。教师并不是一个专业的群体。虽零星有教师教育的实践，但教师教育问题尚未成为人们考虑的对象。

　　中世纪后期至英国资产阶级革命时期，是英国现代化初期。英国的经济、政治、文化、科学技术等方面现代性特征日益明显，传统社会开始向现代化社会转型，对教育产生了重要影响，为教育的现代化提供了条件。但是英国的教育现代化总体来讲是缓慢发展的，教师教育的实践也落后于其他欧洲大陆国家，教育家的教师教育思想与其哲学、政治思想相互纠葛；天主教、国教和清教势力竞相登场、纷争不断、勾连不清，最终互相宽容。这种被称为"资产阶级的软弱性、不彻底性"的特征恰恰成为英国的民族特性，使得英国教育在制度化的道路上缓慢发展。教会办学和私人办学长期共存，国家对教育几乎没有干涉，对教师教育也少有过问。教师教育的发展是自下而上的，伴随着教会办学中文法学校、慈善学校以及世俗教育的发展而发展起来，实践形式较为丰富，样态呈现出多样化的特点。教师教育思想更多表现为思想家、学者和部分承担教师职责的人其个人思想的具体体现，更多是个体教育实践的总结，缺乏对教师教育的理论研究和系统论述。

18 世纪初至 19 世纪中期，是英国现代化形成时期，英国已经在经济、政治、文化等方面完成了从传统社会向现代社会的转型，其世俗化、工业化、民主化、科学化程度已经达到相当高的水平，英国成为现代化综合水平最高的国家。学校教育的经济功能凸显，教育对于增进国家经济实力的作用也日益彰显，教育世俗化的程度越来越高，国家兴办初等教育的风潮日显。英国作为古典自由主义的老牌资本主义国家，其对国民教育的论述既受到欧洲国家国民教育思想的影响，又具有古典自由主义的视角，反对国家对个人权利的过分干涉，主张要限制国家办学的权限和形式。因此，英国的国民教育思想呈现出了保守性的特点。这对英国初等教育、中等教育以及教师教育都产生了深刻影响。在教师教育领域，为了解决初等学校师资困难的问题，英国在很长一段时间采用了导生制和见习制，体现了在教师教育中鲜明的经验主义立场，同一时期，早期的教师教育机构出现并逐步多样化。

英国系统的教师教育出现较晚，以 19 世纪末到 20 世纪初公立师范教育制度的正式确立为标志。制度化、体系化的教师教育的建立使英国逐渐有了主流教师教育思想。颁布政策解决教育问题成为一种方式，尤其在教师教育领域，显示出教师教育逐步变成"国家的事情"。1870 年《初等教育法》的颁布推动了英国国民教育的发展，宣告了教会在争夺教育领导权斗争中的失败，以慈善学校为根基的"师徒制"式的（包括导生制和见习教师制）师范教育随着慈善学校的不断萎缩以及初等学校学生人数的不断增长而失去了原有的魅力，初等教育在英格兰和威尔士迅速发展，在这种情况下，私立师资训练机构培养的教师数量已难以满足教育发展的要求，建立更多的正规师范学校、培养合格的教师迫在眉睫。因此，从《1870 年初等教育法》颁布之日起，教师需求与教师培训就成为英国政府和英国教育日益关注的话题。发端自民间、自下而上产生作用、自发性特征显著的"师徒制"教师教育思想逐渐让位于政府的制度化干预。国家意志的介入主要以立法的形式呈现。虽然过程有些艰难，充斥着博弈与妥协，但对于引导教育从无序走向有序发挥着至关重要的作用。注重理论、理性和科学在这个时期的教师教育中有鲜明体现，但同时人们将教育技能的习得视为教育理论学习的必然成果，对实践没有给予充分关注。

20世纪中期至21世纪初，英国进入现代化发展时期，这一时期教育法制更加完善且政策更具针对性，教育民主化程度不断提高，教育的国家意识增强，教育结构更加完善，教育内容逐渐现代化。执政党通过教育使英国经济社会全面复苏并重振雄风的信心是一致的，其中以撒切尔政府的"新自由主义"与"新保守主义"结合的执政理念最为著名，在"国家控制"与"市场化"理念的不断博弈中，"制衡"与"自治"并存的教师教育改革深远而持久。此时，重塑教师专业化从而提高教育质量成为主题。不同阶段的政策间既有延续，又有断裂，在继承中变革，在变革中发展，呈现出螺旋式上升的趋势。如果说从20世纪中期开始教师教育大学化思想——相比较于师范学校的教师培养——引发了学术性与师范性这一对关系之争的话，那么理论性与实践性这一对关系则始终萦绕在教师教育改革中，这在20世纪80年代后显得尤为突出。可以说，英国教师教育发展史中关于"理论"和"实践"，"师范性"与"学术性"的每一次转向表面上是"场地"的变更，背后体现的是其思想逻辑的转换，折射出不同时期政府和研究者对两对关系的不同理解，蕴藏的是教师教育知识观的转变，它们的分歧与融合都离不开教师专业化发展这个目的。

进入21世纪以来，英国进入了深化教师教育改革时期，国家层面致力于提高教育质量，社会各界对教育公平与教育质量的讨论越来越多。聚焦国家质量标准的教师教育思想和"以学校为基地"体现的实践取向的思想逐渐成为引领这段时期教师教育改革的主要思想，政府出台一系列教育政策以期达成改革目标。在渐进式的改革中，不断地修正和反思，适应了时代发展、社会变迁的需求。在探索如何培养高质量的教师，从而真正保障和促进儿童的发展这一立场来看，英国政府的改革有其连续性和一致性。21世纪以来，英国教师教育改革与发展的主旨是：重视以学生为中心的学校发展模式，提高教师效能，制定和修订教师专业标准，逐渐完善"教与学"共同发展，构建面向未来的、有效的整体框架。2010年底，英国新政府颁布了《教学的重要性》学校白皮书，这预示着一个对学校教育变革反思、突破阶段的到来，政府从教师的专业特性和学生的学业进步层面判断教师的教学能力与水平，认为教师教育与学校教育之间形成这样一种逻辑线索：我们可能需要培养怎样的学生——这样的学生需要怎样的教学——这样的教学需要怎样的教师——这样的教师需要怎样的培训。教师教育质量就等于教学质量，教师素质与学生成就表现画上等号。教师专业标准多次修订，政府对教师队伍素质的关注达到了新的高度，同时，教师教育变革目标不再满足于应对社会危机、教育问题等现实挑战，开始转向对未来态势的把握，拉开了新一轮教师教育变革的序幕。

英国教师教育思想的演进与英国现代化的进程以及社会发展历程相呼应，在缓慢发展中渐进，在完成本研究的过程中，我们重读经典，考察英国自现代化萌芽以来的社会发展历程，尤其是教育改革与发展的实践、政策以及重要的教育家、思想家，这首先是一次深入的学习。本书是由2016年出版的《教师教育思想史研究（上、下）》中的一个部分——英国篇章扩展而来的，从一章到一本书，是在我的恩师王长纯教授的倡导与主张下完成的，从立意、构思到完成都体现了王老师长期研究与思考的成果。同时，我的博士生闫仙、马佳、官天文、宋祎然在从一章向一本书扩展写作的过程中，付出了巨大的努力，我们一次次讨论、碰撞，从她们身上，我看到了年轻学者的潜力和可能性，向她们表示感谢。

学无止境，愈学习愈知己之不足。本研究仍然有很多不足之处，在原始资料的梳理凝练、研究架构的总体呈现等方面还有提升改进的空间，希望读者朋友们不吝赐教，多多批评指正。感谢出版社各位老师细心、专业的工作，提供了非常宝贵的建议。

最后的感谢，留给我的家人、同事和朋友，感谢父母和爱人全然的接纳和包容，感谢一起奋斗拼搏的师长伙伴们，感谢彼此选择、"在一个频道里"相互陪伴的朋友们。要特别点名已经升入初中的程悦然小朋友，每一本书的后记中都有你，这是我们的约定。你正在学习的道路上努力挑战自己的未知领域，妈妈也一直处在这个状态中，让我们一起加油。

张爽

2022年3月